قضايا معاصرة في المجتمع المصري

دراسات سوسيوأنثروبولوجية حقلية

دكتور محمد عبده محجوب

أستاذ الأنثروبولوجيا والعميد الأسبق

كلية الآداب ـ جامعة الأسكندرية

بسم الله الرحمن الرحيم

فصول الكتاب

الفصل الأول: العوامل المؤثرة فى الأمن الديموجرافى في المجتمعات العربية.

الفصل الثاني: مصر تواجه السونامي الذي عصف بها في الربيع العربي.

الفصل الثالث: الأمثال الشعبية والضبط الاجتماعي في قبائل الصحراء الغربية المصرية.

الفصل الرابع: الطقوس والمعتقدات الشعبية المرتبطة بالحمل والولادة دراسة إثنوجرافية فى رشيد بمصر.

الفصل الخامس: الشباب والإبداع فى رشيد ـ دراسة سيوأنثروبولوجية.

الفصل السادس: العنف في العلاقات الاجتماعية بين الشباب ـ مظاهره وأسبابه ووسائل موجهته.

الفصل السابع: حقوق المرأة في مواد القانون العرفي في قبائل أولاد علي بالصحراء الغربية المصرية.

الفصل الثامن: ورقة عمل نحو وضع استراتيجية لترقية البحث العلمي في

الجامعات العربية.

الفصل الأول

العوامل المؤثرة فى الأمن الديموجرافى في المجتمعات العربية

مفهوم الأمن الديموجرافي:

ألف القارئ العربى عبارات "الأمن الداخلى"، و"الأمن الحربى"، و"الأمن الغذائى" و"التأمين الصحى"، و"أمن المواطن"، والعديد من العبارات التى تشترك فى كونها تعبر عن حالة من الاطمئنان وتوفر الحماية اللازمة لجانب هام من جوانب الحياة فى وطن معين وفى مجتمع متمايز عقائديًا و/أو سياسيًا و/أو اقتصاديًا و/أو ثقافيًا. ولعل "الأمن الديموجرافى" ـعلى ندرة هذه العبارة فى الكتابات العربية وجدتهاـ لا يقل أهمية عن الأمن الحربى، وهو من أهم مقومات الأمن الداخلى.

ونعنى بالأمن الديموجرافى الاطمئنان إلى اتجاهات التغير فى التركيب السكانى وبخاصة فيما يتعلق بالنمو السكانى، ونمو القوى البشرية المنتجة، والقضاء على الأمية، والتجانس أو تدنى مدى التغاير

الثقافى بين عناصر التركيب السكانى، والتحكم التام فى ''تمثل'' الجماعات السكانية الوافدة أو التحكم التام فى استمرار ''تمايزها'' كجماعات فى هجرة ''مؤقتة'' فى مجتمع ''مضيف''، وبجانب هذا كله يعنى الأمن الديموجرافى مواجهة ''الغزو'' الثقافى الذى يدفع بالتركيب الديموجرافى فى نمو تغيرات فى غير الاتجاهات التى ينبغى المحافظة عليها. وقد يفيد فى التعريف ''بالأمن الديموجرافى'' الإشارة بإيجاز إلى بعض مقوماته ومعوقاته التى تتمثل بإيجاز فيما يلى :

أ- التجانب والتغاير القبلى.

ب- التجانس والتغاير العرقى.

ج- التجانس والتغاير العقائدى.

د- التجانس والتغاير الطبقى.

هـ- التجانس والتغاير الثقافى (اللغة–التعليم–العرف–التوجهات).

و- الهجرة بأنواعها المختلفة وضوابطها.

ز- النمو الحضرى فى اتجاهاته المختلفة (المدن الجديدة ـ توطين البدو ـ تحضر المناطق الريفية والصحراوية).

ح- ''العزلة'' و''الاتصال'' الثقافى والموازنة بين ''الأصالة'' و''التحديث''.

وقد تميزت البحوث الأنثروبولوجية بأنها تستند فى الدرجة الأولى إلى دراسات ''حقلية'' وأنها تعتبر دراسات شاملة تبرز التكامل والتساند بين الأنساق الاجتماعية التى تترابط فى ''بنية'' متمايزة. وبجانب هذا كله فهى دراسات ''مركزة'' وهى فى معظمها دراسات ''إقليمية'' تعنى بالتعريف بالنظم الاجتماعية فى ''بيئة'' معينة، أو بقعة معينة من العالم. وكانت الدراسات الأنثروبولوجية التى نشطت مع بداية الثلث الثانى من القرن الميلادى الحالى دراسات يحمل الكثير منها عنوان: ''المسح الاثنوجرافى لأفريقيا''، أو يحمل اسم ''القبيلة'' التى قام باحث أو فريق من الباحثين بدراسات مركزة فيها. وتعنى مراكز البحوث والجامعات التى تتوفر بها مدارس أنثروبولوجية بتدريس مقررات أو الاهتمام بنشر إصدارات علمية حول أنثروبولوجيا ''المنطقة'' التى تدخل فى اهتماماتها

"مثل جنوب الصحراء الأفريقية، أو شرق أوربا، أو الهند، أو سكان استراليا الأصليين وقبائل الهنود الحمر". وقد فرضت الأوضاع الاستراتيجية والاقتصادية والديموجرافية وغيرها القيام بدراسات مركزة حول "الشرق الأوسط".

ولعلنا فى جامعاتنا العربية فى حاجة إلى تأصيل ما يمكن وصفه بكونه "أنثروبولوجيا الوطن العربى" أو "أنثروبولوجيا العالم الإسلامى"، وربما يتحقق هذا من خلال تنشيط القيام بدراسات مركزة مقارنة فى أنحاء مختلفة من الوطن العربى أو العالم الإسلامى بحيث تعنى هذه الدراسات بموضوعات محددة مثل "العائلة" أو"توطين البدو"، "الأصالة والتحديث"، "اتجاهات الشباب"، "التنمية الريفية"، "تقسيم العمل"، "وضع المرأة"، "الإنتاجية"، "التغيرات الديموجرافية"، "توطن الصناعة" و"تمثل التكنولوجيا، "التعليم والأمية" ... وغيرها من الموضوعات ذات الأولوية، وذات الاهتمام المشترك بين تلك البلدان التى تجمع بينها روابط عميقة لا انفصام لها.

تأثير التغيرات الاقتصادية والاجتماعية فى العائلة العربية وانعكاسها فى الأمن الديموجرافى فى المجتمعات العربية:

من المسلم به أن العائلة العربية البدوية أو شبه البدوية تختلف عن العائلة فى المدن الكبرى، وأن تقاليد الأسرة فى بلد عربى معين قد تتمايز عن تقاليد الأسرة فى بلد آخر. ولكننا فى هذا السياق سنركز على تلك الأوضاع أو المشكلات أو الاتجاهات التى تبدو على درجة عالية من العمومية فى العائلة العربية التى تتأثر فى أى بلد عربى بمشروعات توطين البدو، وتعليم المرأة، أو ظاهرة الحرب أو ظاهرة الهجرة، أو تغير الأنماط الاستهلاكية وغيرها من الظواهر التى نراها من التحديات المشتركة بين بلدان الوطن العربى.

ومن المعروف أن "العائلة" تحتل أهمية بالغة فى بنية المجتمع العربى بوجه عام، فالروابط العائلية أقوى من غيرها من الروابط الاجتماعية، وتشبع العائلة فى البلدان العربية وظائف اجتماعية متنوعة فهى الأصل الذى يعتمد به فى ترتيب الفئات الاجتماعية وهى الجماعة

المتكافئة اقتصاديًا، وهى الجماعة الثأرية التى تمتد بين أعضائها "المسئولية الجنائية". والعائلة التى يولد فيها الشاب هى التى تحدد اتجاهاته فى الاختيار الزواجى. وقد لعبت العائلة دورًا بالغ الأهمية فى التوجه المهنى، وتولى مناصب الزعامة السياسية والدينية، كما أن العائلة العربية الممتدة هى الجماعة التى تجمع بين أعضائها الذين يتكافلون فى مواجهة الصعوبات والأحداث الهامة التى يمر بها أفرادها.

وقد تعرضت المجتمعات العربية فى مجموعها لتغيرات بنيوية فى النصف التالى من القرن العشرين. وقد جاءت بعض تلك التغيرات البنيوية إثر حركات الاستقلال، أو تكوين الدولة الحديثة، أو نتيجة الحروب أو المعارك التى قامت بغرض الوحدة القومية وكان لظهور النفط آثارها التى تجاوزت البلدان العربية المنتجة له إلى البلدان العربية المنتجة للقوى العاملة التى اجتذبتها تلك البلدان المنتجة للحاجة إليها فى تنفيذ المشروعات. ويمكن القول أن ظهور النفط   قد أحدث ثورة حضرية بجانب الثورة الاقتصادية التى نتجت عن تدفق   "الموارد النفطية".

وقد اتجهت بعض المجتمعات العربية اتجاهات "غربية" و"شرقية" ويعمل البعض جاهدًا كل الجهد على التمسك "بالأصالة" مع اعتبار "التحديث" قدرًا لابد منه، وكان لهذا كله آثاره الواضحة والبالغة العمق على الأسرة العربية. وموضوع هذا المقال الموجز هو: أولاً التعريف بالتغيرات التى حدثت فى بنية العائلة العربية بتأثيرات التغيرات الاقتصادية التى ترجع لأسباب متعددة، كما يعنى هذا المقال بوجه خاص بالتعريف بالعائلة العربية كوحدة قرابية متمايزة فى الكيان القبلى، والوظائف الاجتماعية والاقتصادية للعائلة العربية التقليدية الممتدة والمركبة، ثم يتناول هذا المقال التعريف بظاهرة التحضر فى المناطق الريفية والبدوية فى المجتمعات العربية. ووطأة التصنيع فى المجتمعات العربية التقليدية والنفط والتغيرات البنيوية فى البلدان العربية. ويأتى القسم الثالث والأخير فى مقالنا هذا ليعرض وضع العائلة العربية المعاصرة فى إطار توطين البدو، وتحضر الجماعات القبلية، والعائلة العربية المعاصرة ونسق ترتيب الفئات الاجتماعية فى مرحلة ما بعد التغيرات الاقتصادية الجذرية، ووضع المرأة وتقسيم العمل واتجاهات

الاختيار الزواجى فى العائلة العربية الحديثة وأثر هذا كله فى الأمن الديموجرافى فى المجتمعات العربية.

العائلة العربية التقليدية كوحدة متمايزة فى القبيلة :

القبيلة العربية جماعة قرابية ثأرية. وهناك أشكال مختلفة من القرابة تربط بين جميع أعضاء الوحدة القبلية، حيث نجد أن الجد الأكبر المؤسس للقبيلة والذى تحمل القبيلة اسمه يعتبر رمز وحدتها، ويحدد قرابتها بالجماعات القبلية الأخرى فى الوطن الصحراوى. ويكون أحفاد الجد الأكبر أو مؤسس الوحدة القبلية العشيرة أو العائلة الأصيلة المسيطرة أو الحاكمة فى الجماعات القبلية. وتتعدد الأصول العرقية لعائلات التى تكون جماعة قبلية واحدة. فنجد مثلاً أن عائلات "السعادى" و"المرابطين" و"الفلاحين" تكون وحدة قبلية واحدة فى قبائل أولاد على بالصحراء الغربية المصرية. وقد تنضم إلى الوحدة القبلية عائلة كانت تنتمى إلى قبيلة أخرى، وكنها انفصلت عنها أو "تبرأت" منها تلك القبيلة واضطرت للهجرة لتنضم إلى وحدة قبلية أخرى ـتحمل اسمها وتدخل فى

حمايتها. وبإيجاز شديد فإن القرابة التى تربط بين أعضاء الوحدة القبلية العربية ليست بالضرورة دائمًا علاقات قرابة "حقيقية".

وتجمع بين أعضاء الوحدات القرابية الثأرية شجرة نسب قبلية تكون القبيلة فيها الوحدة القرابية الكبرى. وتكون "الأسرة" أو "العائلة" الوحدة القرابية الصغرى كما يتبين فى الشكل التالى. و"العائلة" هى «أسرة ممتدة قد تشمل الجد والأبناء والأحفاد المتزوجين. وألقاب المناداة السائدة فى العائلة العربية هى "ألقاب المناداة التصنيفية" فلقب "العم" يشمل أخوة الأب وأبناء عمه. كما أن لقب "الخال" يشمل كل أقارب الأم، إخوتها وأبناء عمومتها. وتضم العائلة عدة وحدات معاشية حيث تضم الوحدة المعاشية المتمايزة رب الأسرة وزوجاته وأبنائه .. وفى كثير من الحالات يتزوج الأبناء ويقيمون داخل الوحدة المعاشية التى ولدوا فيها حيث يجمع بينهم "بيت العائلة"، وهذا يصدق بالنسبة للنجوع فى المجتمعات البدوية وشبه البدوية كما يصدق أيضًا بالنسبة "للحارة" فى القرية الريفية.

الوظائف الاجتماعية والاقتصادية للعائلة العربية التقليدية :

للقرابة فى القبيلة العربية وظائف اجتماعية تتمثل بوجه خاص بإيجاز فيما يلى :

أ- يرتبط الانتماء إلى وحدة قبلية معلنة بحقوق الإقامة وحقوق استغلال موارد الثروة الطبيعية فى "وطن" معين. حيث تعرف المناطق الصحراوية بالقبائل المسيطرة فيها والتى تمنع غيرها من القبائل من دخول أوطانها القبلية إلا بإذن خاص. ومع أن القبائل العربية تعيش داخل حدود دول ذات سيادة إلا أن الكثير من تلك الدول تعطى للقبائل حقوقا فى حيازة المناطق الصحراوية وهى حقوق دون حقوق الملكية. ولكنها تنطوى على كثير من امتيازاتها. ويستند استغلال عناصر الثروة الطبيعية، وبخاصة الأراضى الصالحة للزراعة والعشب والمصادر المائية إلى القرابة التى تجمع بين أعضاء الوحدة القبلية. وتحمل ممتلكات الوحدة القبلية المتمايزة علامات خاصة تميزها عن ممتلكات الوحدات القبيلة الأخرى، كما هو الحال فى الماشية والإبل والأغنام ... وإن كان هذا لا يعنى على الإطلاق وجود نوع من "المشاعية" فى ملكية عناصر الثروة.

ب- ويقوم بين أعضاء الوحدة القبلية ''البيت'' أو ''العائلة'' فى القبيلة العربية تقسيم للعمل يحقق التواؤم مع البيئة فنجد أن بعضًا من أعضاء العائلة يبقى لحماية الأرض والنساء ويتوجه البعض الآخر لرعى الإبل أو الأغنام فى مناطق بعيدة. ونجد فى بعض القبائل تقسيمًا للعمل يجعل ''الهجرة العمالية'' الموسمية بالتناوب بين شبان ''العائلة''. ويرتبط القيام بعمل معين بالانتماء إلى وحدة قرابية معينة حيث تستند الأعمال الشريفة إلى العائلات الأصيلة أو المنسوبة، وتستند الأعمال التى تحتل مكانة أدنى إلى العائلات غير المنسوبة فى الوحدة القبلية.

ج- ويتمايز انتماء أعضاء الوحدة القبلية العربية إلى جماعات عمرية (طبقات عمر) تحدد العمل والمكانة الاجتماعية لكل عضو من أعضائها ''فالعواقل'' هم كبار السن الذين يتحدثون باسم العائلة، ويراقبون الالتزام بالعرف، ويلعبون دورًا بارزًا فى التنشئة الاجتماعية للصبية والشبان الذين يجب عليهم إبداء الطاعة والخضوع لأوامر الشيوخ. ولا يعنى الأب وحده بتوجيه الصبى أو

الشاب ولكن للأعمام والأخوال دورًا بالغ الوضوح فى تأديب من يخرج على العرف المتبع من أبناء العائلة.

د- وحيث تقوم علاقات "الهزار" بين "أعضاء الوحدة القبلية الواحدة" لتتجاوز "الهوة" العرقية التى تفصل بين عائلاتها التى تتعدد أصولها العرقية، فإن الأقارب يرقصون معًا، ويتجاورون فى الاحتفالات والطقوس التى تتجمع فيها القبائل.

هـ- ويربط التضامن الثأرى وامتداد المسئولية "الجنائية" بين أعضاء القبيلة ويقوى هذا الارتباط كلما ص غر مدى الوحدة القبلية .. حيث تعتبر القبيلة هى الوحدة الكبرى التى تقبل فيها الدية فى حالات القتل. ويشارك فى دفع الدية المقررة فى حالات القتل وغيرها من المنازعات كل أعضاء الجماعة الثأرية .. العائلة أو "العشيرة". ويعتبر انفراد وحدة قرابية معينة فى العائلة أو العشيرة بدفع الدية أو الاستئثار بها إعلانًا لانفصال تلك الوحدة القرابية عن العائلة أو العشيرة التى تنتمى إليها.

العرف ونسق ترتيب الفئات الاجتماعية وأثرهما فى الزواج الأضوائى:

تتمايز فى الوحدة القبلية بين قبائل أولاد على بالصحراء الغربية المصرية عائلات "السعادى" و"المرابطين"، كما يتمايز أ,لاد على وقبائل الجمعيات الذين يرون الصحراء الغربية المصرية "وطنهم". وقبائل السعادى ينتمون إلى أمهم "سعدة" الهلالية ابنة أبى زيد الهلالى سلامة، أما قبائل الجمعيات فيتوحدون بشيخهم "البجوشى" الذى تحالف مع قبائل أولاد على التى تضم السعادى "والمرابطين" فى طرد قبائل الهنادى من الصحراء الغربية إلى لافيوم وصعيد مصر. وحيث قدم "الجمعيات" المؤن التى تزود بها أولاد على فقد أعطوا ثلث الوطن بعد طرد الهنادى وصار للسعادى الثلثان. أما العلاقة بين المرابطين والسعادى فهى علاقة "التابع بالمتبوع" حيث انتهت الحرب بين أولاد على والهنادى بتقسيم عائلات المرابطين بين قبائل السعادى وحيث تمت "المخاواة" بين عائلات معينة من المرابطين وقبيلة معينة من السعادى. وحيث يخضع المرابطون لسيطرة "اخوتهم" السعادى الذين يتحدثون

باسمهم فى المجالس العرفية، ويدافعون عنهم. ويقدم المرابطون العمل والمحاصيل الزراعية والضيافة الإجبارية لإخوتهم السعادى.

وفى هذا التمايز بين الفئات القبلية نجد الزواج المقرر والمفضل هو الزواج بين أبناء العمومة ـ حيث لابن العم حق "مسك" ابنة عمه لا يتزوجها غيره إلا برضاه، وحين لا يرغب هو فيها. ويفرض على "الغريب" أن يرضى بنى عمومة المرأة التى يرغب فى الزواج منها قبل أن يقدم على التقدم لها. ولكن هذه "الاضوائية" المثالية لا تتحقق بشكل مطلق فى الواقع فقد بينت الدراسات الحقلية أن تلك الاضوائية تمتد لتتجاوز حدود العائلة والعشيرة إلى القبيلة. وهناك زيجات تتم بين السعادى والمرابطين ولكنها تتبع فى معظم الأحوال ذلك القانون الذى يمنع المرأة من الزواج بمن هو أدنى منها مكانة، ويعطى الحق للرجل فى أن يتزوج من طبقة أدنى من تلك التى ينتمى إليها.

العائلة العربية التقليدية الممتدة والمركبة :

تتميز العائلة العربية التقليدية وبخاصة فى المجتمعات البدوية وشبه البدوية والريفية بأنها عائلة "ممتدة" حيث نجد النجع فى المناطق

الصحراوية يضم عدد أمن الخيام (الوحدات السكنية)، التى يسكن فى كل منها رجل وزوجته وأولاده،وتتجاوز خيام الأبناء المتزوجين بجانب خيمة الأب أو "عاقلة" النجع. وتضم بعض النجوع فى بعض الحالات كل أعضاء الوحدة القرابية المتمايزة فى الجماعة القبلية أو الجماعة الثأرية الواحدة. وتعرف القرى "الحارات" المغلقة التى تضم بيوت عائلة واحدة تحتمى وراء باب واحد.

وفى كثير من الحالات يعمل الأولاد المتزوجون فى أرض العائلة، ويكون توزيع المحصول بحسب حاجة الأبناء وليس بقدر إسهاماتهم فى العملية الإنتاجية، وتفرض "نفقة" الوالدين على أبنائهما فى حالة العجز، وتمتد فى هذه المسئولية لتشمل أبناء الأخ فضلاً عن الأخوة والأخوات. ويربط بين وحدات القبيلة والجماعات القبلية المتمايزة نوع من التكافل الاقتصادى حيث تنـزل القبيلة فى وطن قبيلة أخرى عندما تتعرض أرضها "للجفاف"، وهو نوع من التكافل يستند إلى القرابة.

وحيث تتعدد الزوجات للرجل الواحد فى بعض المجتمعات القبلية والحضرية العربية فإن الأسرة تكون أسرة مركبة، وهى ظاهرة تتفاوت

فى البلدان العربية المختلفة وبالطبع فى الثقافات الفرعية المتمايزة فى البلد الواحد ولكنها نمط "مقبول" بوجه عام فى المجتمعات القبلية شبه البدوية بوجه خاص. وتتعدد الوحدات السكنية المتجاورة للرجل الواحد بتعدد زوجاته، والقرابة التى تربط بين "أنصاف الأشقاء" قرابة معروفة فى المجتمعات العربية بوجه عام.

توطين البدو وتحضرهم وأثره فى العائلة العربية :

هناك رؤى مختلفة بصدد توطين البدو كمشروع قومى فى البلدان الصحراوية، فهناك من يرى فى توطين البدو قضاء على "التخلف" ومصادر الجريمة، والتزامًا إنسانيًا بعدالة توزيع الخدمات الاجتماعية بين جميع قطاعات الشعب الواحد، كما فيه قضاء على بعض روافد الأمية والعمالة الهامشية والتسلل والتهريب عبر الحدود .. وبوجه عام تمثل المجتمع القومى لتلك الجماعات الهامشية، كما أن هناك من يرى من ناحية أخرى أن البداوة تلعب دورًا فى حماية الحدود والمناطق الصحراوية التى تتخلخل فيها الكثافة السكانية إلى حد بعيد، بجانب تلك الرؤية الجمالية للأصالة والأخلاقيات التى افتقدها سكان الحضر.

وقد انتصر الرأى الأول بوجه عام فقد كان القضاء على البداوة مطلبًا قوميًا بعد الاستقلال، ومطلبًا إنسانيًا.. فقد خصصت برامج المساعدات المختلفة بهدف التوطين واستزراع المناطق الصحراوية، وفتح المدارس وتقديم الخدمات الصحية وتغلغل الدولة من خلال أجهزة الحكم المحلى للسيطرة على الجماعات القبلية وتمثلها.

وقد كان لتلك المشروعات أثرها فى تحول الاقتصاد البدوى المعاشى إلى اقتصاد تبادلى، واشتغال الشبان فى مجالات العمل الجديدة التى ربطتهم بالمدن المجاورة، وتغيرت الأنماط الاستهلاكية واقتبست الأسرة وسائل تكنولوجية تتفاوت فى قيمتها مثل السيارة والثلاجة الكهربائية والتلفزيون والفيديوكاسيت. وقد أحدث التليفزيون بوجه خاص"ثورات" فى حياة البادية.

ولكننا نجد من ناحية أخرى أنه مع النجاح الكبير فى القضاء على "البداوة" إلا أن "القبيلة" ستستمر ولأجيال عديدة مقبلة فى "عقلية" أفراد العائلة العربية وتظهر القبيلة حتى الوقت الحاضر فى بلد كمصر فى مجالات العمل السياسى. ويقول آخر أن تشتت الجماعات القبلية بتأثير

التحضر أو الهجرة بصورها المختلفة لن يقضى على قيمة "العمومة" و"الخؤولة" فى العائلة العربية. والقبيلة لا تزال تلعب دورًا واضحًا فى الاختيار الزواجى، ونسق ترتيب الفئات الاجتماعية فى العائلة العربية الحضرية المعاصرة.

النفط والتغيرات البنيوية فى البلدان العربية :

لقد نتجت آثار بالغة العمق والاتساع عن استثمارات البترول فى البلدان العربية المنتجة وغير المنتجة له على السواء. وحيث يصعب إيجاز تلك الآثار فى الإطار المحدد لهذه الورقة فقد شملت تلك الآثار البيئية والتكوين الديموجرافى والثقافة والحياة الاقتصادية والعائلة والقرابة ونظم الضبط الاجتماعى.. فقد أنشئت المدن الصغيرة التى وصفت بالطارئة والتى تنبأ البعض بأنها ستتحول إلى مدن أشباح بعد أن تنتهى استثمارات النفط، ولكن توظيف الموارد النفطية فى إعادة بناء أو بالأحرى إنشاء البنية الأساسية فى البلدان المنتجة للنفط جعل تلك المدن التى أنشئت فى مناطق استخراج "تكرير البترول" متجانسة إلى حد بعيد

فى ثقافتها المادية مع بقية المراكز الحضرية التى رؤى فى تخطيطها أحداث المبتكرات العالمية.

وقد تغير التكوين الديموجرافى تغيرًا جذريًا فبجانب الزيادة غير الطبيعية الهائلة فى أعداد السكان بتأثير ظاهرة الهجرة كانت هناك هجرات داخلية بالغة الاتساع للتوطن فى المدن الجديدة والالتحاق بالجامعات والعمل فى المشروعات الصناعية ومشروعات الخدمات الحديثة وبخاصة فى مجالات التعليم والصحة والطرق والاتصال والمصارف والتسويق.

وقد واكبت تلك الثورة النفطية جهود مكثفة فى مجالات توطين البدو وتطوير نظم الزراعة وشق الطرق والتعامل مع التكنولوجيا المتقدمة فى مجال الاتصالات والمعلومات والبناء، كما أنشئت الوزارات وتم تحديث النظم البيروقراطية.

وكان من أهم الآثار التى ترتبت على تلك الثورة النفطية تحضر تلك الجماعات القبلية ووجود ثنائية يتعايش طرفاها جنبًا إلى جنب فى نوع من التوازى والتناقض أحيانًا بين ما يعبر عنه بأخلاقيات البادية،

ومادية ما بعد النفط، كما كونت مجالات العمل وفرص التعليم أطرًا واسعة للاتصال الثقافى بالغرب والشرق على السواء.

ولقد كان لهذا كله أثره على الحياة الاجتماعية التقليدية فقد تغيرت الأنماط الاستهلاكية وظهرت مقومات طبقية جديدة (التعليم- الثروة- الوظيفة- المواطنة) وتذبذب الموقف بين الاحتماء فى مواجهة الغزو الثقافى بالمحافظة على التقاليد أو رفض القديم باعتباره متخلفًا والخضوع لظاهرة الموضة باعتباره مسايرة للتقدم، وظهرت فى العائلة العربية "الهوة بين الأجيال" كما ظهر التمايز بين البلدان العربية المنتجة للنفط والبلدان غير المنتجة له، وانعكس هذا فى نواحى اجتماعية متعددة.

ولقد جاء "النفط" إلى البلدان العربية المنتجة له والبلدان العربية المصدرة للقوى العاملة بتحديات أمنية "فى مجالات شتى .. ونحصر اهتمامنا فى بحثنا هذا فى مجال "الأمن الديموجرافى" .. فقد فرضت "طفرة" سكانية فى البلدان العربية المنتجة للنفط فإن فيها عدد المقيمين "الأجانب" عدد المواطنين فى أكثر من بلد عربى. وارتبطت حياة الوفرة بالتمايز بين فئات السكان الذين ثبتت مواطنتهم، وغيرهم من تبحث

أقدمية توطنهم حتى يحصلوا على الجنسية. كما ارتبطت تلك الطفرة السكانية بالاختلال الحاد فى التوازن الطبيعى بين أعداد الذكور والإناث بين القوى العاملة الوافدة. وعرفت بعض البلدان المنتجة للنفط ما يعرف "بجيوب الفقر" فى المدن الكبيرة. وظهرت جرائم التسلل، والإقامة غير المشروعة، والتهريب، والنصب، والتزوير، والجرائم الجنسية، وجرائم العنف، والتسول، وجناح الأحداث ... وهى كلها جرائم لم تكن معروفة فى مرحلة ما قبل النفط .. فضلاً عن أنها جرائم مرتبطة بالتغاير الديموجرافى والتحول من مجتمع "العائلة" إلى مجتمع "الدولة الحربية"، كما أنها نوع من الضريبة التى لابد من معاناتها فى مجتمعات الحدود المفتوحة.

وإذا حاولنا أن نتبع الآثار الاجتماعية للتغيرات الاقتصادية وانعكاسها فى الأمن الديموجرافى فى مصر ـكمثالـ فإننا نجد أنه كما كان للهجرة الداخلية آثار فى "تمييع" الفروق الثقافية وتمثل الجماعات القبلية والعرقية فى المجتمع القومى، كما لها آثار فى امتصاص فائض القوى العامة بالمناطق الريفية، فإن لها آثارًا أخرى حيث يميل بعض الباحثين إلى الحكم بوجود علاقة بين الاشتغال بالجريمة والأعمال

الهامشية والتسول من ناحية، والهجرة الداخلية من ناحية أخرى. كما أن لتدهور الصناعات المنزلية ونمو الاستهلاك الترفى المتزايد والاتجاه المتنامى نحو تجاوز الفروق الفردية فى القدرة على الاستهلاك يراه البعض مسئولاً عن جرائم الرشوة، مثلاً، كما أن للتطرف الدينى آثاره الأمنية التى لا يتسع المجال هنا للتعريف بها.

أما عن الهجرة الخارجية، فكما كان لها جدواها فى تدفق الموارد النفطية فيرى البعض أنها مسئولة عن تدنى معايير الإنتاج، وتدهور الصناعات الصغيرة، والتفكك الأسرى وتأخر سن الزواج ونمو الاتجاه إلى العنف فى العلاقات الأسرية، ونمو ''الأنانية''، ورؤية المستقبل بطريقة تختلف عما كان عليه الحال عندما كانت كل فرص الترقى محصورة فى المؤسسات الوطنية، وغيرها من المتضمنات الأمنية للتغيرات الاقتصادية وأثرها على الأسرة العربية التى تحتاج إلى دراسات متعمقة.

التغيرات فى نسق ترتيب الفئات الاجتماعية وأثرها فى العائلة العربية :

لقد كانت هناك مقومات تقليدية للترتيب الطبقى فى البلدان العربية فى مرحلة قبل النفط من أهمها التمايز بين الجماعات القبيلة المنسوبة

والجماعات القبلية غير المنسوبة (الجماعات الأصيلة والبياسرة)، (القبيلى والخضيرى)، (القبيلى والخضيرى)، (السعادى والمرابطين) وبين تلك الجماعات الأصيلة كانت هناك عائلات تتمتع بمكانة متميزة تؤهلها مثلاً لتولى القضاء أو الزعامات السياسية أو الدينية، وكانت الثروة وكثرة الأتباع من المقومات الطبقية التى يصعب أن تتجاوز الفواصل العرقية التقليدية.

وليس من شك فى أن الاتجاه إلى التحضر والتحديث قد سبق فى كثير من البلدان العربية تلك الثورة النفطية، ولكن تفجر النفط وتدفق موارده وتفجر معه أيضًا الكثير من الأسباب التى فرضت إعادة النظر فى تلك المقومات القبلية التقليدية، ومع تفاوت درجة مرونة النسق الاجتماعى فى البلدان العربية المنتجة للنفط، فقد أصبح التعليم وأصبحت الوظيفة فى جهاز الدولة وأصبحت الثروة من المقومات الطبقية التى تؤخذ فى الاعتبار فى الاختبار الزواجى أيضًا.

ولقد ارتبطت الاستثمارات النفطية، كما ترتب على إعادة استثمار موارد النفط فى بناء مشروعات الخدمات نوع من التغاير الديموجرافى

أبرز التمايز بين الفئات السكانية التقليدية، كما قسم التركيب السكانى إلى فئات المواطنين وفئات الوافدين ويتبين فى الشكل التالى هذا التغاير السكانى فى مجتمع الكويت.

تنعكس تلك التغيرات فى نسق ترتيب الفئات الاجتماعية على العائلة حيث نجد ارتفاعًا فى سن الزواج وبخاصة بين النساء. ويقول آخر تعتبر مشكلة "العنوسة" من أهم المشكلات التى تواجهها المرأة فى بعض البلدان العربية، وهى مشكلة ترجع إلى عدم توفر الرجل المناسب "طبقيًا"، كما ترجع إلى الارتفاع الشديد فى تكاليف الزواج واتجاه الرجال إلى الزواج من خارج المجتمع حيث يجدون زوجات بتكاليف أقل كما يتميزن "بالحضرية" التى قد تفتقر إليها بنات عمومتهم.

وقد بدأت مشكلة تواجد مواطنين بدون جنسية تظهر بشكل حاد عندما أنهى هؤلاء مراحل التعليم ويجدون الأبواب إلى التمتع بامتيازات المواطن فى مقابل الأجنبى مغلقة أمامهم لعدم حصولهم على جنسية البلد الذى ولدوا فيه، وينطوى التخطيط العمرانى فى بعض البلدان العربية على ما يعرف بالأحياء المغلقة، كما تتمايز الأحياء التى يسكنها المواطنون

وتلك التى يسكنها الوافدون، بل إننا نجد نسقين من أنساق ''الحياء'' لدى كل من المرأة الوافدة والمرأة المواطنة.

مكانة المرأة فى الأسرة العربية الحديثة :

هناك الكثير من الأفكار غير الصحيحة التى تدور حول العائلة البدوية والريفية فى الكثير من الكتابات منها ''بدائية'' و''بساطة'' الحياة و''تخلف'' المرأة بوجه خاص. وفيما يتعلق بالعبارة الأخيرة فإن المرأة البدوية والريفية فى البلدان العربية يمكن اعتبارها أكثر ''حرية'' وأكثر إنتاجية فى مقارنتها بالمرأة الحضرية، حيث تسهم المرأة فى المناطق الصحراوية والريفية العربية إسهامًا كبيرًا فى الإنتاج الحيوانى والزراعى. فهى تعمل بالرعى وتقوم بكثير من مراحل العمل الزراعى كما أنها تخرج من البيت لتذهب إلى الحقل أو تزور جاراتها ويؤخذ رأيها فى اقتصاديات الأسرة والاختيار الزواجى للأبناء، وهى تشتغل بكثير من الصناعات المنزلية التى يمكن أن تكون ثروة قومية لو أحسن تنظيمها.

وقد أدى التعليم والتحضر إلى خروج المرأة للعمل فى المشروعات العامة والأجهزة الحكومية فى كل المجالات التى يعمل بها

الرجال تقريبًا، فهناك نساء عربيات يعملن فى "قطاعات التعليم والطب والإدارة العامة والمشروعات الهندسية والشرطة كما تشارك المرأة فى الإنتاج الأدبى والفنى والعمل الاجتماعى والسياسى، بعد أن أصبح تعليم المرأة مطلبًا قوميًا، وصارت هناك بعض الكليات الجامعية التى ترتفع فيها نسبة الطالبات وأصبح التعليم فى مراحله الأساسية إجباريًا لكل من الجنسين، وتساوت أجور عمل المرأة مع الرجل حين تقوم بنفس العمل الذى يقوم به، وقد ساعد على هذا تمتع المرأة ببعض التسهيلات فى شروط العمل.

ولكن السؤال المثار فى الوقت الحاضر هو : هل كان خروج المرأة للعمل خارج البيت وخارج إطار الأسرة كله خير أم كانت لهذا "التحضر" آثاره السلبية على الأسرة وعلى المرأة ذاتها؟ وتوجد فى الوقت الحاضر اتجاهات تنادى بعودة المرأة إلى "العمل" داخل البيت، وهى اتجاهات تستند إلى إبراز   ما تعانيه المرأة الحضرية من تحمل مسئوليات أكثر من تلك التى يتحملها الرجل فهى تطالب بأن تعمل مثله فى المصنع وهو لا يعمل معها كتفًا   بكتف فى الأعمال المنزلية، وقد كان

فى غياب المرأة آثار على التنشئة الاجتماعية للأبناء، والتوافق الزواجى .. بجانب الآثار التى انعكست على الحالة الصحية للمرأة.

تقسيم العمل فى العائلة العربية المعاصرة :

الوحدة العائلية المعاشية العربية المعاصرة هى فى غالبية الأحوال أسرة نواة تضم كلاً من الزوج والزوجة أو الزوجات والأبناء. وتعيش تلك الوحدة العائلية المعاشية فى مسكن واحد أو تتجاوز المساكن الخاصة التى تعيش فى كل منها زوجة وأبناؤها من زوجات الرجل الواحد وتتميز الأسرة العربية المعاصرة بزيادة عدد الأفراد "المعولين" الذين يتفرغون للتعليم من الأبناء والبنات. وترتفع سن الاستقلال الذاتى اقتصاديًا فى العائلة العربية حين تقارن بالأسرة الأوربية مثلاً .. فالأولاد يبقون فى كفالة الأسرة اقتصاديًا حتى سن الثانية والعشرين وربما أكب رمن هذا، كما أن البنت تظل فى كفالة الأسرة إلى حين الزواج مهما طال بها العمر. وفى كثير من الحالات يعيش الأجداد أو بعض أقارب الزوج أو الزوجة فى كفالة تلك الأسرة، فالتراحم والتكافل بين أعضاء الأسرة العربية قوى للغاية فى مقارنته أيضًا بالأسرة الأوربية. وعلى الرغم من توفر خدمات

الرعاية الاجتماعية التى تقدمها الدولة لغير القادرين على العمل إلا أن هناك تفضيلاً لمسئولية الأقارب فى الكفالة الاقتصادية لأقاربهم من   غير القادرين.

وللزوجة بوجه عام وللأبناء والبنات بعد بلوغ السن القانونية ذمتهم المالية المستقلة، ولكنا نجد اتجاهًا واسعًا لإسهام الزوجة فى نفقات معيشة الأسرة وإسهام الأبناء العاملين فى ميزانية الأسرة التى يعيشون فيها قبل الزواج، ويبدو هذا التكافل بين أعضاء الأسرة بشكل كبير فى البيئات الريفية فالأسرة الريفية العربية أسرة ممتدة حيث يعمل جميع الأبناء فى أرض العائلة ــكما سبقت الإشارة إلى هذا.

وقد أدى انتشار التعليم إلى فقدان الآباء لكثير من تأثيرهم فى التوجيه التعليمى والمهنى للأبناء، فأصبح توارث المهنة بين أفراد العائلة أمرًا ليس متواترًا، وتتحكم الفرص المتاحة فى أنواع التعليم وتخصصاته المختلفة فى التوجه المهنى للأبناء، إلا أن هناك فى بعض البلدان العربية أعمالاً مغلقة أمام المرأة أو بقول أكثر دقة هناك أعمال مقررة تتوجه إليها المرأة مثل قطاع التعليم والخدمات الطبية.

الاختيار الزواجى فى الأسرة العربية المعاصرة :

يقوم الاختيار الزواجى فى الأسرة العربية بوجه عام على مبادئ نوجزها فيما يلى طبقًا لترتيب أهميتها وهى : 1- الدين والخلق، 2- الأصل والنسب، 3- الثراء، 4- الجمال. وتؤكد القيم الدينية على أن تكون الأولوية فى الاختيار الزواجى للتدين وحسن الخلق. ونجد أن أعمال تلك المبادئ يبدو واضحًا إلى حد بعيد فى ارتفاع قيمة الشرف والطهارة عند اختيار الزوجة، فلا يقبل الرجل العربى أى تسامح فى المعايير الجنسية فى حياة زوجته قبل تقدمه إليها، والمرأة العربية محاطة منذ ولادتها بكثير من الرقابة التى تجعل أى ''انحراف'' يفقدها فرصة الزواج، ومن ناحية أخرى فإن التكافؤ الطبقى وحيث تستند الطبقية إلى مقومات عرقية وحيث تعرف الأنساب فإن التكافؤ الطبقى يعتبر من أهم مقومات الزواج الناجح. ومع احتفاظ المرأة العربية المسلمة بحقوقها فى انفراد ذمتها المالية عن الذمة المالية لزوجها فإن ما تتمتع به المرأة من ثراء يجذب إليها من يطلبون يدها.

وقد ترتب على تلك التغيرات الحضرية والثقافية التى تعرضت لها العائلة العربية المعاصرة دخول معايير جديدة فى الاختيار الزواجى، ومقومات جديدة للتوافق الزواجى. فقد أصبح التعليم يدخل فى تحديد مدى التكافؤ، وبخاصة فى زواج المرأة المتعلمة، كما أصبح الثراء من مقومات الانتماء الطبقى بحيث يتجاوز الانتساب إلى الأسرة العريقة، وقد فتح التحضر والتحديث آفاقا واسعة لنيل درجات وظيفية أعطت لمن يشغلونها مراكز اجتماعية تغلبوا بها على أنسابهم وأعطتتهم فرصًا للزواج من بنات الأسر العريقة. ولعل السنوات المقبلة تنطوى على مزيد من التسامح فى زواج المرأة بمن هو أدنى منها مكانة من ناحية التعليم أو الحسب والنسب.

وبوجه عام فقد تمرد المجتمع القبلى على أفضلية الزواج بين بنى العمومة، ولم يعد الزواج الاضوائى هو الشكل المقرر والمفضل، وأتى الكثير من الرجال بزوجات من خارج الوطن لكى يتغلبوا كما سبقت الإشارة   على المعوقات الطبقية أو ارتفاع تكاليف الزواج عند تقدمهم للزواج من   بنات "الديرة"، كما ارتفع سن الزواج لدى كل من الجنسين،

بسبب التعليم وبسبب الانتظار لحين توفر تكاليف الزواج، وأصبح للمرأة صوت واضح ورأى غالب فى قبول أو رفض من يتقدم لخطبتها، وبدأ استقلال الزوجين نمطًا تفرضه أزمة الإسكان أو يفرضه الميل إلى التحرر عن العائلة الممتدة على السواء.

تغير نسق العائلة وآثاره فى الأمن الديموجرافى :

انعكست التغيرات الاقتصادية والديموجرافية التى تعرضت لها المجتمعات العربية -وبخاصة فى النصف الثانى من القرن العشرين الميلادى- فى العائلة العربية .. فقد كان من نتائج توطن البدو "تباعد المسافات البنائية بين الوحدات القبلية المتمايزة بتأثير الهجرة أو التهجير أو إنشاء المجتمعات الجديدة. كان من نتائج هذا كله أن فقدت الوحدة القبلية الكثير من وظائفها الثأرية أو "السياسية". وبخاصة مع تغلغل نظم الدولة والسلطة المركزية فى المناطق الصحراوية. كما فقد الانتماء القبلى وظائفه التقليدية فى تنظيم استثمار موارد الثروة الطبيعية، وأصبحت الملكية الفردية للأراضى الصحراوية هى الأسلوب المعترف به فى الانفراد فى "الحيازة المشروعة"، وأصبح لموارد الثروة الطبيعية التقليدية

(الأرض والمصادر المائية) قيمة نقدية بجانب قيمتها الاقتصادية. وبالتالى فقد أدى هذا إلى تغاير التوازن الديموجرافى فى المجتمعات الصحراوية مما دفع إلى مزيد من الاعتماد على الدولة فى المحافظة على ''الأمن''. وكان لظهور مشكلات جديدة فى مجال التبادل واستخدام القوى العاملة أثره أيضًا فى نمو الاعتماد على القضاء الرسمى، ولم تعد الحرب القبلية التى تقوم على حق الجماعة فى الاعتماد على قوتها الذاتية فى الدفاع عن مصالحها ونيل حقوقها بالقوة هى الأسلوب المتبع فى تسوية المنازعات.

وقد أدى التوطن والتحضر والتصنيع إلى تغير نمط الحياة لتصبح الأسرة ''النواة'' هى الاتجاه الغالب، وقد جاء هذا متزامنًا مع نمو قدرة الدولة على توفير الرعاية الاجتماعية والأمن الاقتصادى، وبالتالى الاستقلال الذاتى للأفراد عن الضوابط العائلية و''القبلية''، وجاءت استثمارات النفط بفرص عديدة للاستقلال عن العائلة، وظهور الطبقات الجديدة ونمو الأعمال ''الهامشية'' سواء فى البلدان المنتجة للنفط أو البلدان المصدرة للقوى العاملة، وقد انعكست الإقامة بين أناس يحكم التعامل فيما بينهم أنساق رسمية لا شخصية فى العديد من الجرائم مثل

جرائم النصب والتزوير بجانب اتجاه الفوارق أو الحدود الطبقية القائمة على التمايز العرقى التقليدى إلى "التميع". وقد جدت تطلعات لمتكن قائمة من قبل فيما يتعلق بالاستهلاك الزائد. وبجانب هذا كله فقد ساعد استقلال أفراد العائلة فى قضاء أوقات الفراغ على معرفة العائلة فى المجتمعات العربية لأنواع من المشكلات التى لم تخبرها من قبل مثل معايشة من وقع فى شرك الانحراف، من أعضائها.

الخلاصة:

عنيت هذه الدراسة بالتعريف بوظائف العائلة العربية التقليدية، والتغيرات البنيوية التى تعرضت لها نتيجة للأوضاع الاقتصادية والديموجرافية الجديدة فى المجتمعات العربية ومدى انعكاس هذا كله فى الأمن الديموجرافى فى البلدان العربية. وقد خلصت هذه الدراسة إلى عدد من النقاط التى نعرض لها بإيجاز فيما يلى :

1ـ العائلة العربية لا تزال هى الوحدة القرابية الممتدة التى قد تنقسم إلى عدد من الوحدات الأسرية النواة، ولكن تلك الوحدات النواة تظل فى علاقات دائمة وقوية يربط بينها الشعور بالقرابة والمسئولية

المشتركة بين أعضائها، وتبرز هذه المسئولية المشتركة فى مجالات عديدة منها التضامن الثأرى فى المجتمعات القبلية الانقسامية، وقيمة العمومة والخؤولة فى المجتمعات الريفية والحضرية. وهناك العديد من المناسبات الاجتماعية التى يجتمع فيها شمل تلك الوحدات الأسرية النواة تحت "مظلة" العائلة الممتدة كالأعياد والأزمات والزواج والوفاة.

2- تناط بالعائلة العربية التقليدية وظائف لا تدخل فى "اختصاصات" العائلة الأوربية منها مثلاً التكافل الاقتصادى بين أعضائها وتحديد المكانة الاجتماعية واتجاهات الاختيار الزواجى لأعضائها، ولا تزال العائلة العربية المعاصرة تلعب دورًا فى تلك المجالات مع ظهور مقومات جديدة لترتيب الفئات الاجتماعية والاتجاه إلى الاضوائية ونمو دور الدولة فى كفالة غير القادرين من مواطنيها.

3- تميزت العائلة فى كثير من المجتمعات العربية بأنها عائلة مركبة لسماح الإسلامة طبقًا لضوابط إنسانية بتعدد الزوجات للرجل الواحد، ومع تفاوت حجم هذه الظاهرة فى البلدان والبيئات العربية

المختلفة فقد نظر إليها فى بعض الكتابات العربية على أنها مشكلة اجتماعية لارتباطها فى كثير من الحالات "بالانفصال الأسرى"، ولكن الكتابات المعاصرة تبرز مشكلات أخرى فى الوقت الحاضر منها الطلاق، وارتفاع سن الزواج، و"العنوسة" وغياب أحد الوالدين أو كلاهما.

4- لقد ارتبطت استثمارات النفط فى بعض البلدان العربية، كما ارتبط التحرر السياسى وإعادة بناء الدولة فى البعض الآخر بالاتجاه إلى توطين البدو وتمثل الجماعات القبلية فى "المجتمع القومى"، والتصنيع والتحضر فى المناطق الصحراوية والريفية، كما ارتبط هذا كله بالاتجاه إلى التحديث فى جوانب متعددة من الحياة. ومع تعدد الاتجاهات التى سارت فيها البلدان العربية، إلا أن مشكلة المحافظة على التوازن بين "الأصالة" و"التحديث" تعتبر مشكلة عربية مشتركة. ولقد انعكس هذا كله على العائلة العربية فى صورة ارتفاع تكلفة الزواج وارتفاع سن الزواج بين الجنسين والاتجاه إلى الوحدات الأسرية "النواة" كوحدات معيشية مستقلة، وتشتت

أعضاء الوحدة القرابية فى مناطق متباعدة بتأثير ظاهرة الهجرة الداخلية والخارجية.

5- على الرغم من الجهود التى تبذل فى مجال القضاء على البداوة والاتجاه إلى "تنمية" تفتت الجماعات القبلية بتأثير التنمية الريفية أو النمو الحضرى أو بتأثير تباعد المسافات البنائية بين الوحدات القبلية أو بسبب الهجرة، فإن "القبلية" ستظل ولأجيال مقبلة باقية فى "الشخصية القومية" فى كثير من المجتمعات العربية، وهى تظهر فى النسق السياسى، كما تظهر فى ظاهرة الثأر ونسق ترتيب الفئات الاجتماعية، فى المجتمعات الريفية وشبه البدوية بوجه خاص.

6- يتضمن الكثير من الكتابات الغربية والعربية فى بعض الأحوال الكثير من سوء الفهم لوضع المرأة فى المجتمعات العربية التقليدية، وبخاصة فيما يتعلق بإسهاماتها فى الإنتاج واتخاذ القرار فى الأسرة. والواقع أن إنتاجية المرأة فى البيئات البدوية والريفية لعلها تزيد عن إنتاجية أختها فى المجتمعات الحضرية الصناعية فهى تسهم فى

الإنتاج الزراعى وتربية الحيوان والصناعات المنزلية واتخاذ القرارات الأسرية بصدد "الميزانية" والاختيار الزواجى للأبناء، بل إن المرأة هى التى ترضع الثأر فى المجتمعات القبلية الانقسامية. وقد أدى التعليم إلى خروج المرأة العربية للعمل فى مجالات متعددة. وقد حددت آفاق عملها فى مجالات معينة، ولكننا نجد من ناحية أخرى أن هناك اتجاهات لإعادة تقييم عمل المرأة خارج محيط الأسرة، وعودة المرأة إلى داخل البيت وتنمية الصناعات المنزلية لمواجهة المشكلات العديدة التى ارتبطت بخروج المرأة للعمل سواء فى المجتمعات العربية أو الغربية.

7- تحتل التغيرات الديموجرافية والاقتصادية والتى تتأثر بها إلى حد بعيد العائلة فى المجتمعات العربية أهمية كبيرة فيما يتعلق "بالأمن الاجتماعى" .. حيث تعتبر الأزمات الحادة التى تواجهها بعض المجتمعات –مثل الاتجاه إلى انهيار الثقة فى سوق المال- جرس إنذار لضرورة العض بالنواجز على التماسك العائلى والتنبه إلى مخاطر التغاير الديموجرافى الذى يتطلب الكثير من الوقت والحرص

فى "تمثله" وبخاصة حين لا يكون هذا "التمثل" أمرًا مرغوبًا فيه،
وهو وضع قائم بالتأكيد فى بعض المجتمعات العربية التى اضطرتها
ظروف التنمية إلى "استضافة" القوى العاملة الوافدة التى قد يؤدى
"توطنها" إلى وجود ثقافات فرعية متضاربة فيما بينها، ومناقضة
فى كثير من الأحيان لثقافة المجتمع المضيف.

8- يترتب على اتجاه العائلة إلى التحديث فى بعض المجتمعات العربية
وجود بعض الأوضاع التى تعمل إلى كونها "مشكلات" تتطلب
"مواجهة" اجتماعية ومثال ذلك المبالغة فى اقتناء الوسائل
الوسائل التكنولوجية الحديثة، ورؤية المسكن ووسيلة الانتقال
وأسلوب قضاء الأجازات وقيمة مهر العروس ونوع التعليم الذى
يتجه إليه الأبناء على أنها "رموز" طبقية تحرص عليها العائلات
التى تحتل مكانة اجتماعية مرموقة، ويبالغ البعض الآخر فى التمسك
بها كأسلوب فى تجاوز المسافات الاجتماعية التقليدية.

9- على الرغم من الكثير الذى كتب عن الآثار الاجتماعية للهجرة فى
المجتمعات الجاذبة والطاردة لها، وكذا الآثار الناجمة عن الهجرة

المرتدة فى البلدان العربية المصدرة للقوى العاملة فإن هناك الكثير كذلك من الجوانب التى لا تزال تحتاج إلى بحوث متعمقة ودراسات إقليمية ومقارنة –وبخاصة فيما يتعلق مثلاً بأثر اختلال التوازن بين أعداد الجنسين فى البلدان الجاذبة للهجرة، وأثر غياب أحد الوالدين أو كليهما على العلاقات الأسرية والتنشئة الاجتماعية فى البلدان المصدرة للقوى العاملة، وأثر المجتمعات الجاذبة للهجرة فى العمالة الوافدة، وأثر الهجرة العمالية فى رؤية الشباب فى البلدان غير النفطية "للمستقبل فيما يتعلق بالتعليم والاختيار المهنى والزواج، وأثر الهجرة العمالية فى معدلات التنمية فى البلدان الطارئة للهجرة، وأثر الثقافات الوافدة فى "الجرائم الجديدة" على المجتمعات الجاذبة للهجرة وغيرها من المسائل التى تنطوى بالتأكيد على مضامين أمنية.

الفصل الثاني

مصر تواجه السونامي الذي عصف بها في الربيع العربي

تفجرت ثورة ٢٥ يناير بعد سنوات من المعارضة السلمية الرافضة لما انتهت اليه السنوات العشر الأخيرة من حكم الرئيس مبارك الذي امتد لحقبة استمرت لثلاثين عاما.

لقد شهدت مصر في فترة حكم مبارك انجازات في مجالات عديدة منها الاتصالات ـ والمواصلات (خطوط المترو) , والطرق , وبناء المدن الجديدة , وانشاء الجامعات الحكومية الجديدة والتصريح بانشاء الجامعات الخاصة, والتوسع في قطاعات السياحة والصناعة والتجارة .

لكن السنوات العشر الأخيرة تنامت فيها الأصوات الرافضة لما آلت اليه أحوال مصر الاقتصادية والثقافية وتزايد معاناة الفقر والمرض والجهل والتدهور البيئي , فضلا عن تراجع الدور المصري في المحيط العربي والافريقي . وقد تزامن ذلك مع تكرار ما وصف بأحدا ث الفتنة الطائفية

والطرف الثالث، وكانت القشة التي قصمت ظهر البعير هى بدء الاعداد لتوريث ابنه جمال مبارك الحكم.

وفي مطلع عام 2011 بزغت الثورة في تونس وأشرق الربيع العربي في مصر في 25 يناير بيد شباب عبروا عن ارادة التغيير التي اكتملت لدي الشعب , وتوالي انضمام الجماهير بفئاتهم الاجتماعية والثقافية المختلفة مع تفاوت في بدء النزول الي ميادين التحرير بناء علي حسابات خاصة لتلك الفئات. وتصدي الجيش لفرض ارادة الشعب لتخلي النظام القائم آنذاك عن الحكم وممارسة الديموقراطية في تحقيق العيش والحرية والكرامة والعدالة الاجتماعية.

في 11 فبراير تخلي الرئيس مبارك عن منصبة وكلف الجيش أن يتولي المسئولية. ونزل الجيش الي الشارع ,واصدر الاعلان الدستوري الذي جري الاستفتاء الشعبي عليه , ـ وما تلاه من انتخابات برلمانية ورئاسية ـ في سياق اجتماعي وثقافي آلت فيه السلطة الي تيار الاسلام السياسي مع انقسام بارز في الشارع المصري.

استمر حكم الأخوان المسلمين لمدة عام امتلأ بما عرف بمليونيات المعارضة والموالاة تعبيرا عن الرفض والتأييد لوقائع وأحداث تتمثل فيما يأتي دون محاولة للحصر أو مناقشة الأسباب:

- استمرار تدهور الأوضاع الاقتصادية دون تدشين بداية للتصدي أو الاصلاح.

- عدم الرضا عما تحقق فيما ألزم الرئيس به نفسه لتحقق في مائة يوم (الأمن والخبز والمرور ورفع القمامة وتوفير الوقود).

- ذيوع الرفض لما عرف بالتهميش أو الاقصاء, والتمكين , والأخونة.

- دعاوي اعادة انتاج الفساد وسيطرة الرأسمالية المستجدة في الحكم والمجتمع.

- عودة الفتن الطائفية , وممارسة الارهاب المادي والمعنوي.

- صدام الحكم الجديد مع الشرطة ، والقضاء , والاعلام , والأزهر بل والجيش أيضا.

- تنامي الارهاب وبخاصة في سيناء ، والربط بين ذلك والتحالف مع غير مصريين لمساندة النظام الحاكم.

لقد انقسم المجتمع المصري الي فريقين دون التطرق الي وزن كل منهما في الشارع المصري علي النحو الآتي:

" فريق يعلن الجهاد "الأسلمة" المجتمع المصري المتدين حول الأزهر والكنيسة الأرذوكسية , وفريق رأي انه يواجه سونامي يعصف بهويته ويغلب ما سمي بألأمة الاسلامية علي الذاتية الوطنية، الي حد اعادة ترسيم الحدود الاقليمية الوطنية, فضلا عن التغيير القسري لطريقته في الحياة.

وكان التمرد في 30 يوليو ليخلع الأخوان حين استجاب الجيش لنداء عشرات الملايين الذين نزلوا الي الشارع لفرض اراداتهم والدفاع عن هويتهم المتجذرة في التاريخ.

الفصل الثالث

الأمثال الشعبية والضبط الاجتماعي في قبائل الصحراء الغربية المصرية

موضوع هذه الدراسة الميدانية هو جمع وتصنيف جانب من الأمثال الشعبية التي يتداولها الناس في أحاديثهم وأحكامهم فى المناسبات الاجتماعية المختلفة في مجتمع قبائل أولاد على بالصحراء الغربية المصرية، وقد جمعت الأمثال الشعبية التي تعرض لها هذه الدراسة من أولاد على في العامرية وبرج العرب والحمام .. وهى "مدن" صغيرة منها ما هو امتداد مباشر لمدينة الإسكندرية – مدينة العامرية – ومنها ما يعتبر المدينة الثانية في محافظة مطروح بكل ما تمثله من قيم القبلية والبداوة – مدينة الحمام، ومنها ما هو واقع بين ثقافتين "الثقافة الحضرية والثقافة الصحراوية" – مدينة برج العرب – وقد جمعت هذه الأمثال الشعبية من إخباريين من فئات عمرية وتعليمية مختلفة ومن الذكور والإناث، وتم الإبقاء في هذه الدراسة على ما تبين أنه متداول في الوقت الحاضر في الأحاديث والمعاملات اليومية.

ويأتي عرض الأمثال الشعبية وبيان دلالتها في نسق الضباط الاجتماعي في قبائل أولاد على في العامرية وبرج العرب والحمام بالصحراء الغربية المصرية مصنفًا بصورة تبرز رؤية المجتمع لقيم معينة بصدد شرف المرأة، والعلاقة الزوجية، والاختيار الزواجي والزواج من بنت العم، وجمال المرأة، والحب والكره، واختيار الزوج والعلاقة بين زوجة الابن والحماة، والبر بالوالدين ومكانة كبار السن، وحقوق ابن العم، والصداقة، ورفيق السفر وحقوق الجيرة، والتحفظ في العلاقات، والغربة، ورؤية الغريب والحذر وعدم التعجل فى الحكم على الأمور، ومهنة الرعي، والرزق والسعي والكسل، ورؤية المال، والقناعة، والكرم والبخل، وعدم الانهيار عند الضربة الأولى والقضاء والقدر، والصبر والتفاؤل والتشاؤم، والحسد، وحتمية الجزاء، والحمية والبرود، والتعالي والغرور والافتقار إلى الخبرة وادعاؤها، وثمار الالتزام، والجهل والغرور، والتحذير من أن معظم النار من مستصغر الشرر، ورؤية الفقر، وأن أصلك فعلك، وقيمة الخصوصية والمثابرة، والنظرة إلى الأنانية، والأثرة، والنفاق والغرور، والإذعان، ووضع زوجات الأخوة، وعدم توسم الخير في الآخرين أحيانًا، وقيمة العمل، والمصارحة، والمناورة

والمداورة، والإحساس بخيبة الأمل، وقيمة الأبناء، وعزة النفس، وتمرد الصديق، وقيمة عدم الاكتناز، ورؤية التطبع، والمسالمة، والاحتفاظ بالرأي، وأن لا أسرار فى البادية، وأن العرق دساس، كما أن أصل الفتى فيما قد فعل، وطبيعة كل من الرجل والمرأة، وقيمة الحديث الحسن، وتعرية التظاهر بالتدين والمعرفة، وأن الأقدار محفوظة، وحتمية المساواة، وما يقال فى تزييف التاريخ، والغيرة، ونفاذ الصبر، وأن الإمكانيات تحقق المستحيل، وأن كلا لابد أن يحصد ما قد زرع، وأن القوى لا يهاب المواجهة، وضرورة الاعتماد على النفس فى اتخاذ القرار، كلاً وبسر الإحاطة بالأمور، وأن لكل قدره ولكل حاجة، وأن الاعتماد على النفس أكرم، وأنه لابد من توفر الأسباب، وأن كل يعتز بما عنده، وما يقال عند رؤية الفجور، وما يقال فى اليتم، وزوجة الأب، والاعتدال، وفى العمل في غير موضعه، وفى المواجهة، والبيع والشراء، والنفور من المرأة العجوز، والعجوز المتصابية .. وذلك على النحو التالي:

1- شرف المرأة:

تحاط العذرية والعفة الجنسية كقيمة بالتقديس فى المجتمعات القبلية العربية. وفى مجال التحري من عذرية وعفة المرأة فأنها لا ينظر إلهيا في ذاتيتها ولكن التحري يمتد إلى أمها التي أنجبتها وقامت بتربيتها، وفى هذا يقول المثل الشعبي "البنت أم والثوب كم" فالبنت العفيفة هى ابنة امرأة تحلت بالعفة وعلمتها لا بنتها، ويؤكد هذه الوراثة مثل آخر يقول "ألقى القدرة على فمها تطلع البنت لأمها".

ولا هامش من السماح فيما يتعلق بشرف المرأة، والمثل الشعبي يقول "البنت حليب أن تعكر ما يروقش"، فاللبن إذا شابته عكارة لا يعود إلى نقائه أبداً وكذلك حين تفرط البنت فى شئ من الشرف لا يمكن أن تعود عفيفة كما ولدت. وأقل القليل يلوث شرف المرأة. وفى هذا يقول المثل الشعبي "شرف البنت زى القزازة "الزجاجة" أي حاجة تجرحها". بل أن مجرد الخطأ الأول يفقد البنت كل شيء، حيث يقول المثل الشعبي "شرف البنت مثل عود الكبريت" أي إذا أشعل مرة فقد كل قيمته. ولهذا كله يوصى المثل الشعبي عند الزواج أن تختار المرأة التي ليست لها تجربة سابقة حيث يقول "خذ بنت ما تعرف غير أنت"، وذلك لأن "اللى تتبدد ما

تيجى مليانة'' فالمرأة التي تخرج والتي تمر بخبرة ما يفرغ كنز شرفها من محتواه. وهى في هذا كله خيرها لرجلها وشرها لأهلها'' المرأة إذا جابت خير لجوزها وإذا جابت شر لأهلها'' كما يقول المثل الشعبي.

2- العلاقة الزوجية:

يفرض العرف على المرأة أن تدخل الزوجة تحت عباءة زوجها حيث يقول المثل الشعبي إلبسى ساعته خلاص بقيتي بتاعته''.

وتظل الزوجة عضوا في ''عائلة'' أبيها حتى بعد انتقالها للعيش بين أهل زوجها. وحين يأتي منها شر أي أن تلزم الدية لجرم ترتكبه فإن عائلة أبيها هي التي تتحمل المسئولية بوجه عام وبوجه خاص حين لا يكون لها ولد. أما حين تأتى بخير فأنه لزوجها ''وهذا ما يؤكده المثل القائل ''الولية إن جابت خير لراجلها وأن جابت شر لأهلها'' ويقول المثل الشعبي عن الزوجة'' اللى في أيد الناس بعيدة ''بمعنى أنه لا يجب التطلع إلى زوجة الغير، كما يحذر العرف من العواقب الوخيمة لهذا حيث يقول ''اللى ما في إيدك ما تفيدك'' حيث لا يأتي هذا النظر إلى زوجة الغير إلا بالألم الأليم.

3- الاختيار الزواجي والزواج من بنت العم:

يؤكد المثل الشعبي العرف السائد في الاختيار الزواجي فيما يعرف بنظام "مسك بنت العم" الذي يعطى أفضلية مطلقة لابن العم في الزواج من بنت عمة، وله أن يمنع زواجها من غيرة أن رغب فيها، ويشيد المثل الشعبي بابن العم الذي لا يترك ابنة عمة لرجل آخر حيث يقول "سلم ولد العم الداني ما خلها للبراني".

وتتعدد الأمثال الشعبية التي تبين فضل بنت العم عن غيرها في اختيار الزوجة .. منها المثل القائل "القريبة أولى من الغريبة" وأن خاطى جنسه ظلم نفسه" أي أن من يتجه للزواج من غير بنى جنسه أبناء قبيلته ظالم لنفسه. ويوصى المثل الشعبي الآباء أن يعطوا بناتهم لأقاربهم ليكن قريبات منهم .. حيث يقول "أديها للي ليك تنابيها أي تنادى عليها – تجيك".

ومن ناحية أخرى فإن بنت العم تعتز بزواجها من ابن عمها، والمثل الشعبي يعبر عن تفضيلها له حيث يقول "آخذ ابن عمى ولو كان رميمة"، فهي تفضله على غيره مهما كانت مكانته ومهما كان عمره،

والمجتمع من حولها ينصحها بالالتزام بهذا الاختيار حيث يقول المثل الشعبي "ولد عمك يا لهابلة عمه .. يلفن الأيام وتلاقيه" أى أن ابن العم لا يمكن أن يغدر بابنة عمه عندما تكبر في السن وتفقد جمالها مهما ارتبط بغيرها. وآمان لها أن تكون لابن عمها لأن المثل يقول "عند كراعيك ولا رأس غيرك".

وتجد المرأة التي لا يرغب فيها أبناء عمومتها صعوبات فى الزواج من الأغراب، حيث يقول المثل الشعبي "ما حدش عاطي خيره لغيره".

ولكننا نجد من ناحية أخرى تمردا على هذا الزواج المقرر. وقد عبر المثل الشعبي عن هذا التمرد حيث يقول "بنت العم تجيب الهم"، ومع اتجاه الشبان إلى الزواج بغير بنت العم ـ أو حتى الزواج من غير البدوية ـ وذلك بتأثير التعليم والاتصال بثقافة المدينة، والتعامل مع الفلاحين يعطى مبررات لهذا الخروج على القاعدة حيث يقول "بنت العم أوعى تجبرها عوزتك خوها تشكى لك فى مطرح بوها".

4ـ جمال المرأة:

يقول المثل الشعبي في الجمال "الجمال جمال النفس" فحسن الصورة لا يكفي لتوصف المرأة بالجمال، كما يقول المثل أيضًا "سماحة البنت صيغتها" فالسماحة هى أغلى ما لدى البنت من مصاغ، كما أن النفور من القبح يعبر عنه المثل الشعبي القائل "تغور الجنة اللى على بابها قرد".

5- الحب والكره:

يعبر المثل الشعبي عن تجاوز المحب عن كل عيوب المحبوب، والمثل يقول "الغاوي والزاهد أطرش" كما أن الزاهد لا يعير انتباها لما يروى عن محاسن من لا يهوى. والجمال مطلب هام في اختيار رفيق الحياة. وفى هذا يقول المثل الشعبي "تغور الجنة اللى على بابها قرد".

ويعبر المثل عن حب الجمال والهروب من القبح حيث يقول "خشوا – أي اقتحموا – بي فى حريق لا ملتقى في طريق"، وفى المقابل فإن اختيار الموت هو البديل حين يضيع كل أمل في الوصال بين الأحباب حيث يقول المثل الشعبي" أن ما طلت نصيبي معاك نموت يا نصيبي وقسمتي".

6- اختيار الزوج:

يقول المثل الشعبي "دور لبنتك ولا تدورش لابنك" بمعنى أن ليس عيباً أن يبحث الرجل عمن يراه أهلاً للزواج من ابنته، بل أنه ليس عيباً أن يبدى ترحيبه بهذا الذي يرى فيه زوجاً صالحاً لابنته. وينصح المثل الشعبي المرأة بأن تفضل الزوج الشاب فسعادتها تكون معه، حيث يقول "الصغير يا سعدك بيه لا لحية ولا شيبة فيه". كما ينصحها أن تفضل الزواج من أهل البادية عن غيرهم. ويبين المثل مزايا أبناء القبيلة عن غيرهم فيقول "يا واخدها الفلاح يا حزينة شغل الفأس مطلع عينه" ويا واخذها العربي يا فرحانة شاي وسكر فى دكانه".

وأخيراً فإن المثل يقول "قعدة الخزانة ولا جوازة الندامة".

7- زوجة الابن والحماة:

يصادر المثل الشعبي على عمق المشاعر السلبية بين الحماة أم الزوج وزوجة الابن، كما يصادر باستحالة وجود الحب بينهما حيث يقول "لو الحماة تحب مراة الابن كانت الغلة قد التبن".

ويبرز المثل الشعبي مشاعر الغيرة والتنافس على الاستئثار بحب الزوج حيث يقول على لسان الزوجة مخاطبة زوجها "حط المشمش فى الدولاب عكاز أمك جاى الباب" فالزوجة ترصد خطى أم زوجها وحين تشعر باقترابها تخفى الفاكهة حتى لا تنال حماتها منها شيئاً. وتمتد المشاعر السلبية كما تمتد تلك الرغبة فى الاستئثار بحب الزوج لتشمل أخته أيضاً، حيث يقول المثل الشعبي "أخت الزوج عقربه سامة".

وتبرز عبقرية المثل الشعبي في استيعابه للأحداث الكبرى فقد روى الإخباريون مثلاً شعبياً نصه "حماتي قعدت لي في البيت زى صدام في الكويت" ومن المؤكد أن هذا المثل قد دخل التراث الشعبي لقبائل أولاد على في الصحراء الغربية المصرية بعد أحداث اجتياح الكويت.

وبجانب هذا كله فإن المثل يتجاوز تأكيد تلك المشاعر السلبية التى تعنى انقطاع الصلات التي تربط بين الحماة وزوجة الابن، حيث يقول المثل متضمنا خطابا على لسانها مؤداه هيا بيع أمك خير لنا راها البيت ليلها بلاها "جنة".

ومن ناحية أخرى فإننا نجد الزوج يعبر من رؤيته للوسيلة النهائية للتخلص من مضايقة حماته أم زوجته له بالمثل الشعبي القائل" بأن ما يفكه من النسيبة الدواية" التي تملأ سمع ابنتها ضد زوجها "بأن يترك ابنتها "أيشي يفكك من النسيبة الدواية سيب بنتها". ولكننا نجد فى الجانب الآخر من الصورة أيضاً المثل القائل "الحماة والدة".

8- البر بالولدين:

يوصى المثل الشعبي بالوالدين خيرًا في كل أحوالهما حيث يقول "والديك وأن كانوا نار ما تتطفيهمش وأن كانوا تراب ما تدوسهمش" أي أن كانوا نارا تحرقك لا تطفئها وأن كانوا فى منزلة التراب فلا تدوسهما بقدميك. ويؤكد هذا المعنى المثل الآخر الذي يقول "الجار ولو جار"، وللوالدين حقوقهما وينبغي البر بهما حتى ولو كانا من الكافرين.

ويقول المثل "بارك الله في الوالدين اللى ساعدوا على الرضا". ومع أن المعنى الواضح من المثل أن الله يبارك الوالدين حين يصفحا ويرحما أبنائهما فأن رواة هذا المثل الشعبي في مجتمع الحمام يقولون أن معناه أيضاً أن الله يبارك الأبناء الذين يرضون آباءهم.

9- مكانة كبار السن:

يقول المثل الشعبي "أكبر منك بيوم يعرف عنك بسنة" والمعنى واضح أن التقدم في العمر يكسب الخبرة، وإذا كان التقدم فى العمر ينمو فى متوالية عددية فإن تزايد الخبرة ينمو بمتوالية هندسية. "والكبير كيف عقاب الشهر" فهو عن الجماعة بمثابة يوم اكتمال البدر من ليالي الشهر.

وبجانب هذا كله فإن المثل الشعبي يؤكد قيمة الخبرة لدى كبار السن إلى الحد الذي يمكن معه أن يكون هناك اختيار بين "العقل" وحكمة كبار السن فإن المثل الشعبي يقول "بيع العقل واشترى المراضي".

10- حقوق ابن العم:

يساوى المثل الشعبي بين الأخ وابن العم في المنزلة والمسئولية حيث يقول "أخوك من بوك زى ابن عمك". وفى مجتمع يعتمد على قوته الذاتية في أخذ حقوقه التي قننتها العوايد كما يعتمد على قوت الذاتية في فرض هيبته، وحيث تنص الكثير من مواد القانون العرفي على أن المسئولية الجنائية تمتد لتشمل إلى جانب الجاني جميع أعضاء الوحدة

القرابية الثأرية التي تعرف بعمار الدم أي الجماعة التي تجرى بينها دماء مشتركة، فإن المثل يعلى من شأن نصرة القريب لقريبة حيث يقول "الدم يرتجى اللحم"، أي أنه عندما يحدث الاشتباك ويهدر الدم فإن المجني عليه يتوقع بل يثق في أن كل ما هم "لحمه" يهبون لنصرته.

ويحدد المثل الشعبي التناظر والتضايف بين درجات القرابة العاصبة والثأرية من ناحية وسرعة الانضمام إلى الصف لمواجهة العدو، حيث يقول "أنا وأخويا على ابن عمى وأنا وابن عمى على الغريب"، فالأقرب هو الأولى بالنصرة وهى تعنى أن أبناء البدنة الواحدة أقرب إلى الانضمام إلى بعضهم البعض، ثم يأتي أبناء العشيرة، ثم أبناء الفخذ، ثم أبناء البطن القبلي الواحد، ويقول المثل الشعبي "أخوك من والاك".

ومن أجل ابن العم لا يكتفي ابن عمه بأن يزرف الدموع، بل أنه يكون مستعداً للتضحية بذمة فى سبيل نصرته، وفى هذا يقول المثل الشعبي "علشانك يا ابن العم بدل الدمعة تنزل دم". ومع هذا كله فإن العلاقة بين أبناء العمومة فيها من التنافس والغيرة التي هي بين الأخوة، وفى هذا يقول المثل الشعبي "ابن عمك لا يعوزك" أي لا يريدك تموت ولا

تبقى أحسن منه "فابن العم لا يتمنى زوال النعمة التي يتمتع بها ابن عمه، ولكنه لا يسره أن يكون في وضع أفضل منه، ومما يؤكده المثل الآخر الذي يقول "الأخ فخ".

11- الصداقة:

يقول المثل "صاحبك بختك" أي أن الصاحب أو الصديق الوفي هو الحظ السعيد لصديقه، وهو يعنى أيضاً أن التوفيق في اختيار الصديق الوفي هو الحظ بعينه. وبجانب هذا كله فإن المثل يقال بمعنى أن وقوف الصديق بجانب صديقه هو من الأمور "المكتوبة" التي لا يمكن التحرر منها.

والصاحب على صاحبه يبيع عبايته والعباءة هى منا يدثر به المر وهو الزينة وعلامة ما يتمتع به الرجل من "أبهة"، ولكن الصاحب يبيع العباءة ولها كل هذه القيمة من أجل صاحبه.

أما الصاحب أو الصديق فهو أحياناً أقرب إلى المرء من أخيه، وفى هذا يقول المثل "أخوك من الدهر مش من الظهر" بمعنى أن من

يثبت الدهر وفاءه يكون أقرب إلى المرء من أخيه الذى جاء من ظهر أبيه، وهو يعنى أيضاً أن على المرء أن يعتز ويتمسك بصديقه الذى أثبت الدهر وفاءه كما يتمسك تماماً بأخيه من أبيه.

وللصديق على صديقه حقوق، حيث يجب على المرء أن يقرب ويثق فيمن يصارحونه القول وأن لم يعجبه، ولا يثق فيمن يقولون له ما يضحكه، وأن كان ليس هو كل الحقيقة، وفى هذا يقول المثل الشعبي "اسمع من مبكينك ولا تسمع من مضحكينك". ويؤكد الثل الشعبي على أهمية التمسك بالصاحب وعدم التفريط فيه وخاصة عدم مؤاخذته بالخطأ الأول حيث يقول "بيش بعيت صاحبك قال بعيته بأربعين سبة قال بعيته رخيص". أى أن الصاحب حيث يتخلى عن صاحبه لأربعين خطأ وقع منه فإنه يكون قد باعه بثمن بخس، فالصاحب يستأهل الغفران حتى ما بعد الغلطة الأربعين كما يقول المثل في نوع من المبالغة.

علاقات الصداقة و"المخاواة" والتحالف القبلي "ذات أهمية بالغة في المجتمع البدوي لما تفرضه من حقوق "النصرة" وكرم الضيافة" والمفازعة لتقديم العون عند الحاجة. وهى تتعدى حدود التمايز القرابي

القبلي الضيق إلى آفاق أوسع من العلاقات الحميمة. وهى السند الذي يعتمد عليه البدوي في الغربة بعيداً عن عشيرته وأبناء عمومته، وبجانب هذا كله فهي مستودع الخبرة والمشورة والمصدر الموثوق للمعلومات فى المجتمع البدوي. ولهذا كله عنى المثل الشعبي بتكبد قيمتها على هذا النحو.

12- رفيق السفر:

يوصى المثل باختيار الرفيق قبل اختيار الطريق حيث يقول "نقى" انتقى" الرفيق قبل الطريق"، لأن عدم التوفيق في اختيار من يسافر معه المرء أخطر بكثير من السير في طريق ليس هو اقصر أو أفضل الطرق.

ورفقه السفر تفرض واجبات وحقوقاً على الرفقاء، منها ما يؤكده المثل الشعبي حيث يقول "الرفيق يحق على رفيقه ... فوت الرفاقة عيب فى حقهم ولو ناوي تخونهم"، وهو ما يؤكده أيضاً المثل الشعبي القائل "فوت الرفاقة عيب حتى وأن كنت ناوي تقتله، "حيث لا ينبغي تحت أية ظروف أن يترك الرفيق رفيقه أثناء رحلة السفر.

13- حقوق الجيرة:

يؤكد المثل الشعبي على قيمة الجيرة، وعلى أن الدين يعطى للجار حقوقا على جاره حيث يقول "النبي وصى على سابع جار"، وهكذا نجد أن الجار ليس هو فقط الجار الجنب أو الجار القريب، ولكن حقوق الجيرة تتسع لتشمل سابع جار كما يقول المثل.

ويؤكد المثل الشعبي أيضاً على مراعاة حقوق الجيرة. بل وهو يساوى بينها وبينها حقوق الوالدين حيث يقول "الجار والوالدين لو كفار".. فمن المفهوم أن البر بالوالدين واجب حتى ولو كانوا كافرين وكذا حقوق الجار يجب أن تصان حتى ولو كانوا كافرين. وكذا حقوق الجار يجب أن تصان حتى ولو جار أو اعتدى الجار فلا تقابل أساءته بمثلها.

وحقوق الجار على جاره حتى ولو كثر أحباء هذا الأخير، ولم يكن بحاجة إلى الجار. وفى هذا يقول المثل الشعبي "حق الجار على جيرانه حتى لو كثروا حبانة" أي أحباؤه. وفى بيان أفضلية الجار وبيان كونه الأولى بالرعاية يقول المثل الشعبي "جارك القريب أحسن من صاحبك البعيد"، حيث الجار يكون أقرب إلى جارة من صديقه حين يحتاج

المساعدة العاجلة، ولهذا كله يجب على المرء أن يختار من يجاوره قبل أن يختار الدار التي يحل بها. وهو ما يؤكده المثل القائل "اختار الجار قبل الدار "فلا قيمة بجوار جار سيئ".

والحرص على اختيار الجار واجب لأن "جارك غربالك"، أي أن الجار يكتشف عيوب جاره فإن لم يكن أميناً كتوماً كان أذى بالغاً.

وكذلك الحرص في التعامل مع الجار مطلوب أيضاً حيث يوصى المثل الشعبي بالحيطة والحذر في التعامل مع الجار، واتخاذ الحيطة واجب ونأيا عن احتمال اتهامه بالخيانة، وفى هذا يقول المثل الشعبي "تقفل باب دارك ولا تخونش جارك".

أما حين يكون الجار مصدر أذى أو مشكلات فإن الحل يكون فى ما قاله المثل الشعبى "صباح الخير يا جارى أنت فى حالك وأنا فى حالى" أى أن الحرص على العلاقة القائمة وعدم المقاطعة واجب حتى فى حالة اتخاذ قرار بعدم التعامل المشترك مع الجار حين تدعو الحاجة إلى ذلك.

14- التحفظ في العلاقات:

يقول المثل الشعبي "ابتعد تغلي" فالقريب من اليد يرخص. كما أن التسرع فى فتح البيت أو الصدر للآخرين قد يشجعهم على استغلال الكرم. وفى هذا يقول المثل الشعبي "ضحكنا له بات عندنا". ويوصى المثل الشعبي بأن يكون المرء مقلا في اختيار من يقربهم إلى نفسه، لأن من كثر أصحابه فرط في خيارهم. وفى هذا يقول المثل الشعبي "من كثر صحابه ودر خياره". ويحذر المثل الشعبي من مغبة الانفتاح غير الرشيد على الآخرين، حيث يقول "الرجل أن طالت يا جريت يا قالت" أي تكرار دخول البيت في غير منا مناسبة يشجع الآخرين على عدم احترام الخصوصية، وقد يشجعهم على نقل ما يعيب. ويقال نفس هذا المثل بصيغة أخرى "الرجل أن طالت يا كذبت يا قالت" أي أما أن تفضح ما رأت حقيقة، أو تتقول بما لم تجد ظلما. والمقربون هم اخطر الأعداء، وفى هذا يقول المثل الشعبي "ابن عمك منقع سمك"، ومن ثم فإن المثل الشعبي يوصى "أقفل باب دارك ولا تخونش جارك". وإزاء هذا كله يؤكد المثل أفضلية الحذر مع الحرص على العلاقات الطيبة وعدم إظهار العداوة "صباح الخير يا جارى أنت في حالك وأنا فى حالي" ولا خسارة في هذا

لأن المثل الشعبي يقول "اللى يرافقك يرجاك واللي يمشى شورك ييجى لك".

15- الغربة:

يقول المثل الشعبي "الغريب أعمى ولو كان بصير" أي أنه يجب على أهل البلد أن يرشدوا الغريب فهو كالأعمى يحتاج إلى من يأخذ بيده ليحسن ويتعود السير في الطريق الصحيح .. ويضرب هذا المثل أيضاً في مجال الدعوى إلى التغاضي عن أخطاء الغريب الذي لا يعرف التقاليد المتبعة في البلد الذي يأتي إليه.

أما فيما يتعلق بعلاقة الغريب بوطنه وأحبائه الذين تركهم وراءه فإن المثل يقول "البعد جفا" فاستمرار الهجرة والاستقرار في المهجر يبرد عواطف المهاجر نحو من خلفهم وبراءة كما أنه يُنسى لبعده من عيونهم.

والغربة ألم، ولا سعادة لغريب في وطن غير وطنه، حيث يقول المثل ''الغربة تربة'' فهى نوع من الموت .. ولهذا فإن الأمل معقود دائماً في أن مسير ''أو مصير'' الغريب لبلاده التى لابد هو عائد إليها يوما ما.

16- رؤية الغريب:

يتمتع المجتمع القبلي بدرجة عالية من التجانس، الذي يفرض التحفظ في الاتصال بالأجنبي والتشكك في نواياه. وفى هذا يقول المثل الشعبي ''اللى ماله خير فى بلاده ماله خير فى بلاد الناس''.

17- الحذر وعدم التعجل في الحكم على الأمور:

يقول المثل الشعبي ''لسانك حصانك أن صنته صانك، وأن هنته هانك'' ويوصى المثل الشعبي باتخاذ الحيطة والحذر ولا يوصى بالتسرع في الاتهام العشوائي حيث يقول ''أقفل الباب دارك ولا تخونش جارك''.

وإذا كان الاطمئنان إلى الغير عسيرا فإن الوحدة ألزم، وفى هذا يقول المثل الشعبي ''العب وحدك ولا تشك''.

وأخذاً الأحوط في الأمور يقول المثل الشعبي" اللى تعرفه أحسن من اللى من تعرفوش "فكثيراً مالا تكون الصورة معبرة عن الجوهر ومثال ذلك أن "اللى يحق الجمل بارك يفتكر كله دهن". ولهذا فإن على المرء أن يترك الفرصة لتكرار التجربة للتحقق من صدق الملاحظة ولا يخشى ضياع الفرصة، حيث يقول المثل الشعبي "أن كان برق يعود"، كما يجب التريث فى الحكم بالصلاحية لأن العبرة بالضحك عند السدوة.

وينبه المثل الشعبي أن الظاهر قد يكون مخيباً للآمال ولكنه يخلص إلى خير حيث "طلوع – أي زرع – الشوك دار ثمار النظر الزمن يوريك العجب".

18- مهنة الرعي:

على الرغم من أن الرعي يعتبر من مقومات ومصادر الثروة الطبيعة والرئيسية في المجتمعات الصحراوية شبه البدوية. ومنها مجتمع قبائل أولاد على فإن رؤية المجتمع لهذه المهنة والمشتغلين بها تنطوي على ما يبدو متناقضاً. فعلى الرغم من أن هناك الكثير من الأقوال التي تروى عن الرعي كمهنة مباركة اشتغل بها الأنبياء وأن الله يبارك فى

نتاجها، فأننا نجد المثل الشعبي يصم راعى الغنم بأنه يأكل حراماً، حيث يقول "ولاد حرام يا رعى الغنم". ويعبر المثل الشعبي عن عدم أمانة الراعي دائماً حيث يقول "الغنم ما تشيب والراعي له نصيب" فهو يستولى على خيرها أولاً بأول. كما يعبر المثل الشعبي عن كسل راعى الغنم الذي يعود بها مبكراً وهى لم تشبع بعد، حيث يقول "طحوش والمعيز (أي الماعز) رياض". ومن ناحية أخرى فإن المثل الشعبي يعبر عن بؤس راعى الغنم حيث يقول "يا راعى الغنم عطيب بمعشب ديمة .. إمصبى كيف عود الخشب .. ديمة ينبر واكراعه من الحفا مدبر" أي أن راعى الغنم دائماً تعب في جريه وراء الكلأ يمضى اليوم واقفاً كعمود الخشب يشتكى من ألام رجليه الحافيتين.

19- الرزق:

يقول المثل الشعبي "الدكان عالدكان والرزق على الرحمن". وفى هذا تعبير عن قيم التنافس الشريف والتوكل على الله فالتجاور فى السوق لا يهدر رزق أحد فكل يأتيه ما قدره الرحمن وهو ما يؤمن به أولاد على. وبجانب هذا فإن المثل الشعبي يقول أيضاً "كل لقمة بوكالها وكل عرمة

بكيالها" أي أن لقمة العيش تنادى من كتب له أن يأكلها، وهو منا ناحية
أخرى يعنى أن لكل بقدر عمله وجهده وبقدر ما يستطيع أن يحمل. ويحث
المثل الشعبي على السير الحثيث في السعي على الرزق والله يعين، يقول
المثل" أجرى يا عبد وأنا نعينك".

ولكننا نجد من ناحية أخرى أن المثل الشعبي يعود على الإنسان
الخوف من الغد ، حيث يقول "أصرف ما في الجيب يأتيك ما فى الغيب
والأرزاق على الله".

20- السعي والكسل:

يقول المثل الشعبي "أسعى يا عبد وأنا أسعى معاك" وقد ذكر
الإخباريون أنه يعنى أن الله يكون فى عون العبد إذا سعى بخطى حثيثة
نحو رزقه، أما حين يتكاسل المرء وينام ويقول أن الله سوف يرزقه فإن
لن يجنى خيرا. ويضرب هذا المثل عندما يراد به تقبيح الكسل والكسالى.

ويقبح المثل الشعبي الكسل بصيغ متنوعة، منها التهكم على
الكسول بوصمة أنه "أكل ومرعى وقلة صنعة"، وأن الكسيل هبيل".

ويحذر المثل الشعبي من مغبة الكسل حيث يقول "لو كان الكسل جه –
جاء – في فمك ما تكلش" أي جاء في فمك ما تأكله لأن "الكسل لو فى
الحنك يموتك".

21- رؤية المال:

يقول المثل الشعبي "المال فتنة، والرزق رزق الله، والغنى غنى
النفس". ويبرر المثل الشعبي عدم الخوف من أن يأخذ الآخرون الرزق
الذي اختص الله المرء به. وحينما يضيع بعض ما فى اليد فإن الله يعوض
عنه خيرًا منه. وفى هذا المثل الشعبي "رزقنا تبدد وزاد". وكل ما هو
مقدر من رزق لابد أنه آت" اللى من نصيبك يصيبك" .. كما أن الرزق
غير المكتوب لا يمكن أن يصيب الإنسان .. وهذا ما يعبر عنه المثل
الشعبي "اللى مالك ما تعلقك ومن ناحية أخرى فإن" اللى أعطاه ربه لا
يحسده العبد".

22- القناعة:

يروى أولاد على العديد من الأمثال الشعبية التي تحض على القناعة تبدأها بالمثل القائل "أشرب ومد القدح"، بمعنى ألا تسيطر على المرء الرغبة في الاستحواذ وحبس ما بيده من خير عن الآخرين. حيث "اللقمة الهنية تكفى ميه" بمعنى أن القليل مع الشعور بالسعادة والرضا يكفى لمئة من المشاركين. ويؤكد قيمة القناعة المثل القائل" من رضي بقليلة عاش" وخير للمرأة أن تكون محرومة من الكماليات مع تمتعها بالهناء العائلي من أن يكثر ما بيدها من المادة وهى محرومة من هذا الهناء فهي حين ترضى "تتعشى فولية" من الفول وتبات هنية".

ومن ناحية أخرى فإن المثل الشعبي يدعو إلى عدم التطلع حيث يقول "اللى في ايد الناس بعيدة".

23- الكرم والبخل:

في البيئة الصحراوية والبدوية يمتدح ويعلى من شأن كرم الضيافة. وقد ذكر الإخباريون في معرض بيان الأمثال الشعبية التي تروى حول الكرم والبخل أن "الكريم كريم عند الله وعند العبد، والبخيل محروم في الدنيا والآخرة" لتأكيد قيمة الكرم وتقبيح البخل والبخلاء .. والكريم

في قبائل أولاد على لا يضيف من يقبل ضيافتهم فقط، ولكنه يضيف أيضاً من يأتي به ضيوفه معهم، حيث يقول المثل الشعبي "ضيف الأجواد يضيف" ويقول أيضاً "ضيف الأجواد يجيب الأجواد".

ويؤكد المثل الشعبي انتصار الكرم على البخل في قبائل أولاد على حيث يقول "يطردك البخيل تلقى الكريم وين تبات" أي أين تبيت. كما يؤكد المثل أنه لا فائدة فى البخل وهو ما يعبر عنه قولهم "مال الكنزى للنزهى" أي أن ما يكتنزه البخيل مآله الوقوع في أيدي من ينفقه في نزهته من يورثهم.

ولكن المثل الشعبي أيضاً يحذر من السفه حيث يقول "القرش الأبيض ينفع فى اليوم الأسود"، كما يوصى بألا يتجاوز المرء قدراته فيقول "على قد رجلك تمد خطاك"، ويحذر من مغبة الإسراف فيقول "اللى يأكل وما يحسب يفلس وما يدرى" ونحن نجد أيضاً أن مبالغة فى المناداة بقبض اليد فى مضمون المثل الشعبي القائل "يا مزكي حالك يبكى". وبجانب هذا كله فإن المثل الشعبي يصم البخيل ويتهكم عليه فيقول أنه "يجوزك وما يدفعش الحق"، أى أنه يقبل أنى يعطى ابنته

زوجة ولا يدفع الحق .. ويوصى فى التعامل معه بقوله "كل البخيل وأجرده".

24- عدم الانهيار عند الضربة الأولى:

يقول المثل الشعبي "الضرب ما يصعب على الضارب" وهو يعنى أنه لا يجب أن ينهار المرء عند الصدمة الأولى. ويتطابق هذا مع معنى من معاني القول بأن لكل جواد كبوة، فالجواد الأصيل قد يتعرض لكبوة ولكنه سرعان ما ينهض منها قوياً. ويضرب هذا المثل الشعبي حين يهزم فارس فى نزال وهو يعنى أن يمكنه أن يضرب هو الضربة القوية فى المرة القادمة بمعنى أنه أمر لا يصعب عليه فى النزال المقبل.

25- القضاء والقدر:

يقول المثل الشعبي أن "المكتوب على الجبين لازم تشوفه العين"، فكل ما هو مسطر فى الغيب لابد أن يتحقق مهما اتخذ المرء من وسائل واحتياطات. ويقال هذا المثل في صيغة أخرى على النحو التالي "قسيمة ومكتوبات والهنا حدود يا عين" ولكي يتحقق ما هو مقدر تغيب

عن المرء وسائل الحيطة. وفى هذا يقول المثل الشعبي ''وقت القدر يعمى البصر''، ولا شماتة فيما يأتي به القدر وهو ما يؤكده المثل الشعبي ''فكله سلف ودين حتى المشي على الكراعين''.

26- الصبر:

ربما كان الصبر من أبرز الأساليب التواؤمية في البيئة الصحراوية. وقد حفل التراث الشعبي البدوي بكثير من الأقوال والأمثال الشعبية التي تؤكد ضرورة التحلي بالصبر والتعريف بنتائجه الحميدة، فالمثل الشعبي يقول ''الصبر مفتاح الفرج'' ويمنى المثل الشعبي الصابرين بالفوز فى النهاية حيث يقول القول الذي يردد دائماً أن الله مع الصابرين، ويقول المثل الشعبي ''أصبر يا عبدي وأنا نعيذك''.

ويعبر المثل الشعبي عن جانب القوة في الصبر، حيث يقول ''طولة البال تهد جبال'' فالصبر يعنى الإصرار الدعوب. ويقول المثل الشعبي ''بالصبر تبلغ ما تريد وبالتقوى يلين لك الحديد ''فالصبر ليس موقفاً سلبياً ولكنه تعامل مع الموقف بالصورة التي لا مناص منها، وفى تعبير غنائي صار متواتراً يبدو الصبر نوعاً من المداراة حيث ذكر

الإخباريون فى معرض بيان الأمثال الشعبية التي تعبر عن قيمة الصبر والتحلي به فقال "نمشى على الشوك حافيين ونضحك مع اللى جفاني" ويا خاطري نكون صابرين يتعدل لي زماني".

والصبر موقف تواؤمى مرحلى، حيث يقول المثل الشعبى "اتجمز بالجميزنين يطيب التين". ولعل هذا الموقف التواؤمى المرحلى يكون هو العقل بعينه حينما لا يكون هناك حل آخر، وفى هذا يقول المثل الشعبى "اصبر على جار السوء يرحل أو تجيله مصيبة" ومن المؤكد أن اتخاذ موقف الصبر هو أفضل من اللجوء للغير عند الحاجة حيث يقول المثل الشعبى "صبرك على نفسك ولا صبر الناس عليك".

ويؤكدِ المثل الشعبى العاقبة الطيبة للصبر حيث يقول "الصبر على خير" وهو إن كان مرا "الصبر مر" فلابد منه، حيث أن صبرتم نلتم وأمر الله نافذ، وأن كفرتم وجهلتم أمر الله نافذ".

27- التفاؤل والتشاؤم:

التكتم من أهم سمات الشخصية البدوية. والتكتم وسيلة لتحقيق النجاح، وفى هذا يقول المثل الشعبى "دارى على شمعتك تقيد". ولكن الحرص وحده لا يكفى "فالسعد وعد" و"السعد تحطب له الريح" "والمسعد يأتيه الخير من حيث لا يحتسب" ويقول المثل الشعبى أن "السعيد سعيد من يومه" وتخدمه الظروف وتسخر لنجاحه أسباب غير منظورة، حتى أن "الجعان يفت للشبعان فى بطنه".

أما حينما يكون النحس فأننا كما يقول المثل الشعبى "لا للهوية جاية على الجمل ولا الجمل جاى على الهوية" أى أن المصالح والأسباب لا تلتلقى ولا تكتمل لصالح المنحوس. والمنحوس على عكس المسعد يجد العقبات حيث لا يتوقع، وفى هذا يقول المثل الشعبى "قليل البخت يلاقى العظم فى الكرشة". وهو لا يجد له مكانا حتى أن بدت فرصة النجاح، حيث يقول المثل "جت الحزينة تفرح ما لقتش مطرح". كما يأتيه الشر وهو قابع فى مكانه .. "يا قاعدين يكفيكم شر الجايين"

ويعبر المثل الشعبى عن التشاؤم وقدوم النحس حيث يقول حين يصادف موت الأب صبيحة زواج الابن" ياللى قدامكم كالكراتة أخذتى

عمك فى ساعاته". ولا تقاء النحس يقال لمن يخاف تحقق النحس مع قدومه "يكفينا حر وشره".

28- الحسد:

الحسد يرتبط إلى حد بعيد بالكفر فى النص القرآنى فأننا نجد من المتواتر كثيراً أن ذكر الحسد قد ورد فى القرآن الكريم. ويحفل التراث الشعبى ببيان المخاوف والتعاويذ المرتبطة بالحسد وكيفية اتقائه. وقد جمعنا عدداً من الأمثال الشعبية التى تدور حول الحسد فى مجتمع قبائل أولاد على بالصحراء الغربية المصرية، منها "العين كالسيخ فى الحجر" أى أن تأثير عين الحسود كما اختراق العود للحجر، ومنها أيضاً أن "عين الحسود فيها عود" يعنى أنه كما أن لعين الحسود قوة العود الحديد فى الإيذاء، فإن من يخاف الحسد يتمنى أن يخترق عود الحديد عين الحسود لتعميها عنه. ويوصى المثل الشعبى بالتكتم مخافة الحسد حيث يقول "دارى على شمعتك تقيد" أى لكى تظل مضيئة. وليس الخوف من الحسد هو فقط خوف من الآخر، حيث نجد المثل الشعبى يقول "ما يحسد المال إلا أصحابه" مما يعنى أن المرء يخاف أن يحسد نفسه أن جاءه الخير.

والكثير ما يقال فى ان الحسد قد يأتى من المقربين وليس فقط من الأعداء. ومن ثم فإن اتقاء الحسد ينبغى أن يكون بكل الوسائل الممكنة. وفى هذا يقول المثل الشعبى "أتقى البلى بقرن ثور". ولكن المثل الشعبى يقول أيضاً "اللى أعطاه ربه لا يحسده العبد"، والحسد لا يكون فقط لما يبدو مرموقاً ولكنه قد يشمل ما غير ذلك حيث يقول المثل فى هذا المعنى "ياما قالوا بايرة خذها ولف الدايرة". وقد ذكر الأخباريون أن المثل يروى فى مجال حسد العروس التى نالت من الحظ ما يراه حسادها أكثر مما تستحق.

29ـ حتمية الجزاء:

ـ "الحجر الداير لابد من لطه"

ـ "يا حافر حفرة السويا واقع فيها"

ـ "كل شاة معلقة من عرقبها"

30ـ الحمية والبرود:

ـ "اللى ما يحس بعين الغربال عمى"

31- التعالى والغروب:

- ''أجرب وجانيط''

32- الافتقار إلى الخيرة وادعاؤها:

- ''اللى ما يدرى يقول سيول''

- ''يتعلم الزيانة فى روس اليتامى''

- ''الحمار العثار يتكى بخشمه''

- ''قاعد فى حق ولسانه يلق''

- ''الحاجة فى السوق تقول نينى نينى لما ييجى الخايب ويشترينى''

33- ثمار الالتزام:

- '' عليك بالأصول لا سبد من الزمان يطول''

- ''اللى يمشى طريق الأسفلت ما يلط الحديد''

34- الجهل والغرور:

- ‏‏"الجمل ما يحقش عوج رقبته"

35- معظم النار من مستصغر الشرر:

- ‏‏"اللى يخربش عند راسك يسورك"

- ‏‏"اضرب الكلب"

36- الفقر:

- ‏‏"ظروف ياس يخلن جيب يعيط من الفضا"

37- أصلك فعلك:

- ‏‏"البطن تجيب صباغ ودباغ"

38- الخصوصية:

- ‏‏"ثلاثة ما ينعطوش المرأة والبندقة والمركوب"

39- المثابرة:

- ‏‏"من طلب العلا سهر الليالى"

- "طولة البال تهد الجبال"

40- الأنانية والأثرة:

- "خدى بختك من حجر أختك"

- "الروح أولى من الصاحب"

41- النفاق والغرور:

- "اشكر الحمار تطول ودانة"

42- "العمة" أخت الزوج:

- "عيون العمة جوة الدار عيون حنش يزرط فى فار"

- "ارجى يا عمة نين نجيك هتطير الحنة ونوريك"

- "وش العمة لما راعيته عيل ست شهور رميته"

43- الإذعان:

- "يشرط عليه شروط النسيب الكاره"

44- زوجات الأخوة:

- "مركب الضراير سارت ومركب السلايف خارت"

45- عدم توسم الخير فى الأخرين أحياناً:

- "شوف وشه واطلب لبنه"

- "أيش تاخد الريح من البلاط"

46- العمل:

- "بيع واشترى ولا تنكرى"

- "اللى ما ياكل بايده ما يشبع"

- "بدل ما تقول خذ اربطه"

- "الأيد البطالة نجسة"

- "يا واخذها الفلاح يا حزينة شغل الفاس مطلع عينه"

- "يا واخذها العربى يا فرحانة شاى وسكر فى دكانه"

47- المصارحة:

- "فى وشه ولا تغشه"

- "اللى يختشى من بنت عمه ما يخلفش منها عيال"

- "المخبية تكسر المحراث"

48- المناورة والمداراة:

- "اللى ما يطيعك طيعه"

- "روح مع الكداب لحد باب الدار"

- "امسك فى ديل الكلب لما يعديك التيار"

49- خيبة الأمل:

- "حطة يا بطة راح على جمل وجه على قطة"

- "تصيم تصيم وتفطر على بصلة"

50- قيمة الأبناء:

- "ما يجرى قدامك إلا من حزامك"

- "مكسب وخسارة وراس مال"

- "اللى ما يغليه ولده ما يغليه جلده"

51- عزة النفس:

- "صبرك على نفسك ولا صبر الناس عليك"

- " اللى يبيعك بالبصل بيعه بقشره"

52- تمرد الصديق:

- "جبت الأقرع يونسنى حسر رأسه خوفنى"

53- عدم الاكتراث:

- "رزق العين على خالقها كان فى أيدك شى نار اطلقها"

54- التطبع:

- "من جاور جار ياخذ بطبعه"

55- المسالمة:

- "الباب اللى يجى منه الريح سده واستريح"

56- الاحتفاظ بالرأى:

- "أخويا قال كلمة غرموة جمل"

57- لا أسرار فى البادية:

- "خبر السوق يجيبوه السيارة"

- "اللى يمشى فى الليل يطلع عليه النهار"

- "يا خبر بفلوس بكرة يبقى ببلاش"

58- العرق دساس:

- "عالأصل دور"

- "العبد عبد ولو علا المراكز"

- "عشرة مكاليب وبنت عمهم روحت زايرة"

59- أصل الفتى ما قد فعل:

- "صنعة فى الأيدين خير من ملك الجدين"

- "النار تخلف رماد"

60- الرجل والمرأة:

- "الراجل وادى والولية عقارة"

61- الحديث الحسن:

- يقول المثل الشعبى "الكلام يسد فى الدين"

62- التظاهر بالتدين:

- "ما حجت غير الناقة"

63- الأقدار محفوظة:

- "القدر مش شحاته"

- "العين ما تعلاش على الحاجب"

64- المساواة:

- "أية خيرك عنى وانت ابن عمى"

65- تزييف التاريخ:

- "يموت كلب ييجى شيخ قبيلة"

66- الغيرة:

- "ديل البيت يعايب على فمه"

67- نفاد الصبر:

- "أدينى عقلك نصبر بيه"

68- الإمكانيات تحقق المستحيل:

- "البس الخشبة تبقى عجبة"

69- كل لابد أن يحصد ما قد زرع:

- "اللى قشر شئ يمضغه"

- "كل شاة معلقة من عرقوبها"

70- القوى لا يهاب المواجهة:

- "اللى راكب الجمل ما يغطى رأسه"

71- ضرورة الاعتماد على النفس فى اتخاذ القرار:

- "عينك فى رأسك أعرف خلاصك"

- "الباب اللى يجيلك منه الريح سده واستريح".

72- يسر الإحاطة بالأمور:

- "قال له ياجحا عد غنمك .. واحدة مصبية وواحدة قاعدة"

73- لكل قدره ولكل حاجة:

- "كل عرمة لها كيال وكل لقمة ولها وكال"

74- الاعتماد على النفوس أكرم:

- "صبرك على نفسك ولا صبر الناس عليك"

- "حمارتك العرجة تغنيك عن جمال ولاد عمك"

75- ضرورة توفر الأسباب:

- "البطيخة ما تنبت إلا فى الشدة"

76- كل يعتز بما عنده:

- "اللى عنده إبره يقول الحديد غالى"

- "القرد فى عين أمه غزال"

77- الفجور:

- "كان فى جرة وطلع برة"

78- اليتيم:

- "ما توصى يتيم على البكا"

- "ياتيم لا تعمل مستقيم نين يضربوك يأثموا"

79- زوجة الأب:

- "مراة الأب خذها يا رب"

80- الاعتدال:

- "امشى باللقبال لما يجيك السياط"

- "امشى مليح لا تقع ولا تطيح"

81- العمل فى غير موضعه:

- "العيل لأهله والمربى له اللعنة"

- "يا زارع فى غير ملكك يا مربى فى غير ولدك"

- "يا مربى يا نادم فرخ الذيب وبنى آدم"

82- المواجهة:

- "الجمل والجمال وصاحب المال"

- "لا يصح إلا الصحيح"

- "اللى معلق برقيق يطيح"

83- البيع والشراء:

- "بين البايع والشارى يفتح الله"

84- النفور من المرأة العجوز:

- "رد الباب بلاش بلاه، عجوز يا هوه جاه"

86- العجوز المتصابية:

- "الدهن فى العتقية"

عرض أبجدى للأمثال الشعبية فى قبائل أولاد علي بالصحراء الغربية المصرية

- "ابعد تغلى"

- "الأخ فخ"

- "ابن عمك لا يعوزك تموت ولا تبقى أحسن منه"

- "ابن عمك منقع سمك"

- "أبو زيد خاله"

- "اتقى البلاء بقرن ثور"

- "إتجمز بالجميزنين يطيب التين"

- "إجرب وجانيط"

- "اجرى يا عبد وأنا نعينك"

- "اختار الجار قبل الدار"

- "آخذ ابن عمى ولو كان رميمة"

- "أخوك من الدهر مش من الظهر"

- "أخوك من بوك زى ابن عمك"

- "أخوك من والاك"

- "أخويا قال كلمة غرموه جمل"

- "ادينى عقلك نصبر بيه"

- "أديها للى ليك تنابيها تجيك"

- "إسعى يا عبد وأنا أسعى معاك"

- "إسمع من مبكيينك ولا تسمع من مضحكينك"

- "إشرب ومد القدح"

- "أشكر الحمار تطول ودانه"

- "أصبر على جار السوء يرحل أو تجيله مصيبة"

- "صبر يا عبدى وانا أعيذك"

- "إصرف صافى الجيب يأتيك ما فى الغيب. والأرزاق على الله"

- "إضرب الكلب"

- "اقفل باب دارك ولا تخونش جارك"

- "أكبر منك بيوم يعرف عنك بسنة"

- "إكفى القدرة على فمها تطلع البنت لامها"

- ‏"أكل ومرعى وقلة صنعة"
- ‏"إلعب وحدك ولا تشك"
- ‏"اللى أعطاه ربه لا يحسده العبد"
- ‏"اللى بتحول عن الراس بتطيب"
- ‏"اللى تتبدد ما تيجى مليانة"
- ‏"اللى تعرفه أحسن من اللى ما تعرفوش"
- ‏"اللى راكب على الجمل ما يغطى راسه"
- ‏"اللى عنده إبرة يقول الحديد غالى"
- ‏"اللى فى أيد الناس بعيدة"
- ‏"اللى قشر شيئ يمضغه"
- ‏"اللى ما فى ايدك تكيدك"
- ‏"اللى مالك ما تعلقك"
- ‏"اللى ماله خير فى بلاده ماله خير فى بلاد الناس"
- ‏"اللى ما ياكل بايده ما يشبع"
- ‏"اللى ما يحق بعين الغربال عمى"

- "اللى ما يدرى يقول سبول"

- "اللى ما يطيعك طيعه"

- "اللى ما يغليه ولده ما يغليه جلده"

- "اللى معلق برقيق يطيح"

- "اللى من نصيبك يصيبك"

- "اللى ياكل وما يحسب يفلس وما يدرى"

- "اللى يبيعك بالبصل بيعه بقشره"

- "اللى يحق الجمل بارك يفتكر كله دهنه"

- "اللى يختشى من بنت عمه ما يخلفش منها عيال"

- "اللى يخربش عند راسك يسورك"

- "اللى يريد يرافقك يرجاك واللى يمشى شورك ييجى للك"

- "اللى يصبر ينول"

- "اللىيمشى طريق الأسفلت ما يلط الحديد"

- "اللى يمشى فى الليل يطلع عليه النهار"

- "امسك فى ديل الكلب لما يعديك التيار"

- "امشى باللقبال لما يجيلك السباط"

- "امشى مليح لا تقع ولا تطيح"

- "أنا وأخويا على ابن عمى وأنا وابن عمى على الغريب"

- "إن صبرتم نلتم وأمر الله نافذ وأن كفرتم أمر الله نافذ"

- "إن كان برق يعود"

- "أن ما طلت نصيبى معاك نموت يا نصيبى وقسمتى"

- "أيش تاخذ الريح من البلاط"

- "أيش يفكك من النسيبة الدواية سيب بنتها"

- "إيه خيرك عنى وأنت ابن عمى"

- "الباب اللى يجيلك منه الريح سده واستريح"

- "بارك لله فى الوالدين اللى يساعدوا على الرضا"

- "بالصبر تبلغ ما تريد و بالتقوى يلين الحديد"

- "بدل ما تقول حوار بطه"

- "البطن تجيب صباغ ودباغ"

- "بكرت على المكحلة زى تبكير العجوز العامية"

- "البطيخة ما تنبت إلا فى الشدة"

- "البعد جفا"

- "بنت العم اوعى تجبرها عوزتك خوها تشكى لك فى مطرح بوها"

- "بنت العم تجيب الهم"

- "البنت أم والثوب كم"

- "البنت حليب أن تعكرت ما يروقش"

- "بيش بعيت صاحبك قال بعيته بأربعين سبة قاله بعيته رخيص"

- "بيع العقل واشترى المراضى"

- "بيع واشترى ولا تنكرى"

- "بين البايع والشارى يفتح الله"

- "تتعشى فولية وتبات هنية"

- "تريد ترد زمانها"

- "تصيم وتفطر على بصلة"

- "تغور الجنة اللى على بابها قرد"

- "ثلاثة ما ينعطوش المرأة والبندقة والمركوب"

- "الجار ولو جار والوالدين لو كفار"

- "جارك القريب أحسن من صاحبك البعيد"

- "جارك غربالك"

- "جبت الأقرع يونسنى حسر راسه خوفنى"

- "جت الحزينة تفرح مالقتش مطرح"

- "الجعان يفت للشبعان فى بطنه"

- "الجمال جمال النفس"

- "الجمل ما يحقش عوج رقبته"

- "الجمل والجمال وصاحب المال"

- "الحاجة فى السوق تقول نينى لما ييجى الخايب ويشترينى"

- "الحجر الداير لابد من لطه"

- "حط المشمش فى الدولاب عكاز أمك جاى على الباب"

- "حطة يا بطة راح على جمل وجه على قطة"

- "حق الجار على جيرانه حتى لو كتروا حبانة"

- ''الحماة حمة وأخت الجوز عقربة سامة''

- ''الحماة والدة''

- ''حماتى قعدت لى البيت زى صدام فى الكويت''

- ''الحمار العثار يتكى بخشمه''

- ''حمارتك العرجة تغنيك عن جمال ولاد عمك''

- ''خاطى جنسه ظلم نفسه''

- ''خبر السوق يجيبوه السيارة''

- ''خدى بختك من حجر أختك''

- ''خذ بنت ما تعرف غير انت''

- ''خشوا بى فى حريق لا ملتقى فى طريق''

- ''دارى على شمعتك تقيد''

- ''الدكان عا الدكان والرزق على الرحمن''

- ''الدم يرتجى اللحم''

- ''الدهن فى العتقية''

- ''دور لبنتك وما تدورش لابنك''

- "ذيل البيت يعايب على فمه"

- "الراجل وادي والولية عقاره"

- "راعى الغنم عطيب يمعشب ديمة امصبى كيف عمود الخشب ديمة ينبر واكراعه من الحفا مدبر"

- "الرجل أن طالت يا جريت يا قالت"

- "رد الباب بلاش بلاه، عجوز يا هوه جاه"

- "رزق العين على خالقها كان في أيدك شي نار أطلقها"

- "الرجل أن طالت يا كذبت يا قالت"

- "رزقنا تبدد وزاد"

- "الرفيق يحق على رفيقه .. فوت الرفاقة عيب في حقهم ولو ناوي تخونهم"

- "الروح أولى من الصاحب"

- "روح مع الكذاب لحد باب الدار"

- "سلف ودين حتى الممشى على الكراعين "

- "سلم ولد العم الداني ما خلاها للبرانى"

- "سماحة البنت صيغتها"

- "شرف البنت زى القزازة أي حاجة تجرحها"

- "شرف البنت مثل عود الكبريت"

- "شوف وشه وأطلب لبنه"

- "الصاحب على صاحبه يبيع عبايته"

- "صاحبك بختك"

- "صباح الخير يا جارى أنت في حالك وأنا في حالي"

- "الصبر على خير"

- "الصبر مر"

- "الصبر مفتاح الفرج"

- "صبرك على نفسك ولا صبر الناس عليك"

- "الصغير يا سعدك بيه لا لحية ولا شيبة فيه"

- "صنعة في الأيدين خير من ملك الجدين"

- "الضحك عند السدوة"

- "ضحكنا له بات عندنا"

- "الضرب ما يصعبش على الضارب"

- "ضيف الأجاود يجيب الأجاود"

- "ضيف الأجاود بضيف"

- "طحوش والمعيز رياض"

- "طلوع الشوك دار ثمار أنظر الزمن يوريك العجب"

- "طولة البال تهد جبال"

- "ظروف يأس يخلن جيب يعيط من الفضا"

- "علي الأصل دور"

- "العبد عبد ولو علا المراكز"

- "عشرة مكاليب وبنت عمهم روحت زايرة"

- "علشانك يا بن العم بدل الدمعة تنزل دم"

- "عليك بالأصول لا سبد من الزمان يطول"

- "على رجلك تمد خطاك"

- "عند كراعيك ولا عند رأس غيرك"

- "العيل لأهله والمربى له اللعنة"

- **"عين الحسود فيها عود"**
- **"العين كالسيخ في الحجر"**
- **"العين ما تعلاش على الحاجب"**
- **"عينك في راسك اعرف خلاصك"**
- **"عيون العمة جوه الدار عيون حنش يزرط في فار ارجي يا عمة ننجيك تطير الحنة ونوريك"**
- **"الغاوي أعمى والزاهد أطرش"**
- **"الغربة تربة"**
- **"الغريب أعمى ولو كان بصير"**
- **"الغنم ما تشيب الراعي له نصيب"**
- **"الفم المصموت لا تدخله دبانة"**
- **"فوت الرفاقة عيب حتى وأنت ناوي تقتله"**
- **"في وشه لا تغشه"**
- **"قاعد في حق ولسانه يلق"**
- **"قاله يا جحا عد غنمك – واحدة مصبية وواحدة قاعدة"**

- ''القدر موش شحاتة''

- ''القرد في عين أمه غزال''

- ''القرش الأبيض ينفع في اليوم الأسود''

- ''القريبة أولى من الغربية''

- ''قسيمة ومكتوبات والهنا حدود يا عين''

- ''قعدة الخزانة ولا جوازة الندامة''

- ''قليل البخت يلاقى العظم في الكرشة''

- ''قولة حيث تلم البل''

- ''كان في جرة وطلع برة''

- ''الكبير كيف عقاب الشهر''

- ''كثرة العقل مضرة وقلته مصيبة''

- ''الكريم كريم عند الله وعند العبد والبخيل محروم فى الدنيا والآخرة''

- ''الكسل لو في الحنك يموتك''

- ''الكسيل هبيل''

- "كل البخيل واجرده"

- "كل شاه معلقة من عرقوبها"

- "كل عرمة لها كيال ولكل لقمة لها وكال"

- "كل لقمة بوكالها وكل عرمة بكيالها"

- "الكلام زين يسد في الدين"

- "الكلام اللى ما سكره صندوقك ما تلوم عليه نين يعوقك"

- "لا الهوية جاية على الجمل ولا الجمل جاى على الهوية"

- "لبس الخشبة تبقى عجبة"

- "لسانك حصان أن صنته صانك وأن هنته هانك"

- "اللقمة الهنية تكفى ميه"

- "لو الحماة تحب مراة الابن كانت الغلة قد التبن"

- "لو كان الكسل جه في فمك ما تكلش"

- "ما توصى يتيم على البكا"

- "ما حجت غير الناقة"

- "ما حدش عاطي خيره لغيره"

- "ما خدش إلا ابن خالي ولا اركب إلى الركب العالي"

- "ما يجرى قدامك إلا اللى من حزامك"

- "ما يحسد المال إلا أصحابه"

- "مال الكنزى للنزهى"

- "المال فتنة، والرزق رزق الله، والغنى غنى النفس"

- "المخبية تكسر المحراث"

- "مراكب الضراير سارت ومراكب السلايف حارت"

- "مراة الأب خذها يا رب"

- "المرة إذا جابت خير لجوزها، وإذا جابت شر لأهلها"

- "المسعد تحطب له الريح"

- "سير الغريب لبلاده"

- "المكتوب على الجبين لازم تشوفه العين"

- "مكسب وخسارة ورأس مال"

- "من جاور جار ياخذ طبعه"

- "من رضي بقليله عاش"

- "من طلب العلا سهر الليالي"

- "من كثر صحابه ودر خياره"

- "النار تخلف رماد"

- "النبي وصى على سابع جار"

- "نقى الرفيق قبل الطريق"

- "نمشى على الشوك حافيين ونضحك مع اللى جفاني، وبخاطري نكون صابرين نين يتعدل لي زماني"

- "نوصيك لو جاورك جار ما تخرفه بالسريرة، تنقده نقد دينار على كل مذهب يديره"

- "هيا بيع أمك خيرنا، راها البيت بليها جنة"

- "والديك وأن كانوا نار ما تتطفيهمش وأنا كانوا تراب ماتدوسهمش"

- "وش العمة لما راعيته عيل ست شهور رميته"

- "وقت القدر يعمى البصر"

- "ولآد حرام يا راعى الغنم"

- "ولد عمك يا لهابلة هيه يلفن الأيام وتلاقيه"

- "يا اللى قدامك كالكراتة أتى عمك في ساعاته"

- "يا بنت البسي ساعته خلاص بقيتي بتاعته"

- "يا حافر حفرة السو يا واقع فيها"

- "يا خبر بفلوس بكرة يبقى ببلاش"

- "يا زارع فى غير ملكك يا مربى في غير ولدك"

- "يا قاعدين يكفيكم شر الجابين"

- "ياما قالوا بايرة خذها ولف الدايرة"

- "يا مربى يا نادم فرخ الذيب وبني آدم"

- "يا مزكي حالك يبكى"

- "يا واخدها الفلاح يا حزينة شغل الفأس مطلع عينه يا واخدها العربي يا فرحانة شاي وسكر في دكانه"

- "يا يتيم لا تعمل مستقيم نين يضربوك يأثموا"

- يتعلم الزيانة في روس اليتامى"

- "يجوزك وما يدفعش الحق"

- "يحقوا في الجمل الأبيض يجيبوه شحم"

- "اليد البطالة نجسة"

- "يشرط عليه شروط النسيب الكاره"

- "يطردك البخيل تلقى عند الكريم وين تبات"

- "يكفينا حره وشره"

- "يموت الكلب ييجى شيخ قبيلة"

الفصل الرابع

الطقوس والمعتقدات الشعبية المرتبطة بالحمل والولادة

دراسة إثنوجرافية فى رشيد بمصر

مقدمة :

يعرض هذا المقال نتائج دراسة اثنوجرافية حقلية أجريت فى مدينة وقرى مركز رشيد بمحافظة البحيرة فى مصر. وتقع رشيد على البحر المتوسط شرقى مدينة الإسكندرية حيث المصب الغربى لنهر النيل. ومدينة رشيد مدينة تاريخية تروى فيها قصص البطولات التى تبين عن الاعتزاز بالدين والأرض فى مواجهة الحملة الفرنسية على مصر. ويرجع الفضل إلى "حجر رشيد" فى تمكن من قراءة الحضارة المصرية القديمة، كما أن بالمدينة من الآثار الإسلامية ما يتباهى به أهلها ويفخرون.

وقد جاءت دراستنا الإثنوجرافية للطقوس والمعتقدات الشعبية المرتبطة بالحمل والولادة فى إطار مشروع بحثى تم بإشرافنا وامتد لعام كامل فى الفترة من سبتمبر 1987 حتى أغسطس 1988 وشارك فيه

باحثون متفرغون تراوح عددهم بين الثمانية والإحدى عشر فى الشهور التسعة التى كرست لجمع المادة الإثنوجرافية. وقد اعتمد الباحثون الحقليون فى جمع المادة على الطريقة الأنثروبولوجية التقليدية.. مثل طريقة الملاحظة بالمشاركة، والاعتماد على الإخباريين، وتتبع أشجار الأنساب، والرجوع إلى الوثائق المنشورة وغير المنشورة.. إلى جانب الاستبيان.. وذلك بغية التعرف على "مقومات ومعوقات إبداع الشباب فى رشيد".

وفى هذا المقال عرض للمادة الإثنوجرافية التى سجلت بعض الطقوس والمعتقدات الشعبية المرتبطة بالحمل والولادة باعتبارها مرحلة حيوية وبالغة الأهمية بين مراحل الحياة التى تمر بها المرأة والتى تحاط بكثير من الممارسات الشعبية فيما يعرف بطقوس أو "شعائر المرور". بجانب هذا فإننا نأمل أن تكون هذه الدراسة الحقلية حلقة فى "مسح إثنوجرافى" للمجتمع المصرى المعاصر، وبالتالى حلقة فى دراسة "وصفية مقارنة" للتراث الشعبى العربى المعاصر.

وفيما يلى عرض موجز لبعض تلك الطقوس والمعتقدات الشعبية التى تحيط بالمرأة الرشيدية فى تلك الفترة البالغة الأهمية فى حياتها حين ترزق بالحمل وتستعد للولادة.

1- الرغبة فى الحمل :

تقوم الحماة أم الزوج بدور هام فى تكوين وتنمية إلحاح الرغبة فى الحمل لدى كل من الزوج والزوجة منذ بداية الزواج لتأتى -العروس- بـ"ولد" يحمل اسم أبيه. وتحرض الحماة ابنها على الإسراع فى الإنجاب.. كما أن أم الزوجة تدفع ابنتها إلى "الحمل" حتى تقوى مكانتها لدى زوجها بين أهله. ولا يعتبر إنجاب الذكور مطلبًا لأم الزوج وحدها بل إن أم الزوجة تشاركها فى هذا أيضًا.. ولكنها ترى إنجاب ابنتها فى ذاته مهما يكن جنس المولود مطلبًا جوهريًا "لتثبيت" الزوجية. ويضغط المحيطون بالمرأة عليها لتأتى بحملها الأول بما يرددونه أمامها من تمنيات أن يرزقها الخلفة بالولد الذى تفرح به. وفضلاً عن هذا كله فإن الحمل يحقق اكتمال أنوثة المرأة ويراه البعض دليلاً على اكتمال القوة والرجولة فى الزوج، ويصيب القلق كلاً من الزوج والزوجة معًا حين

يتأخر الحمل الأول حيث تقترن التهنئة بالزفاف بتمنى الذرية للعروسين حيث تقول المهنئات "عقبال البكارى" للعروس.

وتختلف الرؤية بصدد العدد المفضل للأبناء حيث نجد من يرفض تمامًا مناقشة هذه المسألة لأن فيه تدخلاً فى عطية الله، وكلما ارتفع المستوى الثقافى كلما ازداد الاتجاه نحو تمنى عدد محدود من الأبناء، كما أن الرغبة فى الحمل لدى المرأة المتعلمة العاملة تبدأ متأخرة بسبب تأخر سن إتمام الزواج، وبسبب صعوبات الحياة فى بداية الزوجية. وربما شارك الزوج المتعلم رغبة الزوجة فى ألا يأتى الحمل مع بداية الزواج.. وذلك على العكس من الوضع فى الأسرة الريفية حيث تبدأ الرغبة فى تحقيق الحمل مع الزواج الذى يعتبر من الدرجة الأولى وسيلة لإيجاد الذرية التى تكون "العزوة" والقوى العاملة.

ويردد الفولكلور الرشيدى الكلمات التالية تعبيرًا عن العلاقة التى تربط بين الأب وإبنته والتى تبرز فيها عاطفة الأبوة وتؤكد الكلمات أن الخير فى الإبنة كما هو فى الولد. وتقول هذه الكلمات أن الإبنة أكثر حنانًا

بوالدها وربما كانت أقرب إلى والديها من أخيها الولد مع ما لخلفة الولد من قيمة حيث يشتد به ظهر أبويه وعليه يستندان.

بنتى يا كلمة طيبة ‏ ‏ دايمًا لقلبى قريبة
باشوف حنان امك فيك ‏ ‏ وطيبتها دايمًا فى عينيك
عوضتينى حنان بحنان ‏ ‏ بعد سنين هجر وحرمان
فيهم شفت القوة ياروحى ‏ ‏ كانت من أقرب إنسان
ياما اديته حنانى وحبى ولدى ‏ ‏ لكن برده أنا مش ندمان
أصل أنا أب ولازم أدى كل ‏ ‏ ماعندى مهما كان
رغم قساوة ولدى على ‏ ‏ قلبى وروحى دار وسبيل
نفسى أعيش لما أفرح بيك ‏ ‏ وانتى فى بيت بالهنا مليان
نفسى أشوفك أم سعيدة ‏ ‏ تخدى ولادك بالأحضان
وألمح صورتى فى شكل ولادك ‏ ‏ وأبقى شيلهم جوا عنيا
واسمعهـم بيقولوا يا جـدو ‏ ‏ يجروا ويملـوا الدنيـا على

أما فيما يتعلق بتنظيم الإنجاب فإن الاتجاه إلى تنظيم الفترة التى تفصل بين كل حمل وآخر يزداد مع التقدم فى التعليم بوجه خاص، كما يزداد معه أيضًا الميل إلى إنجاب عدد محدود من الأبناء بوجه عام.

2- المرأة العاقـر :

روت إخبارية متعلمة فى رشيد أن نظرة المجتمع إلى المرأة العاقر تعتمد على الطبقة الاجتماعية فالبعض يتعاطف معها، والبعض الآخر ينظر إليها على أنها مخلوق ناقص. وبوجه عام تجمع نظرة المجتمع الريفى إلى المرأة التى لا تنجب بين الرثاء والإشفاق والضيق والتبرم بل والنفور أيضًا أحيانًا. وحين تتشاجر المرأة التى تأخر حملها مع غيرها من النساء فإن أول الشتائم التى توجه لها تتمثل فى تذكيرها بعقمها وكونها ''ميتة حية'' وأنها كالشجرة بلا ثمر التى أحل قطعها.

3- مقويات الإخصاب :

هناك أكلات خاصة يعتقد الريفيون أنها تقوى القدرة على الإخصاب حيث تقدم الحماة أم الزوجة لعريس إبنتها ''الحمام'' ليلة

الزفاف وهناك من يعتقد خطأ أن تناول العريس للخمر أو تدخين الحشيش يقوى من قدرته على الدخول بالعروس والإخصاب منذ الليلة الأولى. وتعتقد بعض الإخباريات أن الحمل تزداد فرصته بوجود العروسين بعيدًا عن أهل الزوج والزوجة فى الأيام الأولى من الزواج.

وتلبس بعض الريفيات لفافة من الحلبة والعسل لتمتص الرطوبة من "بيت الولد" لتحقق الحمل. كما تستخدم بعض الوصفات البلدية من الحشائش المخلوطة والأشربة، ويتجه البعض إلى زيارة أضرحة أولياء الله كأبى العباس بالإسكندرية والسيد البدوى بطنطا.

4- التبنى :

لا يعرف الرشايدة التبنى بمعنى إعطاء اللقيط أو المجهول الأب أو اليتيم الذى يحتضنوه اسم من يحتضنه. ولا يتمتع المتبنى بحقوق الوراثة كالأبناء من صلب المتبنى، ولكن نظام الأسرة البديلة معروف وبخاصة فى الحضر حيث يمكن للزوجين اللذين حرما من الخلفة أن يختاروا الطفل الذى يحتضناه من بين نزلاء مؤسسات الإيواء والرعاية الحكومية أو الأهلية، وذلك بعد التأكد من قدرتهما على رعايته، وأن يكونا من

ميسورى الحال ويتمتعان بسمعة طيبة، وألا تكون هناك شبهة احتمال استغلال الطفل المتبنى فى الأسرة البديلة فى أعمال تتنافى مع الدين والأخلاق أو ما يجب أن تكون عليه معاملة الطفل بين أبويه الحقيقين. وتستمر متابعة المؤسسة التى نشأ فيها المتبنى. ويمكن للمتبنى أن ينال نصيبًا من الميراث على سبيل الوصية حيث لا يرث شرعًا.

5- الوحم :

تحب المرأة فى الشهور الأولى للحمل "شهور الوحم" أن تحاط بما يجعلها متفائلة، وهى تحب أن ترى الأذكياء ومن يتصفون بالجمال من الأطفال، حيث يقال لها حين تأتى بمولود جميل أو قبيح الشكل أنها توحمت على ابن أو بنت فلانة. ويعتقد أنه لو حرمت الحامل من طعام اشتهته فى أشهر الوحم يكون لهذا أثر على جسم المولود. وتفسر المرأة ما يظهر على جسم وليدها من بقع بحبات الفراولة أو حبات عنقود العنب التى توحمت عليها ولم تنلها.. ولهذا يحرص الزوج على الإتيان بما تتوحم عليه الزوجة وبخاصة فى مرات الحمل الأولى.

6- تفاؤل وتشاؤم المرأة الحامل :

تتفاءل المرأة الحامل بأشياء وتتشاءم من أشياء، فهى تتفاءل حين تسمع أن امرأة أخرى وضعت حملها بسلام، وتتشاءم عندما يقال لها ان جارتها أو قريبتها قد سقط حملها. وهى تفرح حين ترى فى المنام أنها أنجبت طفلة حيث تعتبر رؤية الولد نذيرًا بظهور مشكلة ما، وهى تتشاءم أيضًا عندما تسمع عن أخرى أنجبت ولدًا بعد ولادتها لكثير من الأولاد، أما حين يقال أمامها أن أم الأولاد قد جاء حملها الأخير أنثي فإنها تتفاءل. وتتشاءم الحامل كثيرًا حين تسمع عن ولادة طفل مشوه، كما تتشاءم من نظرات العاقر التى تظنها نظرات حسد.

7- الإجهــاض :

تعتقد بعض النساء الريفيات فى رشيد أن "السقاطة" فى الشهور الثلاثة الأولى فى الحمل تكون بسبب تشوهات خلقية أو أمراض وراثية فى الجنين، أما الإجهاض فى الشهور الثلاثة التالية حتى الشهر السادس فتكون بسبب ضعف عنق الرحم، وهن يعتقدن أن المرأة التى يتكرر سقوط حملها تكون حالتها النفسية سيئة وتعتقد الكثير من الريفيات فى رشيد أن علاج الإجهاض المتكرر يكون باللجوء إلى التعاويذ والتمائم وزيارة

الأولياء وتناول أنواع من الأعشاب والأدوية الشعبية التى تستعمل "لتثبيت" الحمل بجانب الراحة النفسية والجسمية وملازمة الفراش والنوم على الظهر لفترة طويلة. وتعتقد البعض أن المرأة التى يتكرر إجهاضها تكون على خلاف مع "إخواتها" وهى تنصح بمصالحتهن لينجح حملها.

8- التنبؤ بجنس المولود :

تعتقد بعض الإخباريات أن وقت حدوث الحمل يحدد جنس المولود، فالمرأة التى تحمل فى شهور الصيف تلد مولودًا ذكرًا فى معظم الأحوال. ويقال إن الحامل التى تشعر بتحرك الجنين فى وقت مبكر من الحمل تأتى بمولود ذكر، وبالعكس إذا تأخر شعورها بتحرك جنينها فإنها تتوقع أن تضع أنثى. ويقال إن الحمل ببنت يضفى على الحامل جمالاً.ولكن ليس هناك إجماع بين الإخباريات على هذا حيث ذكرت بعضهن أن العكس هو الصحيح حيث يكون حمل الولد "خفيفًا" يجعل وجه أمه جميلاً بعكس حمل البنت الذى يأتى ثقيلاً يغير من وجه الأم. وذكرت بعض الإخباريات أن لون الشعيرات الدموية فى عين الحامل ينبئ بجنس الجنين، فالحامل

بذكر يحمر لون الشعيرات الدموية فى عينيها، أما الحامل بأنثى فإن لون "العروق" أى الشعيرات الدموية فى عينيها يكون مائلاً للبياض.

وكذلك تتنبأ الحامل أن يكون المولود ذكرًا حين تكبر بطنها كثيرًا أثناء الحمل حيث يقال إن البنت تكون بين الضلوع مما يجعل بطن المرأة أقل علوًا من بطن التى يتوقع أن تأتى بولد. وذكرت بعض الإخباريات أن البنت تجعل بطن الأم مستطيلاً كالباذنجان بينما يجعل الولد بطن أمه مستديرًا بارزًا إلى الأمام.

9ـ البكرية :

يسبب الحمل الأول الكثير من المخاوف المحيطة بترقب اكتمال "معجزة" الحمل والتخوف من احتمالات سقوط الجنين والقلق حول جنس المولود، وهل ستأتى الولادة طبيعية أم لا، واستحضار آلام المخاض، ونتيجة الاختبار الذى تتعرض له أنسجة الجهاز التناسلى للمرأة التى تكتمل فى لحظة الولادة .. وتحاط البكرية بكثير من الرعاية والتدليل، وتعفى من الكثير من المجهودات والواجبات المنوطة بالزوجة ويحيطها الجميع من أقاربها وأقارب زوجها بالعطف بوجه عام.

ويولى الريفيون وسكان الحضر جميعًا "البكرية" عناية خاصة تقديرًا لأهمية الحمل الأول وتبعاته، وهم يتخذون وسائل عديدة للعناية بالبكرية حيث تقدم لها أطعمة معينة مثل الزيتون والجبن والخيار أثناء فترة الحمل، وتوضع الأحجبة على فراشها أو أمام دارها.

أما بعد الولادة فكثيرًا ما تطالب البكرية بألا تقوم من سريرها وألا تخرج من المنزل، ولا تزاول أعمالها المنزلية، ولا تخرج لمقابلة الضيوف ولا تقابل الرجال من غير أقاربها الأقربين كالأب والأخوة حتى لا تتعرض للحسد أو "المشاهرة".

10- مكان الولادة :

بوجه عام تتم الولادة فى الريف فى بيت الزوجية، وفى بعض الحالات تنتقل المرأة الحامل قبيل وقت الولادة المتوقع لتلد فى بيت أمها وحتى تكون قريبة منها ساعة الولادة. وفى الحالات التى تختار المرأة فيها بين أن تلد لدى أهلها أو أهل زوجها فهى تتمسك بأن تكون الولادة فى بيت أهلها أو من هن بمثابة الأم أو الأخت. وفى الولادات المتكررة غير البكرية تتم الولادة عادة فى بيت الزوجية حيث تكون المرأة قد خبرت

طقوس الولادة وصعوباتها وما يتبع فى الولادة من استعدادات لحظة الولادة أو فيما بعد.

وفى الولادات التى تبدو غير طبيعية تضطر "الداية" لنصح الزوج أن ينقل زوجته إلى المستشفى أو يأتى لها بطبيب، وذلك بعد أن تكون قد استنفذت كل الوسائل التقليدية فى مساعدة المرأة ساعة الولادة. وقد تكررت حالات استدعاء الطبيب أو نقل المرأة أثناء الولادة إلى المستشفى بعد أن تكون حالتها قد اقتربت من الخطر. وقد نما فى الوقت الحاضر فى الحضر والريف أيضًا التوليد بالعيادات والمستشفيات العامة والخاصة، ولكن لا تزال معظم الولادات فى الريف تعتمد على "الداية".

11- الدايـة :

تحتل الداية أهمية كبيرة فى قرى رشيد، وتنظر الكثير من الريفيات بعين الأهمية القصوى لضرورة تواجدها بالقرب منهن ساعة الولادة. وبحسب تعبير المتعلمات منهن فقد أقرت وجودها "الهيئات العالمية المشرفة على الصحة" و"هيئة الصحة بمصر". وقد ذكرت نزيلات قسم النساء والولادة بمستشفى رشيد المركزى وكان معظمهن من

النساء صغيرات السن اللاتى تتراوح أعمارهن بين السادسة عشرة والعشرين حيث يفضل زواج البنت فى رشيد عند البلوغ وربما قبل أن تصل إلى السن القانونية وهى سن السادسة عشرة اعتمادًا على "التسنين".. ذكرن أن الداية هى أول من يلجأ إليه لالتماس النصيحة عند الحمل. وتلجأ الزوجة الصغيرة إلى الداية التى باشرت أمها أو أختها وربما جدتها أيضًا. وذكرت الداية أنها لا تقحم نفسها فيما قد لا تحمد عقباه فهى عندما ترى الولادة متعسرة أو فى حالة حدوث نزيف أثناء فترة الحمل فهى تنصح المرأة الحامل أن تتجه للولادة فى المستشفى. وقد بينت الدراسة الميدانية أن معظم الحالات بقسم النساء والولادة بالمستشفى هى حالات ولادة متعسرة أو حالات تعرضت لنزيف متكرر أثناء الحمل، وهى حالات لا تستطيع الداية أن تعالجها.

وبسؤال الكثير من الحوامل قلن أنهن يفضلن استشارة الداية أولاً. وعبرت إحداهن عن هذا بقولها «إنها هى التى ولدت أمى وعائلتى كلها ولها حق علينا جميعًا، وأنها هى التى ترشد فى حالة حدوث شىء لا تقدر على مداواته، كما أنها امرأة متمرسة ربما أكثر من الطبيب».

وتقول الدايات فى قرى رشيد أن مقرها الريفى أو منزلها بين بيوت الفلاحات يسهل عليهن الاعتماد عليها لأنها أسرع من المستشفى، وأنه ما زالت أيضًا فى حضر رشيد حالات كثيرة تقوم الداية بالإشراف على ولادتهن.. إلا أنهن لا يذكرن ذلك من باب أنهن قد تكلفن مصاريف أكثر للطبيب أو الممرضة. ولكن هذه حالات نادرة جدًا فى رشيد أى الحالات التى تلجأ إلى الداية وتنكر هذا.

وقد ذكر مدير مستشفى رشيد أن هيئة الصحة العالمية قد أقرت تواجد الداية والاعتراف بأهمية عملها فى شعوب العالم الثالث والاعتماد عليها. كما أنها كامرأة متمرسة لديها خبرة لا ينكرها أحد عليها، ولذلك فقد وضعت هيئة الصحة برامجها لتضمن التعاون بين الداية والمستشفى. وهذا ما حدث بالفعل فى رشيد فعندما ترى الداية الحالة متأخرة تحضرها بنفسها إلى المستشفى، وذلك نتيجة لدورات التوعية للدايات حيث يتم اجتماعهن فى شهر يونية من كل عام وتوعيتهن فى استخدام الأشياء أو الأدوات بطريقة نظيفة وكيفية تعقيمها .. كما أنها فى نهاية الدورة تحصل على شهادة بأن لها حق ممارسة المهنة وهى المعترف بها من قبل وزارة

الصحة. ولتشجيع الدايات على حضور هذه الدورات التدريبية يطلب من الدايات المتدربات أن يقنعن غيرهن بالحضور فى الدورات المقبلة وتسلم لهن حقيبة هدية بها أدوات يمكن استخدامها، هى حقيبة مغرية لهن تقدمها لهن هيئة الصحة العالمية.

12- من يحضر الولادة :

تحاط المرأة الحامل فى أسابيع الحمل الأخيرة بكثير من العناية وبخاصة فى أيام انتظار الولادة. وعند بداية الطلق تتواجد الداية وأم المرأة الحامل وأخواتها وجاراتها المقربات حيث تقوم كل منهن بالمساعدة فى عمل شىء استعدادًا للحظة الولادة، وانتظارًا لها .. حيث يتم تحضير الماء الساخن وتمسك إحداهن ''بالوالدة'' وتقوم الأخرى بتشجيعها على الطلق وشد أزرها. وعادة تحضر النساء المتقدمات فى العمر الخبيرات بطرق استقبال المولود .. وهذا كله فى حالة الولادة فى ''البيت'' أما إذا كان الوضع لدى الطبيب الخاص أو المستشفى فإن الأم والأخوات عن الأولى بالتواجد بالقرب من الحامل   ساعة الولادة.

ويمنح الزوج فى الريف والحضر من التواجد فى غرفة الولادة حيث يجلس فى مكان قريب فى انتظار أن تنقل له الداية أو الممرضة نبأ الولادة لتنال "البشارة"، وهى مبلغ من النقود يتناسب مع جنس المولود ذكرًا أم أنثى، كما يتناسب مع الولادة البكرية أو التالية. وتصر الداية فى الولادة التى تأتى بعد طول انتظار على أن تنال منحة كبيرة.

13- تسهيل الولادة :

من الأطعمة التى تتناولها المرأة حيث تحضر ساعة الولادة البيض المقلى بالزيت وشرب اللبن المحلى بكثير من السكر، وتعطى المرأة ساعة الولادة مشروب القرفة والزنجبيل اعتقادًا بأنهما يعملان على "تحمية الطلق". ويعتقد أن المرأة التى تلبس سبحة يسر تلد بسهولة ويسر. ويوضع المصحف إلى جانب المراة فى ساعة الولادة حيث يكون فيه بركة ويعطى أملاً فى ولادة سهلة، كما يجدد هواء الغرفة بفتح الأبواب والشبابيك، حتى تدخل الملائكة، وتقوم النسوة بفك كل ما هو معقود من أشياء لتنفك العقدة وينزل المولود بسلام. وفى بعض الحالات يتم

الاستعانة ببعض الأحجبة وتلاوة آيات من القرآن الكريم والأدعية الخاصة.

14- طهارة المرأة ساعة الولادة :

تعتقد كثير من الإخباريات أن المرأة تكون "طاهرة" ساعة الولادة حيث يتوقف الجماع فى الشهر الأخير من أشهر الحمل، كما أن هناك اعتقادًا بأن دعاء المرأة ساعة الولادة دعاء مستجاب حيث تحيطها الملائكة. ويفسر هذا الاعتقاد بأن المرأة تعانى آلامًا فائقة الشدة، وأنها تحقق رسالة الأمومة. ومن ثم فهى فى تلك الساعة تكون "قريبة من الله" ترفرف حولها الملائكة لتعينها على اجتياز صعوبات الساعة التى تمر بها. وبعض المقربات يطلبن من المرأة ساعة الطلق أن تدعو لهن لكى تتحقق آمالهن فى الإنجاب أو الشفاء. ولهذا تحرص المرأة أن تكون طاهرة فى انتظارها لساعة الولادة، وحتى لا تمنح الملائكة من الإحاطة بها ولتكون ولادتها سهلة.

وتبين المادة الاثنوجرافية المتاحة أن الاعتقاد فى أن دعاء المرأة ساعة الولادة مستجاب هو اعتقاد شائع. وتغتنم المرأة التى يتأخر حملها

ولادة إحدى المقربات من جاراتها أو قريباتها لتطلب منها ساعة الوضع أن تدعو لها بالخلفة.

15- الخلاص أو المشيمة :

يقوم الطبيب فى حالة تمام الولادة على يديه بقطع الحبل السرى وفصل "الخلاص"، وتقوم الداية بهذه المهمة عندما تكون الولادة بمساعدتها دون استدعاء الطبيب. وعند الولادة ينزع المولود ويوضع بجانب أمه، وتعمل الداية أو الطبيب على تنزيل الخلاص ثم تقيس مسافة مقدارها ثلاثة قراريط ثم تقطع الحبل السرى وتربطه. وفى بعض الحالات تقوم الأم فى الريف بنفسها بهذه العملية إذا ولدت دون أن تكون الداية بجوارها.

ويتم التخلص من "الخلاص" بإلقائه فى المياه الجارية ـالبحر أو النهرـ حتى يظل رزوق المولود جاريًا، أو يلقى فى دورة المياه ليبعد عن المولود "العكوسات" ووسوسة الشياطين، أو يلقى فى الرمال أو الأرض البور لتخضر وتنبت بعد جدب.

وفى حالات أخرى يتم التخلص من الخلاص بحرقه أو دفنه منعًا للحسد، وحتى لا تستولى عليه امرأة عاقر وتعتمد عليه فى عمل يؤذى المولود أو الأم، وهو على أية حال لا يلقى فى القمامة، كما أن هناك بعض شركات الأدوية التى تجمع الخلاص لاستخلاص بعض العقاقير، وقديمًا كانوا يحتفظون بالخلاص انتظارًا للبعث والخلود.

16- المولود الذكر :

يفرح الأب ويشتد فرح الأم بقدوم المولود الذكر لأنه يحمل اسم العائلة واسم أبيه بعد مماته، ولهذا تقام احتفالات بقدوم الولد أكبر من الاحتفالات التى تقام لقدوم البنت. ويحرص معظم الآباء عند قدوم الولد أن تقام الوليمة الشرعية التى تنحر فيها الذبائح وتقام "ليلة لأهل الله" يدعى فيها أهل القرية لتناول الطعام عند تمام السبوع.

17- التوائم :

يطلق الرشايدة على التوائم سواء من نفس الجنس أو من جنسين مختلفين "البراس". ويعتقد البعض أن البراس تتحول أرواحها وتتشكل

فى هيئة قطط وهى تتسرب إلى بيوت الجيران لتشرب اللبن أو تأكل السمك. وتتحوط أم التوائم لهذه فتسقى توائمها لبن الناقة. وكثيرًا ما يحدث أن تضرب إحدى الجارات قطة بشىء صلب فى ساقها مثلاً لتمنعها من شرب لبن أو أكل طعام فيصبح أحد التوائم وقد تورمت ساقه ويفسر هذا بضرب القطة. وتراعى جارات أم التوائم هذا فإذا وجدت الجارة قطة تتحسس أوانى الطعام تعطيها قدرًا منه أو تصرفها بهدوء حتى لا تؤذى "براس" جارتها. ويحدث أن تغضب أم التوائم من جارتها حين تراها تضرب قطة فى المساء. وقد يصل الأمر إلى حد المقاطعة القصيرة المدى.

وعندما يولد التوائم تخاف الأم أن يتعرضا للحسد أو تتعرض هى ذاتها للحسد لولادتها توأمين خاصة إذا كانا من الذكور، ولهذا تكثر من عمل الأحجبة التى تحفظهما من العين الشريرة التى قد تصيبهما. وبعض الأمهات يضعن المصحف وقطع الخبز بجانب التوائم دائمًا. وتختلف الأحجبة التى تعمل عند ولادة التوائم فإذا كانا من جنسين مختلفين يعمل لكل منهما حجاب خاص كما يحصن التوائم بالخرز الأزرق "الخمسة والخميسة" وغالبًا يسمى التوائم بأسماء متقاربة تبدأ بنفس الحرف مثلاً.

18- المولود المشوه :

يفسر ميلاد طفل مشوه بوراثته لخصائص فى عائلة الأم أو عائلة الأب. وترجع بعض الريفيات هذا إلى تناول الأم أطعمة معينة بغير علمها. وقد ذكرت بعض المتعلمات أنه بسبب التعرض للإشعاع الذى يأتى من تربة رشيد السوداء أو بسبب تناول عقاقير معينة.

ونادرًا ما تلاحظ الأمهات فى رشيد أنهن ولدن أطفالاً متخلفين عقليًا. وحين يتقدم عمر الطفل ويتقدم بالتالى تخلفه تفسر الريفيات فى رشيد هذا بأن "فى الطفل شيئًا لله"، وهو نفس التفسير الذى يعطى حين يولد الطفل وفى إحدى يديه أو قدمه ستة أصابع. وحين يوجد على جلد الطفل وشمة طبيعية أو بقع فى شكل التفاحة أو الجزرة مثلاً يفسر هذا بأن الأم قد اشتهت تناول هذا الطعام فى شهور الوحم ولم تجده فحكت جلدها فى مكان ما فجاءت تلك الوحمة على جلد الطفل الوليد فى المكان الذى حكته الأم من جسمها لحظة الوحم.

19- أطعمة الولادة :

من السائد أن يقدم للمرأة ساعة الولادة البيض المسلوق أو المقلى بالزيت وشراب القرفة والماء المحلى بالسكر الذى "يحمى الطلق" ويساعدها على الولادة -كما سبقت الإشارة- وبعد أن تتم الولادة تنقل الوالدة ووليدها إلى غرفة دافئة وتقدم لها المشروبات الساخنة كالحلبة. أما المولود فيعطى فى اليوم الأول شراب الينسون ويرضع فى اليوم التالى "لبن السرسوب" أو "مسمار اللبن" من ثدى أمه. وتلبس المرأة بعد الولادة ملابس واسعة الصدر حتى تستطيع أرضاع وليدها.

وتتناول المرأة بعد الولادة الحلبة المغلية كطعام مغذى يساعد تناوله على طرد دم النفاس. ويهتم الزوج كما تهتم أم الزوجة بوجه خاص بتغذية المرأة "الوالدة"، وكثيرًا ما يكون هناك ادخار لبعض الطيور مثل الدجاج والأرانب استعدادًا للولادة حيث تبقى الوالدة فى السرير بضعة أيام للراحة التامة وتناول الغذاء الذى يعوضها عما بذلته من جهد فى الحمل والولادة. ويعتقد أن الأرانب ذات قيمة غذائية كبيرة للمرأة الوالدة كما تتناول شراب "المغات" الذى يشعرها بالدفء.

وتتناول المرأة بعد الولادة أطعمة معينة يعتقد بأنها تدر اللبن مثل الحلاوة الطحينية، والفجل، وتمتنع عن تناول بعض الأطعمة التى "تعكر" اللبن أو تصيب وليدها الذى يتغذى على لبنها بعسر الهضم أو المغص.

20- استقبال المولود :

تبدأ الاحتفالات بقدوم المولود منذ ولادته حيث يمنح الأب المنح للداية أو الممرضات والحكيمات إذا كانت الولادة قد تمت بالمستشفى. ويلبس المولود ملابس بألوان فاتحة بهيجة مثل اللون اللبنى الذى يمنع الحسد عن الطفل الذكر. واللون البمبى البهيج للأنثى. ويوضع بجانب المولود ما يقيه من الحسد وما يكون فألاً حسنًا مثل النباتات الخضراء وحبوب الحمص والفول والأرز وغيرها (السبع حبوب).

وهناك بعض الطقوس التى تجرى للطفل بعد ولادته مثل ثقب الأذن، وتكحيل العينين وربط السرة ، ووضع المصحف والخبز والماء بجانب المولود. ولهذه وظائف حيث تربط رأس الطفل لكى تظل مستديرة، ويقوم أى اعوجاج فى الرأس. وتكحل العينان لكى تظلا واسعتين. ويقل إن تكحيل العينين سنة عن النبى محمد صلى الله عليه وسلم، وهو يطيل

الرموش، وفى الكحل حماية من الحسد. وتربط السرة حتى تلتئم لأنها مكان القطع من الحبل السرى، وحتى لا تظل دائمًا بارزة عن مستوى الجسم (أى حتى تدخل فى مكانها الطبيعى). وتثقب أذنا الأنثى لوضع القرط أما ثقب أذن واحدة للمولود الذكر من أعلى فهو لمنع الحسد، ويعتقد بأنه يطيل العمر. ويوضع المصحف والخبز تبركًا وحماية للمولود، وحتى تحيطه الملائكة وتبتعد عنه الشياطين، ويوضع نبات أخضر للتفاؤل.

ويكون تكحيل الطفل المولود بوضع الكحل فى بصلة مشقوقة ثم يؤخذ من الكحل المختلط بماء البصل وتكحل العين حتى تبقى "حلوة ومفتحة". ويتم ثقب الأذنين بإبرة محمية بالنار أثناء نوم المولود أو بعد الولادة مباشرة أو يوم السبوع.

وتقوم بعض الريفيات بعمل التمائم والتعاويذ التى توضع بجانب رأس الطفل الوليد، كما توضع بعض الحبوب تفاؤلاً بها كما يتفاءلون بالملابس اللبنى أو البيضاء للمولود الذكر، والبمبى والبيضاء للبنات.

21- العناية بالطفل المولود :

أول ما يقابل به المولود أن يلقى فى أذنيه آذان الصلاة حتى يشب على التدين. وبعد ثلاثة أيام من الولادة تأتى الداية وتقوم بتكحيل عينى الطفل بالكحل الحامى وماء البصل.. حتى تبقى واسعة ويقوى نظره كما أن الكحل يمنع الحسد. وتربط رأس الطفل حتى تبقى مستديرة ولا يزداد حجمها. وتربط السرة بقماط لين حتى لا تبقى بارزة. وهنا اهتمام بالناحية الجمالية فى جسم المولود، وترسم الداية حاجبى المولود حتى ينمو فيهما الشعر. وتلجأ بعضهن إلى ذبح خفاش ويقمن بدهن الأماكن التى ينمو فيها الشعر بدم الخفاش. ويعامل المولود الذكر معاملة الأنثى فى لباسه وثقب أذنيه إذا جاء بعد وفيات أو إجهاض متكرر.

ولا يترك الطفل لينام على جنب واحد حتى لا يؤثر هذا الوضع فى عظامه اللينة، كما تضعه الأم لينام على بطنه أحيانًا ليتخلص من الغازات بعد الرضاعة.

22- طعام المولود :

فور تلقى الداية للمولود تقوم بقطع الحبل السرى، وتحرص الأسر المتدينة على أداء آذان الصلاة فى أذن المولود فور خروجه إلى الدنيا

حتى تستقيم حياته على الطاعة، ويكون مباركًا. وتبدأ الأم بإرضاع وليدها من ثدييها وتستوى فى هذا ست البيت والأم العاملة فى رشيد حيث الحرص على أن تكون الرضاعة فى الثلاثة شهور الأولى من عمر الطفل رضاعة طبيعية. ويعتقد أن "اللبن المسمار" هو الذى يكون بصدر الأم بعد الولادة مباشرة ذو أهمية كبيرة فى نمو الطفل وتمتعه بالمناعة والقسوة. وبعد الثلاثة شهور الأولى تبدأ الأم فى إعطاء طفلها كمية محدودة من العصير الطبيعى، ثم يعطى الطفل عندما يبلغ من العمر ستة شهور وجبة إضافية بجانب الرضاعة ويزداد عدد الوجبات التى تعطى للطفل بجانب لبن الأم وهى تحتوى على الخضروات والبيض والفواكه المهروسة ويفطم الطفل عندما يكمل العامين.

وتلجأ بعض الأمهات إلى إرضاع أطفالها الحليب المجفف أو ما يعرف "باللبن الصناعى" خاصة الأمهات العاملات. والقليل من الأمهات يلجأن إلى المرضعات. وفى بعض الحالات تقوم الجدة أو الخالة أو العمة بدور الأم البديلة فى إرضاع الطفل والعناية به.

والعناية الشخصية من حيث رضاعة ونظافة الطفل الشخصية وتغيير ملابسه واستحمامه هى من مسئوليات الأم أو الأم البديلة. ويمتنع إرضاع الطفل أمام الأغراب منعًا للحسد.

وتختلف العادات المتبعة فى طعام الوليد فى الأيام الثلاثة بعد الولادة، فهناك أمهات يرضعن أطفالهن عقب الولادة مباشرة حيث يعتقد بأن لبن المسمار يعطى للطفل مناعة قوية ويمتلئ ثدى الأم بلبن السرسوب أو المسمار فى اليوم الثالث بعد الولادة بوجه خاص. وهناك من تكتفى بإعطاء الطفل قطرات من الماء المحلى بالسكر فى الأيام الثلاثة الأولى حتى يمتلئ صدر الأم بلبن السرسوب. وذكرت إخباريات أن هناك حالات "شاذة" لأمهات يقلدن "الأوربيات" حيث يعتقدن أن الرضاعة تؤثر فى رشاقتهن فيلجأن إلى إرضاع أطفالهن اللبن المجفف.

ومن التقاليد المتبعة فى معظم الحالات إعطاء الطفل الذكر فرصة أكبر فى الرضاعة قد تصل إلى ثلاث سنوات، ويعتد بأن استمرار فترة إرضاع الطفل الذكر على هذه الصورة يكسبه صلابة الرأى وقوة

الشخصية، وهى خصال لا يستحب أن تكون فى الأنثى التى يحرص الرشايدة أن تكون لينة بعيدة عن الاتصاف بالعناد.

ويعتقد بأن الطفل الذى يرضع من صدر أمه ينشأ قويًا خاليًا من ''العقد النفسية''، وكلما طالت فترة رضاعة الطفل الذكر كلما قويت شخصيته ويقال عنه ''أنه صحيح شرب من ثدى أمه''. وقد ذكرت إخباريات أن الرضاعة لا تشبع فقط الحاجات الفيسولوجية للطفل بل إنها تشبع أيضًا ''حاجاته النفسية''.

وتحرص الأمهات والحموات أن يرضع الطفل رضاعة طبيعية ليكتسب الحنان عندما يشتد عوده، والأم تحتضن وليدها وتعطيه من صدرها الغذاء والحنان. ويرضع الأطفال من صدور أمهاتهم كلما شعروا بالجوع .. حتى تتوطد صلته بوالدته، ولا يشب جافًا فى معاملته للآخرين، ولا يكون معرضًا للعقد النفسية.

23- النظافة الشخصية للمولود :

تقوم الداية فى اليوم الثالث من ميلاد الطفل بمباشرة استحمام المولود للمرة الأولى حيث يقدم لها العشاء بهذه المناسبة. ثم تأتى فى اليوم السادس عشية السبوع فتقوم بوضع نبات أخضر وحجاب بداخله الجزء الذى سقط من الحبل السرى ومع قليل من الحبوب المختلفة (السبع حبوب) فى طبق صغير بجانب الطفل. ومرة أخرى تباشر الداية فى هذه الليلة نظافة الطفل.

24- بكاء المولود :

يفسر بكاء الطفل بكثرة بأن روحًا شريرة تتملكه وربما يترك الطفل ليصرح وهو يعانى مرضًا عصبيًا ولا يعرض على طبيب. ويكتفى برش الملح وعمل الأحجبة وإطلاق البخور.

25- قص أظافر المولود للمرة الأولى :

عند قص أظافر المولود للمرة الأولى يوضع فى يده مبلغ من المال ليكون واسع الرزق ولا ينظر لما فى يدى غيره فى المستقبل.

26- إعلان ميلاد الطفل :

تنقل الداية خبر ميلاد الطفل إلى أبيه أو عمه أو جده لتتلقى هدية مناسبة. وفى الولادة البكرية وفى ميلاد الطفل الذكر تكون الهدية كبيرة، وهى تختلف باختلاف ثراء عائلة المولود. وبعد هذا تقوم الداية بنشر خبر الولادة فى كل مكان حتى يعلم به جميع أهل القرية ويعرف موعد السبوع. وبعد السبوع أو قبله أحيانًا يقوم الأب بتسجيل ميلاد الطفل فى مكتب الصحة أو لدى شيخ البلد. وفى القرى يقوم العمدة بإبلاغ مركز الصحة حتى تستخرج للمولود شهادة الميلاد الرسمية.

27- اختيار اسم المولود :

يتم اختيار اسم المولود تبعًا لاعتبارات متعددة تختلف باختلاف محل الولادة فى المناطق الريفية والحضرية، كما تختلف باختلاف الثقافة والتعليم والتقاليد والتدين، حيث يطلق بعض الآباء أسماء آبائهم وأمهاتهم على مواليدهم إعزازًا لهم وتخليدًا لذكراهم. ويرى الرشايدة أن أبناء المناطق الشعبية ينادون الذكور من أبنائهم بأسماء مثل "بندق" أو "بلية" كما ينادى الأبناء فى الريف باسم حسنين ومتولى ومحمدين وينادونهم فى البادية بأمساء صخر وعيعر وعنتر وسعدان.

وفى بعض الحالات يعطى المواليد أسماء مثل شحاتة أو الشحات أو الغلبان طلبًا لطول العمر، كما تطلق بعض الأسماء للتفاؤل مثل سعيد ومسعود و"أبو السعود" وسعد، كما يطلق على الابن اسم حربى حينما يولد فى أوقات الضيق والمعارك.

ويحرص الكثير من المسلمين على تسمية أبنائهم بأسماء "مقدسة"   مثل أسماء الأنبياء وأهل بيت النبى محمد عليه الصلاة والسلام، كما أن هناك أسماء مقدسة مثل عبد الرسول وعبد الله وعبد العزيز. ويتبارك المسلمون بتسمية أبنائهم بأسماء النبى محمد عليه الصلاة والسلام مثل أحمد ومصطفى ومحمود وبشير.

وبعض الأسماء يطلق لتدليل الطفل مثل أسماء الحيوانات قطة، بطة، غزال، وأسماء الزهور مثل داليا، بسنت، سوسن.

كما يطلق البعض على أبنائهم أسماء الزعماء مثل فاروق، وعبد الناصر، وجمال، كما نجد فى الريف كثيرات يحملن أسماء الفنانات مثل شادية وليلى وهدى ... إلخ، أو أسماء يتفاءلون بها مثل نجاح أو بشرى.

وقد يتصادف ميلاد الطفل فى مناسبة معينة فينادى باسم عيد أو عايدة أو رمضان أو يولد فى يوم الخميس فينادى باسم خميس أو جمعة.

ويطلق على الأبناء أسماء تمنع الحسد مثل عتريس، وينادى الذكور أحيانًا بأسماء الإناث ويلبسون ملابس النساء حتى لا يكتشف أنهم ذكور لحين قرب دخول المدرسة. كما ينادى المولود الأول باسم بدرى أو بدرية اتقاء للعين الشريرة. وقد أدى دخول التليفزيون إلى اختفاء بعض الأسماء مثل خلف الله وأبو ضيف والعابد ورئيسة وزكية لتحل محلها أسماء حازم وسمير وهشام، وسهير وآمال وهند.

ويطلق بعض الآباء على بناته اسم طاهرة، وشريفة، وعفيفة، ونفيسة، وسامية بيانًا لكرم منبتها وإعلانًا لقيمة ونبالة العائلة.

ويتحدد اختيار اسم المولود فى بعض الحالات من خلال طقوس معينة. ومثال ذلك أن يطلب الأب تسمية المولود باسم أبيه أو جده، ويطلب بعض الأقارب كالخال أو أم زوجته ـتسميته بأسماء أخرى. وهنا يأتى بالطبق الذى يحتوى على الحبوب التى توضع بجانب الطفل ويوضع فى وسط الطبق الشمعة لتضاء بجانب المولود ثم توضح حولها سبع شمعات

مختلفة الألوان حيث تعبر كل واحدة منها عن اسم من الأسماء المختارة، وتشعل الشموع جميعًا، وتظل هكذا إلى أن تذوب وتبقى واحدة منها هى التى تحدد اختيار اسم المولود. وهنا يعلن الاسم وترش الحبوب المخلوطة بالملح وسط تهليل وصياح الأطفال. وفى بعض الحالات يدعى أعمام وأخوال وأقارب أهل المولود إلى العشاء بعد ذبح ذبيحة احتفالاً بالمناسبة.

ويحتفل الأب بإطلاق الاسم المختار على الوليد ويطبع هذا الاسم على أوراق النقود والبطاقات التى توزع فى ليلة السبوع.

28- السبوع :

تبدأ طقوس السبوع بالدعوة إليه. وتختلف طريقة الدعوة حيث تقوم أحيانًا أم الوالدة أو أخواتها أو إحدى عماتها أو خالاتها بزيارة المدعوين وتقديم الدعوة لحضور السبوع، أو تكون الدعوة للسبوع من خلال بطاقات الدعوة التى توزع على المدعوين.

وفى ليلة السبوع يستحم الطفل المولود وتوضع ملابسه فى الماء ويوضع معها حبات الفول وتشعل سبع شمعات وتوضع على لوح من

الخشب وتسمى كل شمعة منها بأحد الأسماء المقترح إطلاقها على المولود، ويشاهد أطفال العائلة ملابس المولود وهى فى الماء ومعها الحبوب، كما يشاهدون الشموع المضيئة وينتظرون أن تحدد أطول الشموع عمرًا اسم المولود .. كما سبقت الإشارة.

ويوضع بجانب فراش الطفل ليلة السبوع سكين ونبات أخضر ليمنع الحسد والأرواح الشريرة، كما يوضع المصحف وقطع الخبز تبركًا وتيمنًا. وفى الصباح تثقب حبوب الفول وتوضع سبع حبات منها فى فرع على شكل عقد ويعلق بدبوس على صدر رداء الطفل وقد تعلق "خمسة" و"خميسة" أو عبارة ما شاء الله من الذهب أو الفضة وخرزة زرقاء وهى أشياء تظل معلقة بملابس الطفل حتى إذا تم تغييرها، كما تعلق على صدر الطفل الأحجبة التى تقيه شر العين والحسد، كما يعلق على ظهره حجاب من قطعة من العملة الفضية تحيط بها سبع حبات من الفول.

ويرتدى الطفل المولود الملابس البيضاء الزاهية، كما تلبس الوالدة أيضًا ملابس بيضاء أو من ألوان زاهية، وتوضع أحيانًا على ملابس الأم والمولود التعاويذ والتمائز مثل رسم العين وحدوة الحصان

والخرزة الزرقاء والكف الأزرق. وهذه التمائم تفيد أيضًا فى تفادى "المشاهرة" التى يقل عها أو يجف لبن الوالدة. ويحذر من دخول شخص حليق الرأس أو الذقن أو امرأة حائض على الأم ومعها وليدها حتى لا تتعرض "للمشاهرة".

ويضم الاحتفال بالسبوع كل أعضاء العائلة ويأتى إليه الأقارب والأصحاب والجيران ويوزع على المدعوين فى السبوع شراب المغات وأكياس الحمص والمكسرات. ويجتمع المدعوين للسبوع حول إبريق المولود الذكر أو قلة البنت، وأحيانًا يكون للمولود الذكر كما للأنثى إبريق وقلة معًا اعتقادًا بأن كل مولود له أخ "جنى" من الجنس الآخر يولد معه لحظة ولادته فالبنت من الإنس لها أخ من الجن والولد من الإنس له أخت جنية. وفى يوم السبوع يرش الملح والحمص وتوضع الزينات والأنوار وتوزع الشموع على الأطفال، وتردد الأغانى التى تدل على الفرحة بتلقى المولود، ويزين الإبريق أو القلة بالزهور.

وتبدأ طقوس السبوع بأن تمسك الداية أو الجدة أو إحدى القريبات أو المدعوات المقربات الخبيرات بالطفل وتغنى له عبارات ترددها معها

النساء والأطفال مثل ''الصلاة عليه الصلاة عليه'' ''الصلاة عليه الصلاة عليه مامتك ولدت بألف جنيه'' وتدور المرأة التى تحمل المولود فى حجرات البيت وطرقاته ومن ورائها النساء والأطفال وقد حمل الجميع الشموع المضاءة وترتفع الزغاريد ويعلو التهليل.

وفى نهاية تلك الجولة أو فى بدايتها يؤذن بالصلاة فى أذن المولود، ويرش الملح، وتقوم الداية بدق الهون بالقرب من المولود حتى يعتاد على الأصوات المرتفعة، وتقال للمولود بعض النصائح مثل اسمع كلام أمك وأبيك وجدك وجدتك، وأحيانًا يكون مزاح يكشف عن غيرة فيقال للمولود اسمع كلام فلان أو فلانة ولا تسمع كلام فلان أو فلانة، وتقوم الأم بتخطى البخور سبع مرات مع ترديد عبارة ''الله أكبر''، ثم يرش الملح ليبعد هذا كله العين الشريرة، ثم توزع بعد هذا أكياس الحمص والشموع على الأطفال والمدعوين.

29- الهدايا التى تقدم للمولود :

تقدم للمولود الهدايا يوم السبوع وتختلف الهدية باختلاف جنس المولود فالبنت تقدم لها سلسلة أو خاتم أو حلق أو مصحف صغير أو

ملابس أو لعب أطفال أما إذا كان المولود ذكرًا فيقدم له "انسيال" أو خاتم أو مصحف أو ملابس أو لعب.

وبجانب الهدايا الثمينة تقدم الهدايا من الأطعمة خاصة من الأهل كالدجاج والسكر والصابون .. إلخ. وبجانب الهدايا العينية تقدم النقود "كنقوط". وتأتى الهدايا من الأقارب والأصدقاء والمعارف والجيران وزملاء العمل.

30- الطهارة :

تتم طهارة المولود الذكر عندما يبلغ السبوع أو الأربعين يومًا أو عندما يكمل عامه الأول فى معظم الأحوال. وطهارة الذكور عامة فى كل البيئات والفئات الثقافية والطبقية فى مصر. أما فيما يتعلق بالإناث فإن الأمر يختلف فهناك من يتمسك بطهارتها تمسكًا شديدًا لأنها نظافة و"حماية" للبنت. وتأتى طهارة البنت متأخرة حيث تتم فى السادسة أو العاشرة.

وتبين المادة الاثنوجرافية أن بعض الأسر الحضرية لا تحرص على ختان الإناث تفاديًا لما قد تعانيه فيما بعد من البرود الجنسى.

ويعتقد أن البعض من المواليد تقوم الملائكة بطهارته أى يولد مطهرًا. وهؤلاء المواليد من الذكور يكونون "مرزوقين" سعداء فى حياتهم.

31- ظاهرة الحسد والاعتقاد فى العين الشريرة :

سجلت إحدى الباحثات المساعدات المادة العلمية التى جمعتها من خلال الملاحظة بالمشاركة فى مجتمع رشيد على النحو التالى :

يعتقد الرشايدة فى الحسد والعين الشريرة بدرجة كبيرة ولا يختلف أن يكون الواحد منهم متعلمًا أو غير متعلم من طبقة اجتماعية أعلى أو أدنى ولكن جميعهم يعتقدون فيها ــأى العين الشريرةـ وبشكل يؤثر فى حياتهم، واعتقادهم هذا يسيطر عليهم بدرجة الإيحاء فقد يمرضون أو تصيبهم أشياء غير مرضية فى حياتهم نتيجة الاعتقاد فيها بصورة جازمة .. وأمثلة على ذلك:

المثال الأول :

ذهب مع فريق البحث بمرافقة أحد الموظفين إلى إحدى الدجالات وتدعى نفسها "الشيخ خلاف" أى أن ما يلبسها من الجن اسمه خلاف وكان معنا أحد "الموظفين" من رشيد ليدلنا على الطريق. وعند وصولنا تردد الموظف أكثر من مرة فى الدخول لشقتها ثم أعطت لنا هذه المرأة لكل واحدة منا قطعة شيكولاتة تحية لأنها تعرف الرجل الذى أوصلنا معرفة شخصية واحتفظ الموظف بقطعة الشيكولاتة ليعطيها لخطيبته وأعطت له إحدانا قطعة أخرى فأكلها ليزيل بعض قلقه أثناء جلوسه فى انتظارنا، ثم فى طريقنا بعد الانتهاء من المقابلة وجدناه يتلو آيات قرآنية ووجهه مضطرب وشاحب بطريقة تلفت النظر. وفى اليوم التالى وجدنا إحدى عينيه عليها (ورم) وعندما سألناه قال: "بركة الشيخ خلاف والشيكولاتة بتاعتها التى جاءت منها حتى أننى قد أعطيت القطعة الأخرى لخطيبتى فأصابتها نوبة برد شديدة».

المثال الثانى :

يقول الرشايدة أننا لا نحب الاختلاط حتى لا يرى كل منا "داخليات" الآخر فمن الممكن أن تنظر الجارة أو الجار إلى أولادى نظرة معينة أو إلى   فرش منزلى أو الأكل الذى أعمله فى منزلى وتصبح الأشياء كلها "منظورة". وهم لا يعتقدون فى شخص بعينه ولكنهم جميعًا يعتقدون احتمال الحسد والعين الشريرة فى بعضهم ويخافون من بعضهم من هذه النظرة حتى لو كانوا أقارب.

المثال الثالث :

سوق الجمعة فى أثناء قيام الفريق بزيارة لسوق الجمعة برشيد فإن البائعات الفلاحات خفن على الطيور التى يبعنها من "النظرة" التى تصيب الطيور ولذلك انتابهن الفزع عندما كنا نريد تصويرهن ووضعوا أيديهن على أقفاص الطيور حتى لا تظهر الطيور فى الصورة.

المثال الرابع :

المطاعم فى رشيد عندما يضعون الطعام فى الطبق يوضع الطعام بين رغيفين من العيش .. أحدهما يغطى به الطعام والآخر يأكل منه

الزبون الرشيدى. وفعلاً يأكل الرشيدى الطعام وهو مغطى تمامًا حتى لا يرى أحد آخر ما يأكله "فينظر له فيه".

المثال الخامس :

يحكى الرشايدة وخاصة المتعلمون أنه كان يوجد خياط بالمدينة قادر على أن يعمل "أعمال" تؤدى إلى "وقف" الرجل أى أن يفقد قدرته على الإنجاب، وكان قد ورث هذه المهنة عن والده، وكان يحدث أن يطلق فلان فلانة فيقال أنه قد عمل له عملاً إلى أن جاء يوم فإذا بأحد الأهالى يسلم عليه فكان يأخذها هزار معه ويقول له بأنه سوف "يكبسه" أى يوقف قدرته على الإنجاب وفعلاً من مجرد السلام ووضع هذا الرجل يده بيد الآخر حدث ما كان فما كان على الأهالى إلا أن اجتمعوا وحلفوه على المصحف بألا يعمل أعمالاً خيرًا أو شرًا بعد ذلك. ويقولون إن هذا الحدث وقع منذ عشرة سنوات ومن يومها إلى الآن لم يفعل هذه الأشياء إلى الآن.

ويعتقد الرشايدة المتدينون فى الحسد ويتقونه بقراءة القرآن والأدعية المباركة. وأحيانًا يقومون بتعليق أشياء مختلفة على صدر الطفل

مثل الأحجبة أو المصحف أو صورة لآية قرآنية. ويقوم البعض بعمل الرقى وإقامة صلوات لطرد الأرواح الشريرة التى قد تمس المولود أو الأم بعد الولادة، كما يقومون برش الملح والحمص والأزر والخميرة لتدخل فى العيون الشريرة وتبعد الحسد. وعندما يبكى الطفل يقومون "برقيته" وإطلاق البخو ورش الملح. كما يوضح بجانب المولود الخبز أو الخميرة وسبعة حبوب من البقول ليكون عمره طويلاً.

ويحسد المولود بالنظر أو الكلام ويعتقد فى أن "الوالدة" تتعرض "للكبس" وحلول الأرواح الشريرة بها عقب الولادة إذا دخلت عليها امرأة تلبس الذهب "البندقى" الخالص ساعة الولادة. والكبس هو تأخر الحمل التالى للمرأة. وتلجأ فيه بعض النصاء إلى المشعوذين الذين يبدون أنهم يقومون بطرد الأرواح الشريرة ويؤدى الكبس إلى جفاف اللبن فى صدر المرأة الوالدة.

وهناك بجانب هذا أسباب عديدة لتعرض المرأة الوالدة للكبس وهى:

أ- دخول امرأة فطمت وليدها حديثًا.

ب- دخول امرأة فقدت جنينها فى "السقاطة".

ج- الدخول على المرأة الوالدة بالأسماك أو الباذنجان.

د- الدخول على المرأة الوالدة باللحوم أو الطيور المذبوحة.

هـ- دخول رجل على المرأة الوالدة إثر حلاقته لذقنه.

و- دخول المرأة العاقر على الوالدة.

ز- يجب على كل رجل كما يجب على كل امرأة خلع ما يلبس من حلى ذهبية حتى لا تتعرض "الوالدة" للمشاهرة.

ح- يعتقد بأنه فى حالة قدوم شخص من سفر بعيد يجب ألا يدخل على المرأة الوالدة أو المولود ولكن "الوالدة" هى التى تدخل إلى حيث يجلس حتى لا تتعرض للمشاهرة. وتسبب المشاهرة صراخ المولود وعدم نومه ليلاً وربما تؤدى إلى انقطاع لبن الأم. ويؤكد على أن دخول الرجل الذى حلق ذقنه حديثًا على المرأة المرضع يؤدى إلى جفاف اللبن فى صدرها.

طـ تتعرض المرأة للكبس إذا دخلت عليها امرأة حديثة الولادة.

ىـ يسبب دخول طفل ثم ختانه حديثًا على المرأة الوالدة تعرضها للكبس.

كـ دخول الكلب على المرأة الوالدة يكبسها.

وفى كل الحالات يتقى الحسد والكبس بآيات القرآن الكريم والرقى والصلوات ورش الملح والأرز والحمص،كما توضع بعض التعويذات "كالعين" و"الخرزة الزرقاء".

32- أربعين الوالدة :

بعد السبوع وحتى يوم الأربعين تحاط المرأة الوالدة بكثير من الرعاية والتحريمات خاصة تناولها الغذاء الجيد الذى تدخره هى أو تدخره لها أمها أو حمايتها أو أختها الكبرى ليعطى لها فى أيام "النفاس". ولا تقوم المرأة الوالدة ببذل مجهودات شاقة فى عمل البيت، وتلبس الملابس الفضفاضة وتكون غرفتها دائمًا نظيفة جيدة التهوية. ويحرم عليها الاختلاط بالأشخاص الذين يعرضونها للحسد أو الكبس، كما تحرص على ألا تتعرض للبرد، ومن ثم تمنع من الخروج من بيتها إلا للضرورة

القصوى. وبعض النساء يقمن بين وقت وآخر بإطلاق البخور ورش الملح لاتقاء الحسد.

وفى يوم الأربعين من ميلاد الطفل تغتسل الأم وكذا يستحم الطفل الوليد بالماء الدافئ وتقوم المرأة الوالدة بسكب أربعين إناء من الماء على جسمها وهى تردد الشهادتين وتستبدل ملابسها بأخرى نظيفة. وبعد الاستحمام تستطيع المرأة أن تصلى بعد انقطاع دام أربعين يومًا منذ يومًا منذ يوم الولادة.

وفى يوم الأربعين تذبح "للوالدة" الأرانب وتحرص بعض النساء على تناول دجاجة بياضة اعتقادًا بأن هذا يساعد على عودة سيقانها إلى ما كانت عليه قبل الحمل والوضع، وبعد هذا تستطيع أن تعود إلى الاتصال بزوجها وإلى حياتها وعملها المعتاد فى البيت.

خاتمة :

لقد تضمنت الصفحات السابقة عرضًا اثنوجرافيًا لبعض الطقوس والمعتقدات الشعبية المرتبطة بالحمل والولادة فى مجتمع رشيد. وقد كانت

المادة العلمية فى هذه الدراسة معبرة عن رؤية المجتمع الرشدى لذاته

متمثلة فيما رواه الإخباريون informants من الأمهات والجدات،

و"الدايات"، وأطباء النساء والولادة. وقد تم التحقق من صدق روايات

الإخباريين عندما أتيحت فرصة الملاحظة من خلال المشاركة فى

الممارسات الشعبية folk التى تجرى فى انتظار اكتمال الحمل،

والاحتفالات والطقوس المتبعة أثناء الولادة وأثناء فترة "النفاس". ومرة

أخرى لعل هذا المقال يكون إحدى اللبنات فى "مسح اثنوجرافى" للمجتمع

المصرى المعاصر.

الفصل الخامس

الشباب والإبداع فى رشيد ــ دراسة سيوأنثروبولوجية

ــ مقدمة .. المشكلة والمفهومات

ــ التساؤلات فى بحث الشباب والإبداع فى مجتمع رشيد

ــ مجتمع الدراسة الكمية حول الشباب والإبداع فى رشيد

ــ المحافظة والتجديد فى الحياة العائلية فى رشيد

* وضع المرأة فى مجتمع رشيد

* رؤية الشباب للعلاقات الأسرية فى الوقت الحاضر

* الحياة الزوجية

ــ اتجاهات الشباب نحو التجديد والمحافظة فى مجالات العمل برشيد

* رؤية الشباب للعمل بالوظائف الحكومية

* اتجاهات الشباب نحو العمل بالقطاع الخاص

* رؤية الشباب التقويمية للوظائف الكتابية والعمل الحرفى القطاع الخاص.

* رؤية الشباب التقويمية للهجرة العمالية الداخلية والخارجية

* الأعمال الإضافية ومجالات الادخار

ـ الشباب والتغير والتغيير فى المجتمع المصرى المعاصر

* رؤية الشباب الرشيدى لذاته

* موقف الشباب من التجديد فى مجتمع رشيد

* دور العائلة والمجتمع فى تنمية القدرة على الإبداع لدى الشباب.

* استثمار الشباب فى رشيد للوقت الحر

* رؤية الشباب فى رشيد لأهم المشكلات الاجتماعية المعاصرة فى المجتمع المصرى

يعتبر الابداع من الموضوعات الهامة بل يمكن اعتباره من الموضوعات ذات الأولوية التى تتجه إليها البحوث الأنثروبولوجية فى الربع الأخير من القرن العشرين، وقد كون "الإبداع" أحد المحاور الرئيسية فى المؤتمر المؤتمرالأثرىالعالمي العالمي العالمى World Archaeological Congress الذى عقد بجامعة ساوثهامبتون -عام 1986 حيث اتضحت أهمية دراسة العلاقات بين الشباب والإبداع بوجه خاص فى إطار فحص ديناميات التغير الاجتماعى والثقافى والبيئى بوجه عام.

وقد كان "الشباب والإبداع" عنوان مشروع بحثى استغرق عامًا كاملاً 1987 / 1988 أجرى بالتعاون مع مجلس مدينة رشيد ومؤسسة هانززايدل الألمانية. وقد اتجه المشروع اتجاهًا سوسيوأنثروبولوجيا زاوج بين الطرق السوسيولوجية والطرق الأنثروبولوجية التقليدية فى إجراء المسح الاثنوجرافى والاستقصاءات الكمية فى مجال دراسة مقومات ومعوقات الإبداع ووضع الشباب فى مجتمع رشيد. ولعل أهم ما حققه هذا المشروع من إيجابيات قد تمثل فى تلك المناقشات التى شارك

فيها فريق البحث وأعضاء المجتمع بفئاتهم العمرية والمهنية والثقافية المختلفة والتى تركزت حول التعريف بمفهوم الشباب "والإبداع" وفيما يتعلق بمفهوم الشباب فإن رؤية المجتمع فى مجال تجديد المدى الزمنى لتلك المرحلة المتمايزة فى حياة الفرد قد اتسمت بالمرونة التى لم تخرج من هم على مشارف الأربعينيات من مرحلة "شباب الجسم" الذى يزهو بالفتوة والقوة فى الحركة والإنجاز.

وفى مجال التعريف برؤية المجتمع لماهية الإبداع فقد نجحت حلقات المناقشة فى بيان أن مجاله لا ينحصر فى الآداب والفنون ولكنه يمتد لمجالات العمل والإنتاج مع تعددها وتنوعها اللامحدود. فابتكار طريقة جديدة أفضل فى صنع أو عرض أو تسويق المنتج هو مجال واسع للإبداع يمكن أن يتبارى فيه كل أفراد المجتمع المنتجين، وهو يعنى بقول آخر أن الحرفيين والباعة الذين يكونون جانبًا كبيرًا من القوى العاملة فى رشيد يمكن أن يكونوا "مبدعين" لو طوروا أساليب الإنتاج أو العمل التى ينتهجونها ليرتقوا بالمنتج أو الخدمة التى تخصصوا فى الاشتغال بها. وقد كان لبلورة هذا المفهوم للإبداع آثار تطبيقية فى رشيد.

أما موضوع هذه الورقة فيتمثل فى التعريف بالتساؤلات التى طرحت فى المشروع البحثى حول الشباب والإبداع فى رشيد وحجم المادة الاثنوجرافية التى جمعت خلال إثارة وتقصى تلك التساؤلات وعرض جانب من معطيات ونتائج هذا المشروع وبخاصة فيما يتعلق بالشباب والتجديد والإبداع فى مجال الحياة العائلية والعمل.

التساؤلات التى طرحت فى مشروع بحث الشباب والإبداع فى مجتمع رشيد:

1- الشباب والتركيب السكانى :

أ- اتجاهات النمو السكانى وتطور حجم الفئات العمرية المتمايزة.

ب- اتجاهات النمو السكانى والتغير فى نسبة الذكور والإناث فى المجموع الكلى للسكان.

ج- اتجاهات النمو السكانى والتغير فى الحالة الزواجية بين الفئات العمرية المتمايزة.

د- الحالة التعليمية بين الفئات العمرية المتمايزة.

هـ إسهامات الشباب فى قوة العمل.

و- اتجاهات الشباب نحو الهجرة الداخلية والخارجية.

ز- الشباب والتجانس والتغاير الديموجرافى.

2- الشباب والتغيرات الاجتماعية والثقافية :

أ- رؤية الشباب للعمل بالأنشطة الاقتصادية التقليدية وبخاصة فيما يتعلق بالقيمة الاقتصادية والاجتماعية للأراضى الزراعية.

ب- رؤية الشباب للحياة فى ظل العائلة.

ج- القرابة والضبط الاجتماعى فى رؤية الشباب.

د- رؤية الشباب التقويمية لأساليب التربية والتعليم.

هـ الشباب والدين.

و- رؤية الشباب للتغيرات الإدارية والسياسية فى بنية المجتمع المصرى.

ز- رؤية الشباب التقويمية للتغيرات الاقتصادية المعاصرة.

ح- رؤية الشباب التقويمية للخدمات المتاحة فى مجال رعاية الشبابا.

ط- رؤية الشباب لأهم المشكلات الاجتماعية والاقتصادية المعاصرة.

3- مقومات ومعوقات الإبداع :

أ- النماذج التى يجالبها الشباب فى التجديد والمحافظة.

ب- دور الأسرة والعائلة فى تنمية الإبداع لدى الأبناء.

ج- دور المدرسة فى تنمية القدرة على الإبداع.

د- الإعلام ودوره فى نشر التجديد ومدى تأثر الشباب بالوسائل الإعلامية المختلفة.

4- اتجاهات الشباب نحو التجديد والإبداع :

أ- ردود فعل الشباب من الفئات العمرية والنوعية والثقافية تجاه التجديد فى المجالات المختلفة.

ب- كيفية التغيير عن تقبل ورفض المستحدثات.

ج- تكاليف التغير الاجتماعى والثقافى وأثرها فى تشجيع أو تعويق التجديد.

د- كيف يتصرف من يضارون بسبب التجديد.

هـ- دوافع وأسباب الاتجاه إلى التجديد لدى الشباب.

5 - الرؤية المستقبلية للشباب فى المجالات الاجتماعية المختلفة :

أ- رؤية الشباب للمشكلة السكانية وتطورها.

ب- تصور الشباب لأساليب تنمية الإنتاج فى الأنشطة الاقتصادية المختلفة والتغلب على المشكلات والصعوبات المهنية.

ج- رؤية الشباب المستقبلية لتقسيم العمل فى الأسرة.

د- الشباب والمشاركة السياسية والعمل التطوعى.

هـ- الانتماء والاغتراب ... المحافظة والتجديد.

لقد كونت المادة الاثنوجرافية التى توفرت من خلال إثارة وتقصى التساؤلات السابقة ـقاعدة معلومات data base حول المجتمع والبيئة

فى رشيد. وقد صدرت هذ هالمعلومات فى عدة تقارير اثنوجرافية وضعت تحت تصرف الجهة الإدارية المستفيدة من المشروع والتى أسهمت بشكل مباشر فى تنفيذه، وهى مجلس ومركز ومدينة رشيد ...)[1]. وقد وظفت هذه المادة الاثنوجرافية فى الصياغة التلغرافية لعناصر هذه الورقة والتى تتمثل فيما يلى :

أولاً : المحافظة والتجديد فى الحياة العائلية فى رشيد :

- وضع المرأة فى مجتمع رشيد.

- رؤية الشباب للعلاقات الأسرية فى الوقت الحاضر.

- الحياة الزوجية.

ثانيًا : اتجاهات الشباب نحو التجديد والمحافظة فى مجالات العمل برشيد :

- رؤية الشباب للعمل بالوظائف الحكومية

- اتجاهات الشباب نحو العمل بالقطاع الخاص

_____

ـ رؤية الشباب التقويمية للوظيفة الثابتة والعمل الحر فى القطاع الخاص.

ـ الأعمال الإضافية ومجالات الادخار

ثالثًا : الشباب والتغير والتغيير فى المجتمع المصرى المعاصر :

ـ رؤية الشباب الرشيدى لذاته

ـ موقف الشباب من التجديد فى مجتمع رشيد

ـ دور العائلة والمجتمع فى تنمية القدرة على الإبداع لدى الشباب

ـ استثمار الشباب فى رشيد للوقت الحر.

ـ رؤية الشباب فى رشيد لأهم المشكلات الاجتماعية المعاصرة فى المجتمع المصرى.

مجتمع الدراسة الكمية حول الشباب والإبداع فى رشيد :

1ـ تركزت المقابلات المقننة والمفتوحة التى اعتمدت عليها هذه المادة السوسيوأنثروبولوجية حول الشباب والإبداع فى مجتمع رشيد فى مائة مقابل لشباب من الجنسين، فقد بلغ عدد الاخباريين الذين رأى فريق

البحث ـبعد معايشة للمجتمع وفئاته الاجتماعية والحضرية والمهنية والثقافية والاقتصاديةـ أنهم قد تكونت لديهم قناعة بأهمية البحث وتوثقت العلاقة الشخصية والمهنية التى تربطهم بالباحثين .. بلغ عدد هؤلاء الاخباريين أكثر من مائة إخبارى اطمأن فريق البحث إلى أنهم يعبرون بصدق عن مرئياتهم الشخصية حين تستطلع آراؤهم حول الموضوعات المحددة التى تدخل فى موضوع البحث. وقد تم اختيار مائة من الاخباريين ليكونوا العينة الممثلة لمجتمع البحث ـكان من بينهم 60 % من الذكور و40 % من الإناث، وهى نسبة مرتفعة للإناث فى بحث كهذا يعتمد على المقابلة المباشرة ويتطلب استيفاء المعلومات التى يتضمنها دليل العمل الكثير من الوقت وفى أكثر من مقابلة.

2- وقد ذكر 98 % من هؤلاء الاخباريين أنهم من أهل "الحضر" بينما ذكر 2% فقط أنهم ينتمون إلى الريف والواقع أن المتصل الريفى – الحضرى يضيق مداه إلى حد بعيد فى مجتمع رشيد، "فقرى" المركز يسكنها الموظفون والحرفيون، ومدينة رشيد تتدنى فيها المقومات

الايكولوجية المميزة للمدينة على ثرائها الكبير فى البيوت والمساجد والأماكن الأثرية.

3ـ وحيث كان على فريق البحث أن يعنى بمقابلة من هم فى سن الشباب من الاخباريين فقد كانت هناك مناقشات عديدة للتعرف على رؤية الاخباريين لحدود السن. وكان هناك شىء من الاتفاق الذى يقترب من الإجماع على أن الثامنة عشرة هى بداية الشباب بمعنى اكتمال الفتوة والقدرة الإنتاجية، وهى السن التى يتجاوز من يبلغها طبقة الصبية. وتمتد سن الشباب لتشمل من لم يبلغوا الأربعين التى تؤرخ لبداية قمة النضج والرجولة المكتملة. وقد كانت أعمار 19 % من الاخباريين دون سن العشرين، وكان عمر 57 % منهم بين العشرين والثلاثين، كما كان 17 % بين سن الثلاثين والأربعين. وتجاوزت أعمار 7 % فقط منهم سن الأربعين. وهكذا يمكن الاطمئنان إلى أن الاخباريين المائة الذين اعتمدت عليهم هذه الدراسة الكمية للشباب والإبداع فى مجتمع رشيد "يمثلون" مجتمع البحث إلى حد بعيد.

4- وقد بلغت نسبة غير المتزوجين بين الاخباريين المائة الذين اعتمدت عليهم هذه الدراسة 64%، بينما بلغت نسبة المتزوجين 35% ونسبة الأرامل 1% فقط وتبين المقارنة بين بيانات التقارير والإحصاءات عن احتمال أن يكون حوالى 80 % من الشباب الذين تنحصر أعمارهم بين العشرين والثلاثين من غير المتزوجين فى مجتمع رشيد.

5- وقد تنوعت المهن الرئيسية التى اشتغل بها الاخباريون فقد بغلت نسبة المشتغلين بالمهن العليا والوظائف الكتابية 38 % واشتغل 12 % منهم بالتجارة وكان 11 % من الطلاب. أما نسبة المشتغلين بالأعمال اليدوية من العمال المهرة والعمال العاديين فقد بلغت 38 % وقد شملت تلك الفئة الأخيرة العمال الفنيين والباعة وعمال الخدمات والمهن غير المحدودة. وأخيرًا فقد كان بينهم مزارع واحد.

6- وكانت الوحدة القرابية المعاشية فى مجتمع رشيد هى "الأسرة النواة" فقد تبين أن جميع المتزوجين من الاخباريين الذين اعتمدت عليهم هذه الدراسة قد تزوجوا من امرأة واحدة، ومن ثم فقد حجب هذا الاختيار الطبقى العشوائى للاخباريين فرصة التعرف على مرئيات من

تزوجوا بأكثر من واحدة حول الموضوعات التى عكفت عليها هذه الدراسة.

7- وبجانب هذا تبين أن الأسرة فى مجتمع البحث تميل إلى كثرة عدد الأبناء وقد تبين أن 61 % من الاخباريين المتزوجين قد أنجبوا ثلاثة أطفال أو أقل وأن 14 % قد أنجبوا أربعة أطفال. وأنجب 25 % خمسة أبناء فأكثر. وتتضح هذه الصورة بشكل آخر إذا أخذنا فى الاعتبار أعمار الاخباريين أنفسهم الذين كانوا لا يزالون فى سن الخصوبة فقد كانت نسبة من تقل أعمارهم عن أربعين عامًا بين مجموع الاخبتاريين هى 93%.

أولاً : المحافظة والتجديد فى الحياة العائلية :

1- وضع المرأة فى مجتمع رشيد :

أ- يتميز مجتمع رشيد بأنه مجتمع "محافظ" وأنه مجتمع "متدين".. ويبدو هذا جليًا فى وضع المرأة بوجه خاص حيث لم يحدث "التعليم" و"اشتغال المرأة خارج البيت" ما أحدثه هذا فى كثير من البيئات

الحضرية الريفية المصرية حيث يتاح للمرأة الخروج بمفردها إلى السوق مثلاً.

ب- وقد رأى الاخباريون أن هناك مجالات للتعليم تناسب المرأة بوجه خاص، وأن هناك مجالات أخرى لا تنابسها، حيث رأى 91 % أن مجال التعليم التى تناسب المرأة بوجه خاص هى معاهد وكليات التمريض ثم تأتى بعد هذا معاهد وكليات التربية (84 %) ثم دراسات السكرتارية (75 %). وقد رأى 45 % فقط من الاخباريين أن معاهد فن البيع بالمؤسسات التجارية تعتبر من المجالات المناسبة لتعليم المرأة، وكانت تلك النسبة 33 % فقط فيما يتعلق بالمعاهد والكليات الفنية والهندسية.

ج- ويتمسك مجتمع رشيد بالفصل بين الجنسين فى مجالات التعليم ابداء من التعليم الابتدائى حيث رحب 35 % فقط من الاخباريين بالتحاق البنات بمدارس مشتركة فى تلك المركلة التعليمية والعمرية، وكان من الطبيعى أن يتدنى هذا الترحيب بالنسبة للمراحل التعليمية الأعلى فقد بلغ بالنسبة للتعليم الإعدادى 10 %، وبلغ بالنسبة للتعليم الثانوى 6% فقط.

دـ ولقد ارتبط انتشار التعليم والاتجاه للتحضر بوجود نوع من التلازم الإيجابى بين اتمام التعليم وبخاصة فى المراحل الثانوية والجامعية من ناحية واشتغال المرأة بوظيفة خارج البيت من ناحية.. وقد أدى هذا إلى تدهور الصناعات المنزلية وانعكس فى ميزانية الأسرة وأسلوب التنشئة الاجتماعية للأبناء. وهذا يصدق بوجه عام فى المجتمع المصرى .. ولكن دراستنا هذه خلصت إلى أن هناك نسبة كبيرة من الشباب بلغت 39 % من مجموع الاخباريين الذين اعتمدت عليهم الدراسة قد بينوا أنهم يفضلون الزواج بغير الموظفة فى الوقت الحاضر (جدول رقم   )

هـ ونجد من ناحية أخرى أن 54 % من الاخباريين يرون أنه لا تتاح للمرأة فى الوقت الحاضر كل فرص العمل التى يمكن أن تفيد فيها ـمما يعنى وعى الشباب فى رشيد بأهمية تنمية إنتاجية المراة.

وـ ولا تتساوى حقوق الابنة بحقوق الابن فى حرية اتخاذ القرارات المستقبلية فقد وافق 22 % من الاخباريين على أحقية انفراد الأب فى

اتخاذ القرار بشأن زواج البنات. وانخفضت هذه النسبة لتصل إلى 12 % فيما يتعلق بأحقية اتخاذ مثل هذا القرار فى زواج الأبناء.

ز- ويبين الجدول التالى عن تفاوت فى رؤية الاخباريين لحقوق كل من الأبناء والبنات فى الانفراد باتخاذ قرارات فى استقلال عن الوالدين :

النسبة المئوية للموافقين على انفراد الأبناء أو البنات فى اتخاذ قرارات مستقلة فى المجالات المختلفة	الأبناء	البنات
مجال الاختيار الزواجى	56	26
الطلاق	53	30
اختيار مجال العمل	61	47
اتخاذ قرار بعدم الاستمرار فى الدراسة	56	49

ويزداد مدى التمايز بين كل من الابن والابنة فى حقوق الانفراد باتخاذ قرارات مستقبلية فى استقلال عن الوالدين فيما يتعلق بالاختيار الزواجى والطلاق بوجه خاص، وضيق مدى هذا التمايز نسبيًا فيما يتعلق باختيار مجال العمل وعدم الاستمرار فى الدراسة.

2- رؤية الشباب للعلاقات الأسرية فى الوقت الحاضر :

أ- يتجه الشباب الرشدى بعد الزواج فى الوقت الحاضر إلى الحياة فى استقلال عن العائلة الممتدة، حيث لم تعد الوحدات السكنية تسمح بتواجد الأبناء المتزوجين فى معيشة مشتركة مع الوالدين. إلا أن يكون الزوجان الصغيران مضطرين لهذا لعدم توفر المسكن المستقل للأسرة الجديدة .. وحين يضطر الشباب للإقامة داخل العائلة الممتدة فإن الإقامة تكون مع "أهل الزوج" دون أهل الزوجة حيث يتبين من الجدول رقم ( ) أنه بينما رأى 31 % من الاخباريين أن الشباب يتقبلون السكن مع أهل الزوج رأى 6 % منهم فقط أن الشباب فى الوقت الحاضر – ولأسباب اقتصادية فى الدرجة الأولى- يقبلون أن يقيموا مع أهل الزوجة بعد الزواج.

ب- وقد كشفت الدراسة عن رفض الشباب إلى حد بعيد لحق الأب أو الأم أو الزوج فى الانفراد باتخاذ القرارات الأسرية حيث رأى 88 % من الاخباريين أنه لا ينبغى للأب أن يتخذ قرارًا منفردًا بشأن زواج الأبناء، كما رأى 78 % منهم أنه لا ينبغى له أى الأب أن ينفرد فى اتخاذ قرار بشأن زواج البنات.

أما فيما يتعلق بالتوجيه التعليمى للأبناء فقد رفض 87 % من الاخباريين حق الأب فى الانفراد بالقرار. وبجانب هذا كله فلم يوافق 56 % من الاخباريين على انفراد الزوج باتخاذ قرار بشأن مدخرات الأسرة (جدول رقم).

ج- ولكننا نجد أن جانبًا كبيرًا من الاخباريين يرى أنه لا ينبغى للأبناء أو البنات الانفراد فى اتخاذ قرارات مستقبلية فى استقلال عن الوالدين وبخاصة فى المجالات التالية :

النسبة المئوية للاخباريين الذين يرفضون انفراد الأبناء فى اتخاذ القرار	الأبناء	البنات

مجالات الانفراد باتخاذ القرار :		
اختيار الزوج	44	74
الطلاق	47	70
اختيار مجال العمل	39	53
عدم الاستمرار فى الدراسة	44	51

وهكذا يتبين أن الاخباريين يعطون للأبناء حقوقا أكبر فى الانفراد باتخاذ بعض القرارات المستقبلية فى استقلال عن الوالدين، وبخاصة فى مجال اختيار الزوجة والطلاق، وهو ما يصدق أيضًا ما اختيار مجال العمل ومدى الاستمرار فى الدراسة أو تركها بالمقارنة بحقوق البنات.

د- وتتفاوت رؤية الشباب لمدى ضرورة الرجوع إلى استشارة الأهل عند اتخاذ قرارات أسرية، فقد رأى 38 % من الاخباريين أن الزوجين الصغيرين يرجعان فى الوقت الحاضر لاستشارة أقربائهما فى علاقتهما الزوجية، ورأى 65 % منهم أن الشباب يرجعون فى الوقت الحاضر لاستشارة الأهل عند بيع ممتلكاتهم من الأراضى الزراعية التى ورثوها

عن الآباء، كما رأى 75 % منهم أن الشباب يرجعون لاستشارة الأهل عند اتخاذ قرار بالسفر للخارج.

3- الحياة الزوجية :

أ- تتمثل مرئيات الشباب حول معايير الاختيار الزواجى فى الوقت الحاضر فى استمرار الالتزام بالقاعدة الدينية المعروفة التى تجعل التدين وحسن الخلق يأتى قبل المال والجمال عند اختيار الزوج. وتبين حقائق الجدول رقم (   ) أن 98 % من الاخباريين يرون حسن الخلق معيارًا جوهريًا فى الاختيار الزواجى يأتى بعده الشكل المقبول للزوج (73 %) ثم التكافؤ التعليمى (69 %) والتكافؤ الطبقى (64 %)، ثم يأتى تفضيل الزواج بين أبناء الخؤولة (17 %) وأبناء العمومة (11 %). ويتبين من هذا الجدول أن الجمال يأتى فى الأهمية قبل الأصل والطبقة فى رؤية الشباب فى الوقت الحاضر.

ب- وفيما يتعلق بالعمر المفضل لزواج الأبناء والبنات فى الوقت الحاضر، فقد أكد الاخباريون على أن الأبناء يتزوجون فى سن أكبر من العمر التى يتزوج فيها البنات. فحيث رأى 30 % من الاخباريين أنه

يفضل أن تتزوج البنات قبل بلوغ سن العشرين لم يرأى منهم أن هذا مفضل بالنسبة للأبناء. وحيث رأى 98 % من الاخباريين أنه يفضل أن تتزوج البنات قبل بلوغ الخامسة والعشرين، انخفضت هذه النسبة لتصل إلى 19 % فقط بالنسبة للأبناء.

وقد أكدت الدراسة أن هناك اتجاهًا لتأخر سن الزواج فى الوقت الحاضر وتبين أرقام الجدول رقم (   ) أن 90 % من الشباب فى مجتمع البحث يدركون وجود هذه الظاهرة. وفسر الاخباريون هذا بأسباب متعددة. حيث ذكر 95 % منهم أنها أسباب اقتصادية. وقرر 73 % منهم أنها ترجع إلى التوسع فى تعليم المرأة. وذكر 61 % أنها تعود إلى هجرة الشباب للعمل فى الخارج. وأخيرًا فقد فسر 41% من الاخباريين أن تأخر سن الزواج بين الشباب فى الوقت الحاضر يرجع إلى تغير معايير الاختبار الزواجى. كما فسر 40 % منهم أنه يرجع إلى تمتع الشباب بمزيد من الحرية فى الوقت الحاضر.

ج- وحيث يفضل 39 % من الشباب فى مجتمع البحث الزواجى بغير الموظفة ـكما سبقت الإشارة إلى هذاـ فإن مبدأ استمرار العائلة الممتدة

كوحدة معيشية قد رفضه 69 % من الاخباريين بالنسبة للحياة فى عائلة الزوج. وترتفع هذه النسبة لتصل إلى 94 % بالنسبة للحياة المشتركة فى عائلة الزوجة.

د- أما فيما يتعلق برؤية الشباب لحجم الأسرة النواة فى الوقت الحاضر فإن الجدول رقم ( ) يكشف عن تفاوت رؤية الاخباريين -الذين اعتمدت عليهم هذه الدراسة- للعدد المناسب من الأبناء كما سبقت الإشارة إلى هذا، وكما يتبين فى الجدول التالى :

ابن واحد	اثنان	ثلاثة	أربعة	خمسة	ستة فأكثر	المجموع
1	42	37	10	4	5	100

وحيث رأى الكثير جدًا من الاخباريين (87 %) أن معدلات الزيادة السكانية فى مصر معدلات مرتفعة جدًا، وحيث تتضح رؤية الشباب لآثار ارتفاع معدلات الزيادة السكانية فى مصر، والتى تتمثل فى أن 77 %

منهم يرون أن ارتفاع تلك المعدلات يؤدى إلى انخفاض مستوى التعليم، كما يرى 72 % أن تلك الزيادة السكانية تدفع إلى الهجرة إلى الخارج ورأى 70 % أنها تؤدى إلى وجود ظاهرة البطالة، كما رأى 68 % أنها تؤدى إلى ارتفاع الأسعار فى السوق المصرية فإن هناك جانبًا من الاخباريين (12 %) يرى أن تلك المعدلات معدلات طبيعية معقولة.

وقد رأى 15 % من الاخباريين أن الأزواج بوجه عام لا يوافقون على تنظيم الأسرة، أما الغالبية الكبيرة (85 %) فقد رأت أن الأزواج فى الوقت الحاضر يوافقون على تنظيم الأسرة على النحو التالى :

الجملة	لا	نعم	رؤية الشباب لرأى المتزوجين بوجه عام فى تنظيم الأسرة
100	33	67	تنظيم الأسرة ضرورى بصفة مطلقة
100	78	22	تنظيم الأسرة يتوقف على رغبة الزوج
100	89	11	يتوقف تنظيم الأسرة على رغبة الزوجة

ثانيًا : اتجاهات الشباب نحو التجديد والمحافظة فى مجالات العمل :

1- رؤية الشباب للعمل بالوظائف الحكومية :

أ- إن نسبة كبيرة من الشبان لا تزال تقبل على مجالات العمل التقليدية فى رشيد. وبلغت تلك النسبة 54 % فيما يتعلق بالعمل بالصيد. ولا تزال الزراعة تعتبر النشاط الاقتصادى المضمون والذى يدر دخلاً طيبًا فى رؤية الشباب فى الوقت الحاضر، فقد ذكر 70 % من الاخباريين أن الشبان لا يزالون يقبلون على العمل بالزراعة، وأجاب 74 % منهم أن الزراعة لا تزال تعتبر أفضل مجال للعمل والاستثمار بالمقارنة بغيرها من الأعمال فى الوقت الحاضر. وقد تدنت هذه النسبة لتصل إلى 39 % فقط بالنسبة للعمل بالوظائف الحكومية.

ب- ومن ناحية أخرى فقد تدنى الاقبال على الاشتغال ببعض المهن التقليدية مثل صناعة الحبال والأقفاص حيث ذكر 30 % من الاخباريين أن الشبان لا يزالون يقبلون على الاشتغال بتلك النشاطات. كما ذكر 20 % منهم فقط أن تلك النشاطات التقليدية لا تزال تدر دخلاً مجزيًا فى الوقت الحاضر.

ج-اننا نجد أنه على الرغم من أن ما يزيد على 70 % من الاخباريين يرون أن الزراعة لا تزال تجتذب القوى العاملة من الشباب كما أنها لا تزال أفضل مجال للعمل والاستثمار إلا أن 47 % منهم فقط قد ذكروا أنها لا تزال تدر دخلاً مجزيًا فى الوقت الحاضر .. مما يعنى أن الاستمرار فى التوجه نحو الزراعة لا يقوم فقط على مدى الإنتاجية، ولكنه يقوم أيضًا على القيمة الاجتماعية للأرض فضلاً عن أن العمل بالزراعة يعتبر عملاً مأمونًا لا يواجه بتقلبات سريعة وأن الحاجة إلى الإنتاج الزراعى التقليدى حاجة مستمرة.

دـ أما فيما يتعلق بالاتجاه نحو العمل بالوظائف الحكومية بوجه خاص فإنه لا يصعب الحكم حول اتجاه الشباب للتجديد أو المحافظة تجاه المثل القائل: إن فاتك الميرى تمرغ فى ترابه. وقد ذكر 85 % من الاخباريين أن الوظيفة الحكومية لا تعد تدر دخلاً معقولاً. ولكن 76 % منهم أيضًا قد ذكروا أنها لا تزال تعطى للمشتغلين بها مكانة اجتماعية مرموقة. وذكر 41 % أنها تعطى لمن يشتغل بها مكانة اجتماعية متميزة.

ولكننا نجد أيضًا أن 47 % من الاخباريين قد بينوا أن الوظائف الحكومية لم تعد المصدر المضمون للدخل كما كان شأنها فى الماضى. وذكر 34 % أن الوظائف الحكومية لا تساعد على الإبداع أو تحقيق الذات. أما من ذكروا أن الوظائف الحكومية ليست لها أية امتيازات على الإطلاق فقد بلغت نسبتهم 7 % من مجموع الاخباريين الذين اعتمدت عليهم الدراسة.

هـ ويبرز اتجاه الشباب فى مجتمع رشيد إلى التجديد فى مجال العمل بوجه خاص فى تقييمهم لمساوئ الوظيفة الحكومية فى الوقت الحاضر .. فقد رفض الاخباريون رفضًا مطلقًا ذلك المثل القائل: "إن فاتك الميرى تمرغ فى ترابه" وذكر 85 % منهم أن الوظيفة الحكومية لم تعد تعطى لشاغليها مكانة متميزة، وذكر 93 % أنها لم تعد تفضل غيرها عن الأعمال بوجه عام وصرح 67 % منهم أنها لم تعد تعطى للمشتغلين بها المكانة الاجتماعية المرموقة التى كانت تجتذب حرص الأهل والشبان على العمل بها .

2- اتجاهات الشباب نحو العمل بالقطاع الخاص :

أ- يبرز مرة أخرى أن الوظائف الحكومية فى رؤية الشباب فى رشيد لم تعد هى الأعمال الوحيدة التى تعطى للمشتغلين بها مكانة اجتماعية مرموقة، بل إن هناك مجالات أخرى غير العمل الحكومى تحقق التميز وتعطى المكانة الاجتماعية المرموقة مثل المحاماه، فقد ذكر هذا 84 % من الاخباريين وما زالت ملكية الأرض الزراعية تتفوق على الوظائف الحكومية والمهن العالية فى تحقيق تلك المكانة، وقد قرر هذا 92 % من الاخباريين.

ب- وعلى الرغم من أن ملكية الأرض الزراعية لا تزال لها قيمة اجتماعية عالية فى مجتمع رشيد فى الوقت الحاضر، وعلى الرغم من أن 99 % من الاخباريين ذكروا أن التجارة لا تزال كمهنة تقليدية تجتذب الشبان للاشتغال بها فى الوقت الحاضر، كما أن 67 % من الاخباريين رأى أن التجارة تعتبر من أهم المجالات التى يتجه إليها موظفو الحكومة كأعمال إضافية قد ذكر 70% منهم أنها تحقق لمن يشتغل بها دخلاً مرتفعًا. وذكر 87 % أنه لا يعتبر الاشتغال بها من أول

المقومات المكانة الاجتماعية المرموقة فى مجتمع رشيد، ولكنها بلا شك تحقق الحرية الشخصية وقد كان هذا هو رأى 72 % من الاخباريين.

أما فيما يتعلق برؤية الاخباريين لصعوبات العمل بالتجارة فى الوقت الحاضر فقد ذكر 43 % منهم أنها تتمثل فى قوانين الضرائب. ورأى 41% أنها تتمثل فى عدم الثبات والأمان فى السوق. وذكر 36 % أنها تتمثل فى قوانين الاستيراد والتصدير وأخيرًا فقد رأى 35 % أنها تتمثل فى انخفاض القوة الشرائية فى مجتمع رشيد فى الوقت الحاضر.

3- رؤية الشباب التقويمية للوظيفة الثابتة والعمل الحر فى القطاع الخاص:

أ- يرى 82 % من الاخباريين أن الشباب يفضل العمل بالقطاع الخاص ورأى 17 % منهم أن الشباب يفضل العمل بالحكومة والقطاع العام. ويتمتع القطاع الخاص فى رؤية الشباب بعدة مميزات فقد رأى 97 % من الاخباريين أن القطاع الخاص يتميز بزيادة الدخل.

ويفضل الشباب العمل بالقطاع الخاص فى مقارنته بالقطاع العام أو الوظائف الحكومية مع وعى بما يرى على أنه صعوبات العمل فى القطاع الخاص حيث رأى 83 % من الاخباريين أن القطاع الخاص لا يتميز بضمان استمرار الوظيفة.

وحين تكرر هذا السؤال بطريقة أخرى أجاب 79 % من الاخباريين بأن من مساوئ العمل فى القطاع الخاص عدم ضمان استمرار الوظيفة. وراى 60 % من الاخباريين أن القطاع الخاص لا تزيد فيه فرص الترقى، كما رأى 53 % منهم أن العمل بالقطاع الخاص تسوء فيه ظروف العمل، وذلك بالمقارنة بالقطاع العام والوظائف الحكومية.

4- رؤية الشباب التقويمية للهجرة العمالية الداخلية والخارجية :

أ- تبين المقابلات المفتوحة التى اعتمدت عليها هذه الدراسة أن مجتمع رشيد مجتمع جاذب / طارد للهجرة الداخلية، حيث تعتبر رشيد بمثابة سوق كبير للعمل والسلع تجتذب الشبان وغيرهم من القرى والبلدان المجاورة مثلاً كما كان الحال وما يزال فى صناعة الطوب وفى نفس

الوقت تؤكد المادة الاثنوجرافية أن رشيد مجتمع طارد للهجرة وأن اتجاهات النمو السكانى فى رشيد لا تيسر بنفس المعدلات كما هو الحال بالمناطق الحضرية ـ الريفية الأخرى فى مصر. وتتجه هجرة الرشايدة بوجه خاص إلى مدينة الإسكندرية (84 %) وتأتى بعد الإسكندرية المدن الجديدة (18 %) ثم القاهرة (6 %) وأخيرًا مدينة دمنهور وهى عاصمة محافظة البحيرة التى يتبعها مركز رشيد حيث ذكر 2 % فقط من الاخباريين أن الشبان الرشايدة يتجهون إليها فى هجرتهم العمالية الداخلية.

أما عن المناطق التى ذكر الاخباريون أن الشبان الرشايدة لا يفضلون أن يتجهوا إليها فى "هجرتهم" العمالية الداخلية فقد شملت كل محافظات الوجه البحرى ماعدا محافظة البحيرة حيث ذكر 28 % أن الشبان لا يمانعون فى العمل بها أو قد يفضلون العمل بها عن غيرها من المدن المصرية. وذكر 84 % أن الشبان لا يفضلون أن يتجهوا إلى محافظات الوجه القبلى، وهو ما يبين "تمسك الرشايدة" بالعمل فى مجتمع رشيد أو الهجرة إلى الإسكندرية التى تعتبر امتدادًا طبيعيًا للبيئة

وحيث توجد العائلات التى ترجع أصولها إلى رشيد بين أهالى الإسكندرية.

ب- اجتذبت الهجرة العمالية الخارجية نسبة كبيرة من القوى العاملة المصرية بوجه عام، ولعل هذه الظاهرة الجديدة فى المجتمع المصرى تفسر بصورة ما تفضيل التعليم الصناعى بشكل مطلق عن غيره من مجالات التعليم الثانوى الأخرى حيث ذكر 8 % من الاخباريين أن التعليم التجارى يعتبر أفضل مجالات التعليم الثانوى، وذكر 14 % منهم أن التعليم الزراعى هو أفضل تلك المجالات هذا مع استمرار القيمة الاجتماعية الممتازة لملكية الأرض الزراعية .. وقد ذكر 78 % من الاخباريين أن التعليم الصناعى هو أفضل تلك المجالات.

وقد ذكر 89 % من الاخباريين أن الأسباب المباشرة لاتجاه الشبان للعمل خارج مصر هو الحصول على أجور عالية، بينما ذكر 11 % منهم فقط أن وراء السعى للهجرة خارج مصر رغبة فى تحقيق الذات وتوقع أسلوب حياة أفضل. وأجاب 68 % من الاخباريين أن كل الشباب يأملون أن تتاح لهم فرصة العمل بالخارج فى الوقت الحاضر.

إن العمل بالخارج قد فتح أمام الشبان آفاقا فى اتجاه التجديد والإبداع، فقد ذكر 25 % من الاخباريين أن من مزايا العمل بالخارج – بجانب زيادة الدخل- اكتساب خبرة فنية جديدة وذكر 43 % منهم أن العمل بالخارج ينمى فيهم الاتجاه للاشتغال بالمشروع الخاص.

وحيث رأى 68 % من الاخباريين أن الشبان بوجه عام يأملون أن تتاح لهم فرصة العمل بالخارج، فقد كان هذا مع الوعى بما يمكن أن يذكر من مساوئ هجرة المصريين للعمل بالخارج فى الوقت الحاضر، فقد ذكر 32 % منهم أن هجرة الشبان للعمل بالخارج تؤدى إلى ارتفاع الأسعار فى مصر. وذكر 37 % منهم أنها تؤدى إلى التباعد الأسرى .. وارتفعت هذه النسبة لتبلغ 41 % فيما يتعلق بأثر الهجرة فى ارتفاع سن الزواج .. هذا ولم يذكر سوى 1 % فقط من الاخباريين أن الهجرة العمالية تؤدى إلى دخول أخلاقيات جديدة فى المجتمع المصرى، وهى نتيجة تحتاج إلى مزيد من التقصى.

وعلى العكس مما كان متوقعًا فقد ذكر 21 % من الاخباريين أن الهجرة لا تؤدى إلى عجز ـأو ندرةـ فى العمالة الماهرة بمصر،

وبالمقابل فقد ذكر 82 % أنه ليس من مزايا الهجرة الخارجية استيعاب العمالة الزائدة فى المجتمع المصرى.

5- الأعمال الإضافية ومجالات الادخار :

أ- رأى 70 % من الاخباريين أنه ليس من الضرورى أن يكون العمل الإضافى الذى يقوم به الشباب لزيادة الدخل وتحسين مستوى المعيشة فى نفس مجال عملهم الرئيسى (جدول رقم   ) وقد تعددت المجالات التى رآها الاخباريون تجتذب موظفى الحكومة كأعمال إضافية، وقد جاء العمل بالتجارة فى مقدمة الأعمال الإضافية التى يشتغل بها هؤلاء الموظفون، وهذا ما ذكره 67 % من الاخباريين. ثم تأتى الحرف اليدوية فى المرتبة الثانية (40%) وتتساوى فى المرتبة الثالثة الأعمال الكتابية فى القطاع الخاص، وأعمال البيع لدى الغير (27 %) وأخيرًا يأتى العمل الزراعى الذى رأى 9 % من الاخباريين أن الموظفين يتجهون إليه كعمل إضافى.

وهكذا نجد أن الوظيفة الحكومية لم تعد تنأى بالمشتغلين بها عن الاشتغال بأعمال كان ينظر إليها على أنها أدنى مكانة وبخاصة مثل

الحرف اليدوية وأعمال البيع لدى الغير، فضلاً عن رؤية الشباب للاشتغال بالمشروعات التجارية الصغيرة كأسلوب ميسر لتحقيق زيادة فى الدخل لا تقارن أيضًا بالعمل لدى الغير فى وظائف القطاع الخاص.

ب- أما عن رؤية الشباب للمجالات الجيدة للادخار فى الوقت الحاضر فإن البيانات تبين عن انخفاض الميل إلى ارتياد آفاق المغامرة الاقتصادية فى توظيف المدخرات كما تبين عن استمرار بعض القيم التقليدية، فقد رأى 74 % من الاخباريين أن الزراعة لا تزال أفضل مجال للاستثمار. وثبت هذا الاتجاه من ناحية أخرى حيث رأى 77% من الاخباريين أن الأرض الزراعية تعتبر من أفضل المجالات الجيدة للادخار فى الوقت الحاضر، وذلك على الرغم من أن 9% فقط قد رأوا فى الزراعة مجالاً طيبًا للعمل الإضافى للموظفين.

ولكننا نجد من ناحية أخرى أن الارتباط بالأرض والانتماء إلى المجتمع المحلى قد فجر ظاهرة التضخم فى أسعار أراضى البناء على الرغم من اتساع المساحة الصالحة للسكن فى مصر فقد رأى 92 % من الاخباريين أن أراضى البناء هى المجال الجيد للادخار. وجاء الذهب

بعد الأرض فى تسلسل الأفضلية (61 %) ثم جاء استثمار المدخرات فى الودائع وشهادات الاستثمار فى البنوك (50 %) ليأتى أخيرًا مجال جديد فى تلك البيئة الحضرية الريفية، وهو مجال شراء وبيع العملات الأجنبية، حيث ذكر 32 % من الاخباريين أن الشباب يرى فى هذا المجال قناة جيدة للادخار فى الوقت الحاضر.

ثالثًا : الشباب والتغير والتغيير فى المجتمع المصرى المعاصر :

1- رؤية الشباب الرشيدى لذاته :

أ- يعتز المجتمع الرشيدى بذاته شأنه فى هذا شأن المجتمع الإنسانية بوجه عام وهو ما تزكيه روح المقامة والتحدى لعوامل التدهور التى يتعرض لها مجتمع رشيد. وتبين المادة الاثنوجرافية عن رؤية الشباب لمميزاتهم الشخصية والتى تتمثل فى القدرة على الاعتماد على الذات فى وقت مبكر (82%) وتفضيل العمل بالقطاع الخاص وعدم التمرغ فى تراب الميرى أن فاتهم (83%). كما تتمثل فى الاقتصاد فى الإنفاق، فالأسرة الرشيدية أسرة "مدبرة" 71%. ويأتى قبل هذا كله أن يعتز

الشباب فى رشيد بحرصهم على المحافظة على ممتلكات العائلة (94%)، وطاعة الأبناء للوالدين بوجه عام (90%).

ب ـ ولكننا نجد من ناحية أن الشباب فى رشيد يختلف عن جيل الآباء ولا يسير كآبائه على ما كان الأهل يفعلون ''أيام زمان'' فقد ذكر 81 % من الاخباريين أن الشباب اليوم لم يعد مطيعًا لوالديه كما كان الآباء فى الماضى، وذكر 68% منهم أن الشباب لم يعودوا جادين فى عملهم كما كان الآباء، وذكر 57% منهم أن الشباب اليوم لا يدخر لمستقبله كما كان الآباء يحرصون على هذا، وذكر 52 % منهم أن الشباب لا يقدمون اليوم على التضحية من أجل الأسرة، كما فعل آباؤهم ''أيام زمان'' بل هم كما رأى 89% من الاخباريين لم يعودوا يقنعون بالقليل. وبجانب هذا كله فقد رأى 46% أنهم لم يعودوا ''متدينين'' كما كان الآباء.

ج ـ والمثير للاهتمام أن الشباب لا يتنصلون تمامًا عن رؤية الآباء لتلك ''العيوب'' فقد ذكر 36% أنهم كشباب يعيشون اللحظة دون التخطيط للمستقبل ورأى 52% أنهم لا يحرصون على الادخار. وذكر 54% أن من عيوبهم الاعتماد على الوالدين فى تكاليف الزواج. ورأى 59%

أنهم يجرون وراء الموضة الجديدة دائمًا ولكن 31 % منهم فقط هم الذين رأوا أنهم لا يلتزمون بالتقاليد.

2- موقف الشباب من التجديد فى مجتمع رشيد :

أ- يرى الاخباريون أن الفئات المختلفة من الشباب تتفاوت فى مدى اقبالها على التجديد بوجه عام، حيث نجد أن 94 % من الشبان المتعلمين يقبلون على التجديد. وتتدنى هذه النسبة إلى حد بعيد لتصل إلى 17% فقط بين الأميين -وكانت رؤية الإخباريين لمدى الاقبال على التجديد بين المتدينين تتمثل فى أن 50 % منهم رأوا أن الشبان المتدينين لا يقبلون على التجديد. وترتفع نسبة من لا يقبلون على التجديد بين الشبان الريفيين أو الذين أتوا من أصول ريفية لتصل إلى 58 %. أما عن أثر الهجرة فى تكوين اتجاهات الشباب نحو التجديد فقد رأى الاخباريون أن 96 % من الشبان الذين هاجروا للعمل بالخارج يقبلون على التجديد بوجه عام. كما ترتفع نسبة من لا يرفضون التجديد بين الشبان الذين احتكوا بثقافة الإسكندرية لتصل إلى 87 %.

ب- إن موقف الشباب من التغيرات التى تحدث فى المجتمع الذى يحيط بهم والذى يشيعون من خلاله حاجاتهم المختلفة، والذى قد يوجد العقبات التى تقف دون تحقيق تلك الحاجات .. إن موقف الشباب من تلك التغيرات موقف يحتاج إلى الكثير من الجدية فى التعامل معه حيث ذكر 25 % فقط من الاخباريين أن الشباب غير متكيفين مع التغيرات الاقتصادية الحديثة وبالتالى فقد رفضها 75 % من الشباب.

جـ- أما عن النماذج التى يحاكيها الشباب فى المحافظة أو الاقبال على التجديد فقد ذكر 48 % من الاخباريين أن الشباب يحاكون الآباء والأعمام والأخوالفى موقفهم من التغيرات الاقتصاية والثقافية التى تحدث فى المجتمع المصرى. وتقترب من هذه النسبة نسبة من رأوا أن الشباب فى الوقت الحاضر يحاكون الأثرياء الجدد فى أساليبهم للتعامل مع تلك التغيرات التى لم يعدوا لها إعدادًا جيدًا، حيث ذكر هذا 42% من مجموع الاخباريين. ولكن الأرقام تضع أمامنا من ناحية مؤشرات ينبغى أن ينظر إليها أيضًا بمزيد من الاعتبار حيث ذكر 85 % من الاخباريين أن الشبان يتأثرون بل يحاكون المعلمين بالمدارس والمعاهد، كما ذكر

81% منهم أن الشبان يتأثرون بل ويحاكون القدوة الدينية فى المحافظة أو التجديد.

دـ وتبين المادة الاثنوجرافية أن الشباب فى رشيد على درجة عالية من التوازن فى استقبال مظاهر التجديد التى تأتى فى النواحى الاقتصادية أو الحضرية فقد ذكر 54% من الاخباريين أن الشباب لا يقابلون التجديد بالانبهار والتبنى الفورى ورأى 37% أن الشباب يستقبلون التجديد بالتشكك، كما رأى 51% من الاخباريين أن الشباب يستقبلون التجديد بالتوازن.

3ـ دور العائلة والمجتمع فى تنمية القدرة على الإبداع لدى الشباب :

أـ وحيث تلعب العائلة دورًا بالغ الأهمية فى تكوين اتجاهات الشباب نحو التجديد فقد رأى 29% من الاخباريين أن العائلة فى رشيد تشجع أبنائها من الشباب على التجديد والإبداع بوجه عام. ورأى 44 % منهم أن العائلة تقوم بهذا الدور الحيوى "أحيانًا".. هذا بينما رأى 27% فقط أن العائلة لا تشجع الشباب على الإبداع بوجه عام.

ب- أما فيما يتعلق برؤية الاخباريين للأساليب التى يمكن أن تتخذها العائلة فى مساعدة الشباب على الإبداع فقد رأى 92% منهم أن تترك العائلة للشباب الحرية فى اختيار التعليم، ورأى 88 % منهم أنه ينبغى للعائلة أن تترك الحرية للشباب فى اختيار مجالات العمل التى يتوجه إليها .. كما رأى 76 % أن تشجيع العائلة للشباب على ممارسة هواياته يساعده على الإبداع.

ج- وقد رأى 69% من الاخباريين أن العائلة فى رشيد تعوق إبداع الشباب حين تقابل أحلامهم بالسخرية. ورأى 66 % منهم أن العائلة تتحمل تلك المسئولية حين لا تتيح الفرصة للأبناء فى إبداء الرأى. وبجانب هذا، كله، فإن أسلوب العائلة فى التنشئة الاجتماعية لأبنائها والذى يعتمد على عقوبة الضرب فى التربية والتأديب يؤدى فى رأى 37 % من الاخباريين إلى إعاقة إبداع الشباب.

د- وترتفع نسبة الاخباريين الذين يرون أن للأجهزة الرسمية دورًا بالغ الأهمية فى تنمية قدرة الشباب على الإبداع فقد رأى 81 % منهم أن المدارس والمعاهد لها هذا الدور. ورأى 76 % أن أئمة المساجد من

القيادات الاجتماعية الهامة المؤثرة فى تنمية قدرة الشباب على الإبداع. ويأتى بعد المعاهد والمدارس، وأئمة المساجد فى رأى الاخباريين دور أجهزة رعاية الشباب حيث رأى 73 % منهم أن لها دورًا هامًا فى تنمية قدرة الشباب على الإبداع. وقد رأى 77 % من الاخباريين أن أجهزة الإعلام (التليفزيون- الإذاعة – الصحافة) لا تقوم بدور واضح فى المساعدة على تنمية قدرة الشباب على الإبداع.

هـ- وق درأى 68 % من الاخباريين أن فصول الموهوبين يمكن أن تلعب دورًا فى تنمية قدرة الشباب على الإبداع، كما رأى 61 % منهم أن التشجيع المادى لتنفيذ المخترعات يعتبر وسيلة رسمية هامة فى هذا المجال.

و- وكان تقييم الشباب لخدمات الدولة فى قطاع رعاية الشباب يتمثل فى رأى 85 % أن خدمات رعاية الشباب تعوقها قلة المخصصات المالية. ورأى 29 % منهم أنها لا تناسب العادات والتقاليد،كما رأى 54% من الاخباريين أن تلك الخدمات غير موجودة أصلاً.

4- استثمار الشباب فى رشيد للوقت الحر :

أ- تتعدد المجالات التى رأى الاخباريون أن الشباب يقضون فيها وقت فراغهم وقد رأى 80 % منهم أن الشباب يقضى وقت الفراغ فى ممارسة النشاطات الرياضية. ورأى 58 % أن الشبان يقضون وقت الفراغ فى ممارسة الهوايات الفنية، ورأى 37% أنهم يقضون وقت الفراغ فى القراءة، كما رأى 23% من الاخباريين أن الشباب فى رشيد يقضون وقت فراغهم فى أنشطة الطرق الصوفية. وبجانب هذا كله فقد ذكر 58% من الاخباريين أن الشبان يقضون وقت الفراغ فى التسكع.

ب- أما عن إقبال الشباب فى رشيد على العمل التطوعى فقد رأى 16% من الاخباريين أن الشبان فى رشيد يقبلون على المشاركة فى الأعمال التطوعية بوجه عام، ورأى 47 % منهم أن الشبان يقبلون على المشاركة ــفى تلك الأنشطة التطوعية أحيانًا .. أما بقية الاخباريين (37%) فقد رأوا أن الشبان فى رشيد لا يقبلون على العمل التطوعى بوجه عام.

ويرى الاخباريون أنه من الممكن تنمية اقبال الشباب على المشاركة فى الأنشطة التطوعية حيث ذكر 92% منهم أن الشباب

يقبلون على العمل التطوعى حين يجدون القدوة، وذكر 90% منهم أن الشباب يقبلون مثل هذا العمل حين يستثار الوازع الدينى، كما ذكر 73% منهم أن إقبال الشبان على العمل التطوعى يتحقق عندما يستثار الوازع الوطنى.

أما تفسير عدم إقبال الشباب على العمل التطوعى فيرجع فى رأى 86% من الاخباريين إلى عدم الثقة فى ذهاب ثمرة هذا العمل التطوعى لمستحقيها. ويرجع فى رأى 75% منهم إلى ضعف الشعور الدينى لدى الشباب.كما يرجع فى رأى 60% منهم إلى سيطرة الأنانية على شباب اليوم.

5- رؤية الشباب لأهم المشكلات الاجتماعية المعاصرة فى المجتمع المصرى:

أ- كشفت الدراسة الكمية حول الشباب والإبداع فى رشيد عن وعى الشباب ببروز مشكلات اجتماعية فى المجتمع المصرى فى الوقت الحاضر.. وكانت رؤية الشباب للمشكلات التى تواجه العائلة المصرية فى الوقت الحاضر تتمثل فى تأخر سن الزواج كما رأى هذا 91 % من

الاخباريين، كما تتمثل فى ضعف الترابط الأسرى (78 %)، وتتمثل فى خروج المرأة للعمل خارج البيت. ة النماذج التطبيقية، وقد وظيفت هذه المعطيات فى صياغة مشروع   حمل عنوان "الصناعات الصغيرة ودورها فى حل مشكلة البطالة ـدراسة سوسيوأنثروبولوجية حقلية إجرائية فى مركز ومدينة رشيد" وهو مشروع يجرى العمل على البدء فى تنفيذه بمشيئة الله.

وكانت مشكلة ارتفاع نسبة الطلاق فى العائلة المصرية من المشكلات التى رأى الشباب أنها ترجع إلى أسباب متعددة تتمثل فى ارتفاع مستوى دخل الزوج 10 % والميل إلى عدم تعدد الزوجات (32%) وتمتع المرأة فى الوقت الحاضر بمزيد من الحرية (42%)، وإلى تدخل أقارب الزوجين فى حياة الأسرة (67%).

بـ أما عن رؤية الشباب لأهم المشكلات الاقتصادية المعاصرة فقد رأى 87% من الاخباريين أنها تتمثل فى انخفاض الإنتاجية، ورأى 86% منهم أنها تتمثل فى كثرة صدور القوانين الاقتصادية، ورأى 85% أنها تتمثل فى هجرة الأيدى العاملة المصرية للعمل بالخارج، وراى 82%

أنها تتمثل فى احجام رأس المال الوطنى عن ارتياد آفاق جديدة للعمل، وتمثلت تلك المشكلات فى رأى 81% من الاخباريين فى زيادة الاستهلاك عن الحد المعقول فى الوقت الحاضر.

ج- وبجانب هذا كله فقد رأى 91% من الاخباريين أن مشكلة تأخر سن الزواج ومشكلة تعاطى المخدرات تعتبر أن من أهم المشكلات الاجتماعية المعاصرة فى المجتمع المصرى.

خاتمة :

لقد كشف هذا المشروع البحثى عن كثير من المقومات البيئية والثقافية للإبداع فى رشيد وبخاصة فى مجال إدراك الشباب لآفاق الإبداع ولقدرتهم على أن يكونوا مبدعين فى كثير من المجالات التى يشتغلون بها والتى تشغلهم، وبخاصة فيما يتعلق بمواجهة المشكلة السكانية وقلة فرص العمل المتاحة فى الوقت الحاضر بالقطاعات الحكومية، وآفاق العمل والاستثمار فى القطاع الخاص، والتغلب على المشكلات البيئية وتطوير أساليب الإنتاج واستثمار وقت الفراغ.. وهى حقائق خليقة بأن تؤخذ فى الاعتبار عند صياغة البرامج التنموية.

مراجع مختارة

1- اتجاهات المجتمع المصرى نحو العمل البدوى، البحوث الميدانية، قسم الأنثروبولوجيا، كلية الآداب، جامعة الإسكندرية 1978.

2- أعمال مؤتمر اتجاهات المجتمع المصرى نحو العمل البدوى، قسم الأنثروبولوجيا، جامعة الإسكنردية 1978.

3- إبراهيم بيومى مرعى : الخدمات الاجتماعية فى المجالات الصناعية، المكتب الجامعى الحديث، الإسكندرية 83 – 1984.

4- أبو بكر السيد أحمد : "مقومات تخطيط برامج الرعاية الاجتماعية فى المجال العمالى" دبلوم معهد العلوم الاجتماعية، كلية الآداب، جامعة الإسكندرية 1988 (غير منشور).

5- أحمد قدرى عبد الله الشرقاوى : "الهجرة الريفية الحضرية ومشكلات التكيف الاجتماعى، رسالة لنيل دبلوم معهد العلوم الاجتماعية، كلية الآداب، جامعة الإسكندرية 1987 (غير منشورة).

6- أحمد زكى بدوى : العلاقات الصناعية وإدارة المستخدمين والعمال، مركز النشر المصرية، القاهرة 1958.

7- حسن إبراهيم عيد على : تنمية الموارد البشرية فى المجتمعات النامية، دراسة اجتماعية اقتصادية، دار المعرفة الجامعية، الإسكندرية 1981.

8- محمد عبد الله أبو على : التنظيم الاجتماعى للصناعة، الهيئة المصرية العامة للكتاب، الإسكندرية 1972.

9- محمد عبده محجوب : "مقدمة فى الأنثروبولوجيا، الطبعة الثانية، السلسلة السوسيوأنثروبولوجية، الكتاب الرابع، دار المعرفة الجامعية، الإسكندرية 1985.

10-................... : "بعض الطرق الأنثروبولوجية فى تسجيل عناصر التراث الشعبى الحية" ندوة التخطيط لجمع ودراسة العادات والتقاليد والمعارف الشعبية، الدوحة، مركز التراث الشعبى لدول الخليج العربية، الدوحة 1985.

11- .... : (الدلالات الأنثروبولوجية لبعض عناصر التراث الشعبى) مؤتمر التراث الشعبى والذات العربية، بغداد، مركز التراث الشعبى لدول الخليج العربية، الدوحة 1986.

12- .... : "الشباب والإبداع فى رشيد – دراسة سوسيوأنثروبولوجية"، مجلدات تقارير مرحلة الدراسة الوثائقية :

ـ المجلد الرابع : "رؤية الشباب لإسهاماته فى التغير الثقافى والاجتماعى فى مجتمع رشيد.

ـ المجلد السادس : "رؤية الشباب الرشيدى لذاته ولمقومات ومعوقات واتجاهات الإبداع".

مادة علمية غير منشورة محفوظة فى مجلس مدينة رشيد، مصر، 1988.

13- .... : مشروع بحث الشباب والإبداع فى رشيد، مجلس مركز ومدينة رشيد، مؤسسة هانز زايدل، القاهرة 1988.

14- محمد يسرى إبراهيم دعبس: استثمار الطاقة البشرية فى المجتمع البدوى- دراسة أنثروبولوجية، رسالة ماجستير، كلية الآداب، جامعة الإسكندرية 1981.

15- منال السيد فاروق عبد الله : مقومات التدريب فى نظام التلمذة الصناعية ـ دراسة استطلاعية بالتطبيق على شركات القطاع العام ومراكز التدريب المهنى بمحافظة الإسكندرية، رسالة لنيل دبلوم معهد العلوم الاجتماعية، كلية الآداب ـ جامعة الإسكندرية 1983.

16- Afanayev, V.G.; The scientific management of society, progress publishers, Moscow, 1971.

17- Anderson, N.; The industrial Urban community; Appleton century – crofts; N.Y.; 1971.

18- Cole, G.D.N.; Workshop organization, Hutchinson educational, 1973, ed.

19- Foucart, George : Introductory questions on African ethnology, Sultanieh Geographical society of Cairo; Cairo, 1919.

20- Folbre, N. and Abel, M.; Women's work and women's households, Gender bias in the U.S. Census; social research, vol. 56, No.3, Aut 1989, pp. 545 – 571.

21- Ghosh, B.N.; Leisure, work habits and unemp loyment in traditional agriculture the eastern abthropologist, vol. 36, No.2, April 1983, pp. 149 – 146.

22- Goldthorpe, J.H. and als.; The Affluent worker industrial attitudes and behaviour, Cambridge University Press, 1968.

23- Hopkins, N.S. Women, Work and Wages, the
Eastern Anthropologist, Vol. 44,
No. 2, Aprit 1991, pp. 103-104.

24- Mathur, K. and Seth, H. Ceds, Action research for
development, Indian institute of
public Administration, New
Delnil, 1983.

25- Movre, W.E.; The Impact of Industry : Prentice –
Hall Inc. N.J.; 1965.

26- Southall, A., Nas, P.J.M. and Ansari, G. (eds),
City and society, University of
Leiden, 1985.

الفصل السادس

العنف في العلاقات الاجتماعية بين الشباب

مظاهره وأسبابه ووسائل موجهته

مقدمـة :

يعني هدا الفصل بعرض معطيات " مشروع بحث أنثر وبولوجي حقلـي حول ظاهرة العنف .. مظاهرها وأسبابها ووسائل مواجهتها "(*)، وهو مشروع كان المؤلف هو الباحث الرئيس والمشرف على تنفيذه بالتعاون مع مجموعة من الباحثين المتخصصين في العلوم الاجتماعية (الأنثروبولوجيا وعلم الاجتماع والخدمة الاجتماعية وعلم النفس) ، وقد كان المجال المجتمعي لهذا المشروع هو المجتمع المصري في محافظة الإسكندرية بوجه خاص .

* جامعة الإسكندرية-كلية الآداب:مشروعات المرحلة الثالثة في الخطة البحثية لجامعة الإسكندرية-التقرير النهائي حول مشروع بحث ظاهرة العنف في المجتمع السكندري, أسبابها ومظاهرها ووسائل مواجهتها, الباحث الرئيس: أ.د. محمد محمد عبده محجوب(1991/92)

وعلى الرغم من أن مفهوم " الشباب " لم يأت في عنوان هذا المشروع البحثي إلا أن المراجعات النظرية والدراسات الحقلية التي أجريت في هذا المشروع قد عنيت إلى حد بعيد بتنامي تلك الظاهرة : ظاهرة العنف في " الحوار " والتعبير عن الرأي والمعارضة و " تحقيق الأهداف " بين أفراد المجتمع .. والجانب الأكبر منهم يدخل في فئة الشباب .. ومثال ذلك ـ وكما سيأتي في صفحات هذه الورقة من عرض لمعطيات ذلك المشروع ـ أنه قد تم التركيز في مباحثه على قضايا العنف الاجتماعي والسياسي ، ومشكلات غياب القدوة ، وتدهور التعليم وأساليب التنشئة الاجتماعية والسيكولوجية ، والفهم المنقوص للدين والتدين ، والإحباط ومعاناة القهر والقمع ، وجرائم العنف البدني ، ودراما العنف وسلوك الأطفال ، والعنف في العلاقات الأسرية ، والعنف والتفكك الأسري ، والحركات الدينية والاغتراب وغيرها , وهي من أهم قضايا الشباب المثارة في الوقت الحاضر .

لقد كان من المنطقي أن تأتي المستخلصات والمقترحات في النتائج العامة التي خلصت إليها البحوث النظرية والميدانية في هذا

المشروع معنية بالتصدي لتنامي العنف في المجتمع المعاصر الذي يكون الشباب الجانب الأكبر في تركيبه السكاني ، كما يكون بالطبع الفئة الأكثر معانات لمستحدثاته ولضغوطاته ، والأكثر تغليباً أو إعمالا" للقوة " بين وسائل أو صور الفعل .

بقول آخر إن العنف يعتبر العنف ظاهرة ذات أولوية بارزة بين الظواهر الاجتماعية الثقافية والاقتصادية والسياسية المحلية والعالمية . ومن ثم فإن الباحثين الأنثروبولوجيين خليقون بالتصدي لفحص ظاهرة العنف ... أسبابها ومظاهرها ووسائل مواجهتها .

وتبين المادة العلمية التي بأيدينا عن تفشي ظواهر السلوك العنيف في كثير من الممارسات اليومية ، كما تبدو غلظة العلاقات ووسائل التعبير بين الأفراد واضحة في مجالات عديدة ، كما تبين المعلومات الأولية المتاحة عن ظهور أنواع من العنف لم تعهدها مجتمعاتنا التقليدية من قبل ، منها العنف السياسي ضد الحكومات ، وأجهزة الشرطة ، وأحزاب وأصحاب العقائد الأخرى : فيما عُرف بحركات التمرد أو التطرف أو التخارج أو حوادث الشغب . ويمكن القول بأن ظواهر العنف تتعدد وتتسع

في الوقت الراهن لتشمل علاقات العمل والعلاقات الأسرية ، وبين جموع الطلاب وأبناء الجيرة والجماعات المختلفة . وهي ظواهر سلبية لم يقتصر وجودها فقط في البيئات الاجتماعية متدنية المستوى " الفقيرة " ، وإنما تعدتها في كثير من الحالات إلى أحياء ومناطق ذات مستوى اجتماعي مرتفع .

ومن المفهوم أن الدراسة المتعمقة لمثل هذه الظاهرة المتعددة الأبعاد هي بالضرورة دراسة تكاملية تعني بالجوانب الاجتماعية والنفسية والسياسية والاقتصادية المكونة لها ، وذلك للوصول إلى إجابات تفصيلية دقيقة حول التساؤلات التالية :

1- هل فعلاً هناك اتجاه نحو زيادة الممارسات العنيفة في المجتمع ؟

2- هل تتفاوت هذه الممارسات بتفاوت المستوى الاقتصادي والاجتماعي والتعليمي للأفراد ؟

3- هل تختلف باختلاف السن والجنس للفرد ؟

4- ما هي وجهة نظر المجتمع في ظاهرة العنف وما تفسيره لها ؟

5- هل هناك سمات شخصية خاصة تميز الشخص مرتكب العنف ؟

6- ما هي الآثار المترتبة على الممارسات العنيفة من وجهة نظر أفراد المجتمع من النواحي الاقتصادية والاجتماعية والأسرية والنفسية ؟

7- ما هي الأساليب المتبعة حالياً في مقاومة العنف الأساليب الرسمية وغير الرسمية ؟

8- ما هو تقويم المجتمع لمدى كفاية هذه الأساليب ؟

9- كيفية مواجهة هذه الظاهرة كما يراها المجتمع والمسئولين ؟

ولعله من المنطقي أن تعني الدراسات الأنثروبولوجيا الحقلية التكاملية والمركزة حول ظاهرة العنف بفحص الفرضيات المبينة فيما يأتي على وجه الخصوص .

أولاً ـ دراسة أنماط العنف المساندة في المجتمع المعاصر ـ مراجعة نظرية ـ وبخاصة في النواحي الآتية :

1- الثقافة والشخصية ومفهوم العنف بين الثقافات الفرعية المتمايزة .

2- العنف كأسلوب في التعبير عن الرجولة .

3- العنف تعبيراً عن الرفض الخلقي .

4- العنف تعبيراً عن الرفض السياسي .

5- العنف تعبيراً عن الأزمة الاقتصادية .

6- العنف من أجل السيطرة .

7- العنف في الحوار العرقي .

8- العنف في الحوار الطبقي .

ثانياً ــ دراسة ميدانية مركزة لبعض صور العنف :

1- تدني الحرص على التجمل في التعبير والسلوكيات .

2- سرعة الاستثارة والتعارك.

3- الاعتداء على الممتلكات العامة .

4- الجهر بالسلوك الإجرامي .

5- العنف في الحوار السياسي .

6- العنف في التعامل مع أصحاب العقائد الأخرى .

7- العنف وتفكك العلاقات العائلية .

8- العنف بين الجماعات الطلابية

9- العنف في التجمعات الطارئة (الأسواق – التجمعات الرياضية – وسائل النقل ... الخ).

10- العنف في علاقات العمل .

11- العنف بين جماعات الجوار (القرى – القبائل – الأحياء السكنية) .

12- العنف بين أعضاء الجماعات المنظمة .

13- العنف في العلاقات العرقية .

ثالثاً – الفروض الموجهة في مجال التعرف على ظاهرة العنف وتفسيرها :

1- العنف كأسلوب حياة في بعض الثقافات الفرعية .

2- العنف في ثقافة الفقر .

3- ارتباط العنف بالتحضر الزائد .

4- التنشئة الاجتماعية والميل إلى العنف .

5- الإعلام وأثره في ممارسة العنف .

6- التعصب والتحامل العرقي .

7- التعصب والتحامل الديني (التدين المنقوص) .

8- تخلف التعليم في مجال الفنون والآداب .

9- تضارب المعايير .

10-رؤية الذات والإحباط والتطلعات الزائدة .

11-الهجرة والانفصال الأسري والعلاقات الأسرية غير الحميمة .

12-المشكلة الاقتصادية والأعمال الهامشية غير المشروعة .

13-وباء المخدرات .

14- تخلف إمكانيات وأساليب قضاء وقت الفراغ .

15- سوسيولوجية وسيكولوجية التزاحم والزحام .

16- ضعف ميكانيزمات الضبط الاجتماعي .

ومما لا شك فيه أن صياغة البرامج التطبيقية في مواجهة ظاهرة العنف وصوره المتنامية المدى والآثار المدمرة في عالمنا المعاصر ، إنما تستتبع العكوف على تتبع التطور التاريخي لهذه الظاهرة المتشظية ، وتحديد المداخل الثقافية والاجتماعية والاقتصادية والسياسية في

مواجهتها ، وذلك في الوقت الذي تتعدد فيه صور العنف وينابيعه الداخلية والخارجية .. الوطنية وغير الوطنية .

ولعله من البديهي أن تقصي كل تلك التساؤلات والافتراضات ـ والقيام بالمراجعات النظرية والدراسات الحقلية حول الجوانب الاجتماعية والثقافية والاقتصادية والسياسية المحلية والعالمية في ظاهرة تنامي العنف في المجتمع المعاصر ـ إنما يتطلب الكثير ، وقد جاء المشروع البحثي الذي أجرى في جامعة الإسكندرية بإشراف مقدم هذا البحث وبالتعاون مع مجموعة من ا لباحثين المتخصصين في العلوم الاجتماعية (الأنثروبولوجيا ، وعلم الاجتماع والخدمة الاجتماعية ، وعلم النفس) محاولة في هذا الاتجاه .

وقد أجريت في هذا المشروع عدة دراسات مركزة حول ظاهرة العنف في المجتمع المصري المعاصر جاءت على النحو الآتي :

أولاً ـ مراجعة نظرية حول ظاهرة العنف في المجتمع المعاصر .

ثانياً ـ جرائم الثمانينات ـ دراسة تحليلية لتطور أشكال الجريمة في المجتمع المصري .

ثالثاً – التطرف والعنف في المجتمع المصري .

رابعاً – أفلام العنف وسلوك الأطفال – دراسة ميدانية على عينة من أطفال ما قبل المدرسة .

خامساً – حول تقصي بروز ظاهرة العنف في الصحافة المصرية .

سادساً – التدين المنقوص والاغتراب في الحركات الدينية المستحدثة

الدراسة الأولى :

" مراجعة نظرية حول ظاهرة العنف في المجتمع المعاصر " : (*)

وقد عنى البحث ببيان قدم ظاهرة العنف في تاريخ الإنسان وتضمن تعريفاً بهذه الظاهرة ، وقد خلص إلى بيان مدى بروز العنف في الأنماط المجتمعية أو المؤكدة للحياة ، والمجتمعات العدوانية ، والمجتمعات المدمرة ، وظاهرة العنف كسمة في بعض الثقافات الفرعية أو الفئات العرقية ، وظاهرة الاحتجاج السياسي والتمرد في المجتمع الحديث ، وأنماط العنف والصراع المعاصر ، والتداخل بين صور العنف

(*) قام هذه الدراسة الأستاذ الدكتور عبد المنعم محمد بدر الأستاذ المنتدب بالمعهد العالي للخدمة الاجتماعية بكفر الشيخ .

والسلوك الإجرامي والصراعات السياسية والعنصرية وانعكاس هذه الظاهرة في الآداب والفنون وبخاصة في السينما والتلفزيون .

في مفهوم العنف :

العنف Violence ظاهرة Phenomenon ومشكلة Problem . فهو من الجانب الأول تنطبق عليه كل سمات الظاهرة الاجتماعية Phenomenon Social كما بيّنها عالم الاجتماع الفرنسي إميل دوركايم Durkheim Emile , وهو على الجانب الآخر مشكلة اجتماعية Social Problem تعني الخروج عن المألوف والمعتاد وتتسم بالنسبية Relativity وتتطلب المواجهة .

في الجانب الأول (جانب الظاهرة) يمكن القول إن العنف إنساني وعام وجبري (مفروض) وتلقائي وقديم قدم البشرية ذاتها ، وأن سجل تاريخ بني البشر قد حفل – ومازال – بقوائم متعاظمة لأحداث العنف التي بدأ – في أبشع أبعادها – مع بداية البشرية ، وستستمر طالما بقيت الحياة وما قتل قابيل لهابيل إلا بداية غير سعيدة في هذا الخضم ..

وعند هذا الحد فإنه يبدو من قبيل المبالغة التحدث عن نظم أو استراتيجيات وسياسات وبرامج من شأنها القضاء (كلية) على ظاهرة العنف وإنما الممكن فقط مواجهتها لتقليم أظافرها والحد من فعاليتها ..

والعنف ــ على الجانب الآخر ــ يتسم بالنسبية ويختلف ــ شكلاً وكماً وكيفاً ــ بالاختلاف الزماني واختلاف المكان وتنوع الظروف . وإذا كانت صفحات التاريخ تكشف عن أن العنف قد مورس فعلاً في كل العصور ، فإن التحليل المدقق لهذه الصفحات يبين أنه قد أستخدم بأشكال متنوعة ودرجات متفاوتة ، وكان شكله ومداه يتحددان طبقاً لآليات الوضع الاجتماعي عامة والسياسي خاصة .)[1]

إن هذه النسبية في النظر إلى العنف قد تتضح بجلاء أكثر لو نظرنا إليه من زاوية مركبة . وبالإشارة إلى العنف السياسي (الذي

_____

(1) لمزيد من التفصيل ارجع إلى :

حنين توفيق : العنف السياسي في مصر بين احتمالات الاستيعاب وامكانات المواجهة في " مصر وتحديات التسعينيات " . أعمال المؤتمر السنوي الثالث للبحوث السياسة مركز البحوث والدراسات السياسية ، كلية الاقتصاد والعلوم السياسية ، جامعة القاهرة ، 1991 .

ستتضح بعض معالمه في الفقرات القليلة القادمة) فإن مرتكبه يمكن أن يُعد بطلاً إذا وصل إلى هدفه واستولى على تقاليد السلطة ، إلا أنه يمكن أن يُعد خائناً ومجرماً إذا فشل في تحقيق أهداف فعلته وسقط في يد القائمين على الحكم . إن المرتكب هنا شخص واحد ، ولكنه بطل مغوار أو مجرم خائن حسب ما تؤول إليه الأحوال والظروف .

التعريف بالعنف :

فإذا أخذنا كل هذا في اعتبارنا ورحنا ننقب عن تعريف محدد للعنف ، وجدنا أنه من المناسب في هذا المقام – ومنذ البداية – توضيح أن التعريف الجامع المانع المأمول الوصول إليه ليس بالأمر الهين . ففي أمور مثل هذه عادةً ما ينطلق كل من تفكيره ليعبر عن الظروف العينية التي يتعايش معها – ومن قبلها الخلفية الاجتماعية والثقافية والسياسية الخاصة التي تأثر بها .. وهذا بطبيعة الحال إلى جانب نسبية الأشياء التي أشرنا إليها سريعاً على النحو ..

وبادئ ذي بدء فإنه يمكننا الإشارة إلى العنف باعتباره فرض شئ ما بالقوة لم يستطع الفاعل فرضه بغيرها . أو أنه عبارة عن الممارسات

التي تتضمن استخداماً فعلياً للقوة لتحقيق هدف عجز مرتكبوها عن الوصول إليه بغيرها . أو أنه ـ بصيغة أخرى ـ إدارة الحوار بالصفعات واللكمات والركلات والطعنات والمقذوفات والطلقات والإيذاءات والإهانات والتعذيب والسياط والقتل .. وما يدور في فلكه , بدلاً من إدارته بالكلمات والجمل ومقارعة الحجة بالحجة .

أما إذا اتجهنا صوب البحث عن تعريفات محددة له (العنف) فيصادفنا على التو بعض منها يمكن الإشارة إليه باختصار على الوجه الآتي : فالعنف لغة ـ عند الرازي (في مختار الصحاح) ـ نقطة تأتي ضد الرفق والرفق هو الرحمة والرحمة هي الرقة والعطف والشفقة .

وهو عند وولن Wolin [1] استخدام القوة أو إقحامها بشكل مكثف وتدميري بلا داع أو مبرر وبدون ضرورة ، وبصورة لا يمكن التنبؤ بنتائجها . أو أنه ـ بصيغة أخرى ـ استخدام فظ ومدمر للقوة ، يستعصى على التنبؤ ، ولا يستند إلى الضرورة المطلقة .

---

[1] لزيادة إيضاح في الأمور القانونية والجنائية يمكن الرجوع إلى : عبد الرحيم صدقي : الإرهاب السياسي والقانون الجنائي ـ دار النهضة العربية ـ القاهرة ، 1985 .

وهو – عند كل من جرا هام Graham وجور Gurr [2] – يعرف بمظاهره ، وعلى أساسه أن المفردات مثل القوة والاحتجاج والاعتراض من ناحية ، والشرعية Legitimacy من ناحية أخرى تُستخدم بطرق متنوعة كمترادفات للعنف وذلك بالرجوع إلى من يستخدم العنف نفسه (... عودة إلى النسبية) . كما أنه – عند هورنستين Hornstein [3]- سلوك موجه لابتلاء آخرين بأضرار بدنية أو تدير لممتلكاتهم . وفي هذا الصدد فإنه ينبغي توضيح أن مجرد التلويح – فضلاً عن التهديد – باستخدام القوة لإجبار أو إرغام أو إكراه آخرين على فعل لا ينبغي أصلاً فعله إنما يدخل أيضاً تحت مقولة العنف .

في أشكال العنف :

الذي يمكن رصده في الغالبية من التعريفات السابقة هو أنها تتفق في مجملها تجاه التركيز على عناصر بعينها تبرز لتشكل مقولة العنف التي تتمثل أساساً في :

---

(2) Wolin, sholdon: Polities and vision. Boston, Little Brown and company, 1980

(3) Graham, Hugh Davis and Ted T. gurr: the History for violence in America. New York, Bavlam Books , 1979.

- الاستخدام الغاشم للقوة – أو التهديد أو التلويح بها .

- الإجبار والإكراه للآخرين .

- إيذاء الآخرين – بدنياً أو نفسياً أو اجتماعياً.

- مشروعية / لا مشروعية هذا الاستخدام والإجبار والإيذاء

.

فإذا ما ذكرنا مقولة المشروعية وعدم المشروعية نكون قد وصلنا إلى قلب الحديث عن أنواع وأشكال العنف ومظاهره . ومظاهر العنف كثيرة ومتنوعة ويمكن النظر إليها من نواح شتى . إلا أنه في كل الأحوال ، ومهما تعددت وتنوعت وتجاذبت وتنافرت أشكال العنف ، فإنه لا يخفي على الباحث المدقق مدى التداخل ، والتشابك بينها جميعا وإلى الدرجة التي قد يصعب فك اشتباكها بحيث تكون الحدود الفاصلة بينها وهمية في كثر من الأحيان . وعلى أية حال فإنه يمكن وضع أيدينا على دائرية العنف في الشكل الآتي والذي يتضح منه أن هناك ما يمكن تسميته بالعنف الإيجابي والعنف السلبي ، والعنف العاطفي والعنف الرشيد ، والعنف الشعبي والعنف الحكومي ، والعنف المشروع والعنف غير

المشروع ، والعنف الاجتماعي والعنف السياسي وجميعها – مع غيرها –

يدخل في إطار العنف والعنف المضاد .

العنف الإيجابي والعنف السلبي :

قد يأخذ العنف شكلاً إيجابياً فعالاً فاعلاً أو شكلاً سلبياً غير فعال

بشكل مباشرة إن أمكن أن يكون فعالاً بشكل غير مباشرة وعلى المدى

البعيد . المثال في الجانب الأول يتمثل في الدخول بالعنف إلى مرحلة

التنفيذ واستخدام القوة والإكراه والإجبار الذي يصل عادةً إلى حد الإيذاء

(المادي أو المعنوي) للوصول إلى هدف معين ، مثاله سرقة بالإكراه

وانتزاع والاعترافات عن طريق التعذيب والتهديد ... وهكذا . وعلى

الجانب الآخر قد يتخذ العنف جانباً سالباً عندما يتجه في وصوله إلى هدفه

المنشود باستخدام اتجاه اللاعنف (Nonviolence) والذي يتمثل أساساً

في المسيرات والاحتجاجات والإعتصامات بل والعصيان والتمرد (الرشيد

) كذلك ، وفي هذا الصدد فإن تقليب صفحات التاريخ يكشف لنا عن فعالية

استخدام منهج اللاعنف في تحقيق الأهداف ، والتي يمكن أن نتوقف فيها

عند المقاومة السلبية للحكيم اليوناني سقراط Socrates (القرن الخامس

قبل الميلاد) وعيسى نبي الله عليه السلام (مع بداية التاريخ الميلادي) وغاندي الهندي في التاريخ المعاصر .

العنف العاطفي والعنف الرشيد :

فإذا ما وصلنا إلى قول كلمة عن العنف العاطفي والعنف الرشيد (أو العنف الرشيد أو العنف غير الرشيد) نود لو وضعنا تحفظاً مبدئياً مؤداه أنه يصعب تقبل أن يكون هناك عنف ويكون رشيداً في نفس الوقت أنهما ضدان ، ويصعب وبلغة المنطق الصوري فإنه لا يمكن الجمع بين الأضداد . إن كل ما في الأمر أن يكون (العنف) رشيداً – بشكل نسبي – حال مقارنته بالعنف العاطفي الأهوج الذي يسير عشوائياً ويدمر في أي اتجاه وبلا حسابات لما يمكن أن ينتج من مخاطر قد تصل إلى حد المآسي .

إن المفكرين الضالعين في الفكر السياسي يرون أن العنف الرشيد أكثر عملية ، يمتلك إطاراً واضحاً يحتوي بداخله على الأهداف التي يسعى إلى تحقيقها ، لما يحتوي على الوسائل التي يمكن استخدامها في هذا الاتجاه . وفي الوقت نفسه فإن أصحاب هذا النمط من العنف عادةً ما يكونون على دراجة تعليمية وتثقيفية ملائمة ودرجة أعلى من الوعي

السياسي والفهم الاقتصادي ، والإدراك الأوضح لطبيعة أدوارهم في مواجهة أدوار الآخرين . وفي المقابل فإن العنف العاطفي (غير الرشيد) إنما يستخدم للتفريج عن أو لتفريغ بعض التوترات ، ويكون غير واضح المنهج والاتجاه – أكثر نظرية ، ويتسم أصحابه بعدم العمق ومحدودية الوعي عامة .

العنف الشعبي والعنف الحكومي :

وعند منعطف العنف الحكومي والعنف الشعبي لا نجد على وجه الإطلاق صعوبة في التمييز ، فكلاهما واضح حتى من مجرد اسمه . الأول – الشعبي – يمكن أن يتمثل في أعمال الشغب والتهديد والتخويف والإرهاب الموجه من أفراد أو جماعات إلى أفراد أو جماعات أخرى أو إلى النظام الحاكم ممثلاً في بعض رموزه . أما الثاني – الحكومي – فيمكن أن يتركز في ممارسة إجراءات الضبط الاجتماعي الرسمي ، ولكن بالشكل القاسي (غير الرشيد – أو حتى غير الشرعي) . وعلى وجه العموم فإنه في هذا النوع من العنف تمثل العقوبات كالحجز (التعسفي أساساً) والاعتقال والضرب والإهانة والتعذيب – الذي قد يصل إلى حد القتل.

العنف المشروع والعنف غير المشروع :

وتثير مقولة العنف المشروع والعنف غير المشروع قضية جدلية أخرى ، وخاصة أن كلا الطرفين – الفاعل والمفعول به – يعتقد أن الحق والشرعية معه . بالرجوع هنا إلى " نظرية العقد الاجتماعي Social Contract التي سيطرت على الفكر الفلسفي السياسي في العصر الحديث وركب قمته توماس هوبز Thomas Hobbes من جانب وجان جاك روسو Jean Jacques Rousseau من جانب آخر ، والذي يعتقد فيه القائمون على شئون الحكم – مع هوبز – أن " الإنسان ذئب لأخيه الإنسان Man is Wolf to Man ، وأنه لا بد من كبح جماحه , وأن الحكومة وحدها هي القادرة على هذا .. وعليه ينبغي أن يترك لها الحبل على الغارب باعتبار أنها أدرى بصالح الشعب من الشعب نفسه ، وأن الحكومة هنا – أو بالأخرى الحاكم مثله مثل الطبيب يشخص الداء ويصف الدواء – الذي قد يكون غير مستساغ : مُر مثلاً أو كريه الرائحة ، أو مؤلم : حال الحاجة إلى جراحة مثلاً .. وهو لا يفعل كل هذا إلا لمصلحة المريض =(الشعب) الذي قد لا يدركها لقصور رؤيته وإمكاناته ، بينما يدركها

الحاكم (الطبيب) بنفسه لأن الخيوط كلها بيده والإمكانات على اختلافها مكتملة له ومتاحة .. أنه هنا يشتد ليترحم ويغلظ ليعدل .. وهذا في نهاية الأمر عنف مشروع ورشيد – أو ينبغي أن يكون كذلك .. ومن هذا المنطلق فما على الشعب إلا المثول والطاعة – التي لا مانع من أن تكون عمياء .

وعلى الجانب الآخر يعتقد الشعب – مع روسو – أن الأفكار السابقة برمتها ما هي إلا بقايا من نظرية " الحكم الإلهي " يدعى فيها الحكم أنه يحكم بوحي من الله وعليه فهولا ينطق عن الهوى وبالتالي فذاته مقدسة .. إلى غير ذلك من الأفكار والتخريجات الضالة التي ينبغي أن تجد لها نهاية . والنهاية هي أنهم (الشعب مع روسو) يرون أن العلاقة بين الحاكم والمحكوم ليست إلا علاقة تعاقدية ، يتنازل فيها الشعب عن جزء من حريته وسلطاته ويضعها في يد الحاكم ليدير بها شئون الدولة لصالح الرعية . فإذا حاد الحاكم عن جادة الصواب – كأن يحول مسار الحكم لصالحه أو لصالح فئة بعينها .. وطغى وتجبر وتكبر أو كان عنيفاً كان من حق للمحكومين (الشعب) – أو حتى وجب عليهم – إنهاء العقد

بالطرق والوسائل التي يرونها مناسبة – حتى لو وصل الأمر إلى تفجير الثورة العارمة – وهذا أيضاً عنف مشروع .

العنف الاجتماعي والعنف السياسي :

تبقى الإشارة إلى شكل آخر – وليس أخيراً بطبيعة الحال – من أشكال العنف وهو الذي يشار إليه طبقاً للمجال الذي يتم فيه كأن يكون هناك ارتكاب عنف لأغراض اقتصادية (كمشادات في بورصة الأوراق المالية ، أو تنافس (مشروع) ، ينقلب إلى تصارع (لا مشروع غير شريف .. وعنف لأغراض اجتماعية كالتنافس / التصارع على فتاة ، أو الخلافات الزوجية وما ينتج عنها من مخرجات مأساوية ، أو السعي للفوز بمنصب ما أو خدمة بعينها .. أو عنف لأغراض ثقافية ودينية كمحاولة فرض أفكار أو سلوكيات أو ممارسات بالقوة .. أو عنف لأغراض سياسة تهدف إلى تعديل مسار الحكم أو حتى الاستيلاء عليه .. هكذا

أسباب العنف :

وإذا كانت أنواع وأشكال ومظاهر العنف كثيرة ومتنوعة ـ ومتداخلة بتشابك ، فإن دوافعه وأسبابه كذلك . فهو من الظواهر المشكلة المركبة والغاية في التعقد والتي يصعب تفسيرها بعامل واحد . أنه لا يتعلق بسبب معين ، وإنما تتضافر في نسجه عدة عوامل لتشكل لحمته وسداه . وهو في إجماله يرجع ـ بشكل مبدئي ـ إلى مجموعة من الاختلافات والتناقضات الكائنة في الأبنية الشخصية والاقتصادية والاجتماعية والثقافية والسياسة والإدارية بالمجتمع وذلك نمط العلاقات بالخارج .. (9)

الأسباب الشخصية :

والأسباب الشخصية تتعلق أصلاً بالعوامل المرتبطة بدا خليات الشخص (Intra individual influences) مثل التأثيرات البيولوجية كالعيوب الخلقية وزيادة الإفرازات أو قلتها وتعطل بعض الوظائف الحيوية ، كما تدخل في بابه تلك التأثيرات المتعلقة بالشخصية (Personality) والتنشئة الاجتماعية (socialization) وحزمها وتشددها أو تسامحها وتساهلها ودرجة حب الطفل وكذلك إشعاره بالمكانة الاجتماعية (Social

(Status) والتعالي أو التواضع .. وهكذا وغني عن البيان أنه قد كمثر البحث عن العدوانية الفطرية الموروثة للإنسان ، والتي وصلت إلى اعتبار بعض الإنسان عنيفاً بطبعه ، وأنه ينطلق إلى هذا من الرغبة في البقاء والحفاظ على نفسه .. وبطبيعة الحال فإنه ليس بخاف أن تأثير الغرائز يختلف – في مداه – من شخص إلى آخر من جهة وطبقاً أيضاً للظروف المحيطة التي قد تثير هذه الغرائز أو تحبطها – من جهة أخرى .

وعلى الجانب الآخر فإن علم النفس التحليلي الذي ركب قمته سيجمند فرويد S. Freud قد انتهى إلى أن أساس الحياة هو الموت ، وأن كل إنسان لديه نزعة فطرية تدميرية قد تصل به حتى إلى تدمير نفسه بدافع العودة مرة أخرى إلى الأرض التي جاء (خلق) منها الأصل .

وصحيح أن اتجاه الغرائز في تفسير السلوك قد عفي عليه الزمن وقد أصبح غير متقبل من جهة علماء النفس المعاصرين بعد أن فجر جدلاً واسع النطاق ، ولكن صحيح أيضاً أنه ما زال ينير الطريق أمام احتمال لتفسير كان متقبلاً وضرورياً للعنف – خاصة وان اتجاهات أخرى (اجتماعية) قد أتت مؤيدة في هذا المجال وتمثل أهمها فيما جاء به عالم

الإجرام شيزار لومبروزو C.Lombroso حين لم يتحمس لوجود عوامل نفسية أو بيئية لها وزنها في تكوين مرتكب العنف ، وحين وضح أن التكوين البيولوجية يمثل حجر الزاوية عنده .)1(

من زاوية أخرى أثبتت العديد من الدراسات أن هناك من الشخصيات ما يمكن أن يطلق عليها شخصية تطلعيه تسلطية ـ أو سلطوية بالفطرة ، تتسم بالميل إلى العدوان والعنف . تقف ضد أي اتجاه ديموقراطي وتعارض ـ بل وتعاقب (حال تملكها) ـ كل من يميل إلى التسامح .

هناك أيضاً مدخل الشخصية المحبطة (Frustrated personality) أو القابلة للإحباط 0 والإحباط السريع ـ أكثر من غيرها ، والذي يرى فيه أن السلوك الهادف الذي يحيط سوف يقود إلى العدوان ـ من أجل التنفيس عن الطاقة المكبوتة .

---

(1) يمكن الرجوع في هذا المجال إلى :

- Theodorson, G. and a. Theodorson: Modern Dictionary of Sociology Thomas Crowell C., New York, 1979. p. 235.
- Lombroseo, C.: Crime Its Causes and Remedies. Little, Brown, Bostonn. 1911.

وهناك أيضاً الشخصية المتأثرة ، سهلة الإثارة وسهلة القيادة ، والتي تتأثر بمشاهدة نماذج العنف المتضمن في حياتنا اليومية عامة وبعض النماذج الإعلامية ـ من أفلام ومسرحيات وتمثيليات خاصة ، وذلك إلى جانب تغطية أخبار الأحداث والحوادث العنيفة وأعمال الشغب والحروب والاغتيالات ومحاولات الاعتداء والسرقات ... الخ .

وبقدر ما في هذا الاتجاه من صدق بقدر ما يحاط ببعض التحفظات على اعتبار أن هناك الملايين من البالغين والأطفال الذين يتعرضون لمثل هذه المؤثرات ويبقون بعيدين كل البعد عن ممارسة العنف . فقط قلة منهم هي التي تثار وقلة من الذين يثارون ينزلقون إلى مهاوى العنف ـ متأثرين بعوامل أخرى ـ إضافة ـ على أية حال ، حيث ثبت أن الكثيرين منهم غالباً من المحيطين .

الأسباب الاقتصادية :

وإذا كنا قد توقفنا طويلاً عند العوامل الشخصية فلأنها على علاقة وثيقة بكل ما سيليها من عوامل مؤثرة في أحداث العنف . فالظروف المحيطة ـ اقتصادية كانت أم اجتماعية أم ثقافية وسياسية (والى جانب

العوامل الفطرية الموروثة – بل والمكتسبة – بطبيعة الحال) هي التي تضع اللمسات النهائية للشخصية وتضع لها توجهاتها .

وعلى وجه العموم فإن العوامل الاقتصادية المؤثرة يمكن أن تتمثل في أمور كالبطالة (فعلية سافرة Unemployment ومقنعة Underemployment وانخفاض الدخول وعدم نموها نمواً فعليا والغلاء وارتفاع الأسعار ، والتضخم ، وانكماش الناتج القومي ، وتراجع معدلات الاستثمار ،وعدم كفاءة المؤسسات المالية ، وسوء إدارة التجارة الداخلية والخارجية ، وتدني قيمة العملة المحلية (القيمة الشرائية) ، وتنامي الدخول الطفيلية ، والتهرب الضريبي والجمركي .. أو إلى آخر ما يطلق عليه الباحث حسنين توفيق (12) " أزمة التنمية " . والذي يُقصد بها بطبيعة الحال اللاتنمية أو تنفي معدلاتها بوجه عام .

الأسباب الاجتماعية

ويتعلق بالأسباب الاقتصادية ويرتبط بها الأسباب الاجتماعية التي تتداخل معها في كثير من المواقع ، ويمكن تمثلها – من جهة اجتماعية / اقتصادية في أمور كالانفتاح الاقتصادي على الخارج ، وميل الميزان

التجاري لغير الصالح الوطني ، وظهور أنماط استهلاكية مستفزة (في مقابل الفقر المدقع والحرمان القاسي على الطرف الآخر) ، وعدم توزيع الثروة بطريقة عادلة ــ وتفاوت الدخول الفردية بشكل حاد ، واتساع دائرة الغني للذين هم في أعلى درجات السلم الطبقي ، واتساع دائرة الفقر للسع الذين يقبعون أسفله .. كما يمكن أن تتمثل أيضاً ــ من وجهة نظر اجتماعية أساساً ــ في أبعاد مثل تدني مستويات المعيشة (وخاصة من الناحية الغذائية) ، وتراجع مستويات الخدمات في عمومها وعلى رأسها الخدمات الإسكانية (والمرافق) والمواصلات والخدمات التعليمية والصحية .. وذلك إلى جانب تمثلها في أمور اجتماعية بحتة كانقلاب الهرم الطبقي رأساً على عقب ، وتحرك الطبقة الوسطى إلى أسفل ، وبالتالي اتساع وقعة الطبقة الدنيا .. مردودها متضائل للغاية .. وعلمياً ، عندما تتنافر ــ بل وتتضاد ــ المدخلات بشكل صارخ مع المخرجات ، يطفو على السطح الإحباط ، يتضح الغضب ويتفجر ويجد العنف له طريقاً ــ كواحد من البدائل التنفسية التوازنية الدفاعية .

الأسباب الثقافية :

مفهوم مسبقاً أن الثقافة في المفهوم التقليدي (عند إدوار تيلور E.Tylot [15] هي تلك الكل المعقد والمركب من المعرفة والمعتقدات والفن والأخلاقيات والقانون والعادات والتقاليد وكل ما صنعه الإنسان ينظم به حياته كعضو في مجتمع .. أنها طريقة حياة الجماعة كما صنعتها في بيئتها متضمنة كل المنتجات المادية وغير المادية التي تنتقل من جيل إلى جيل [16] وهي التراث الإنساني الذي يتوارث بنماء – من جيل إلى آخر ، يتأثر ويؤثر فيه ، يعتز به بل ويتعصب له في الأغلب الأعم من الأحيان .

وعلى أية حال ، تتمثل الدوافع والأسباب الثقافية في أمور مثل الاغتراب الثقافي (Caltural amony) – أو البعد عن التراث الأصيل للمجتمع ، سواء كان هذا عن طريق تأثيرات التغريب (Westernization) – المتأمرك بالذات (Americanization) بمعنى في أحضان الغرب عامة والولايات المتحدة الأمريكية خاصة ، أو عن طريق التشريق (Easternization) – أو التعاطف والتحالف مع الكتلة الشرقية تحت قيادة الاتحاد السوفيتي وعضوية دول المعسكر

الشرقي (يوم أن كان العالم تتنازعه كتلتان أساسيتان لا ثالث لهما) ومهما كانت متوهمات تجمع دول عدم الإنحياز (وهذا سيعاد الإشارة إليه في قالب الدوافع والأسباب السياسية – تالياً) .

وإذا كان الدين (المعتقد) هو أحد أهم محاور الأسباب الثقافية فإن المساس به (سلباً) قد يفجر أحداث العنف بدوي هائل ، وبحيث يزداد العنف حدة كلما كانت الشحنة الدينية أقوى ، يحدث هذا – كما في رأي خليل عبد الكريم (17) . من سيطرة فكرتين محورتين وهما : الحقيقة المطلقة الأولى مؤداها اعتقاد أصحاب كل ملة أنهم وحدهم هم الذي اصطفاهم ربهم وميزهم واختارهم لهداية البشرية أما الثانية فتتمثل اعتقاد المنتمين إلى الملة بأنهم هم وحدهم الذين يملكون كل الحقيقة ، وأنهم دون غيرهم القادرون على تيسير كل الأمور وبالتالي ينبغي أن يكون لهم الهيمنة والغلبة . وإذا كان هذا لا علاج إلا السيف .. ويتفجر العنف .

الأسباب السياسية :

الأسباب السياسية المفجرة للعنف – يمكن أن نسير بها في اتجاهين اتجاه داخلي ، وآخر خارجي . ففيما يتعلق بالأسباب النابعة من الداخل فهي متشابكة بالتلاحم المشار إليه مع عوامل اجتماعية أساساً – يمكن الإشارة إلى أمور مثل الصراع (الطبقي أو الفئوي غالباً) بين الأشخاص والأشخاص , والأشخاص والجماعات والجماعات ، واستخدام المسئولين للسلطة بشكل غير رشيد ، وغياب الديموقراطية وغالباً (وبالتالي ، حضور الدكتاتورية والتسلطية ، أو حتى وجود الديموقراطية بشكل صوري وغير حقيقي وارتكاب نظام الحكم من منطلقها أموراً تفرغها من مضمونها – كفرض الأحكام العرفية ومن القوانين الاستثنائية (في وجود المؤسسات السيادية أو في غيابها ، وعدم السماح بقيام أحزاب بشكل عام أو أحزاب تجمعات أيديولوجية بعيها بشكل خاص ، وكذلك عدم السماح بتكوين نقابات أو اتحادات أو ما شابهها من تنظيمات سياسية ومهنية – أو حتى وجودها جميعا ولكن بشكل هامشي غير فعال لا يعبر عن نبض ومطالب الجماهير ، وبحيث ينطلق عليها مسمى "أحزاب الصحف " أو " النوادي السياسية " (18)

الدراسة الثانية :

وكانت الدراسة الثانية في مشروع بحث ظاهرة العنف في المجتمع السكندري بعنوان : جرائم الثمانينيات دراسة تحليلية لدور أشكال الجريمة فلي المجتمع المصري (من 1980 – 1989) . (*)

وقد ركزت بوجه خاص على تحليل المادة العلمية المتاحة حول جرائم العنف السلوكي وبدأت بتحديد مشكلة البحث على النحو الآتي :

مشكلة البحث :

أن الوقوع ضحية للجريمة ، شأن من شئون الناس ، وقد لا يمكن الظن بأن هناك سبيل للفكاك منه ، غير أن مسئولية المجتمع وكافة هيئاته ومنظماته ، تتحدد في البحث عن الكيفية وتدبير الآليات اللازمة للحد من الجريمة ، ومواجهة كافة أشكال السلوك المنحرف ، بدلاً من شيوع الخوف ، وضياع الإحساس بالأمن على النفس والمال ، الذي لا بد وأن

(*) قام بهذه الدراسة الأستاذ الدكتور / محروس محمود خليفة أستاذ الرعاية الاجتماعية المساعد بمعهد العلوم الاجتماعية – كلية الآداب – جامعة الإسكندرية
.

يكوّن من شأن شيوعه تفشي الفوضى ــ وضياع الاستقرار الاجتماعي الاقتصادي ــ بل ويستطيل حجم سلبيات الجريمة بأشكالها ليطول النظام السياسي للدولة ، عندما تصل إلى حالة العجز عن مواجهة الجريمة وآثارها الاجتماعية والنفسية ، وتسود آليات الفساد في المجتمع .

ولقد كان الهاجس المقلق الذي دفع الباحث لإجراء هذه الدراسة تطور حجم الجريمة في المجتمع المصري ، وزيادة أشكال العنف السلوكي المعبر عن نفسه في تفاقم أعداد المجرمين والضحايا على حد السواء .

ومن الواضح أن هناك تزايداً في حجم الجريمة ــ وضح خلال عقد الثمانينات ، والذي شهدت بدايته أعلى صور العنف السلوكي عندما طال رئيس الدولة رصاص الجناة ، وحوله كل أدوات الأمن والحراسة والانضباط ، وكان العنف قد عرف طريقه من قبل ــ في شكل عنف جماهيري خرج ليدمر هيبة الدولة وقوة أدواتها فيما عرف بأحداث يناير 1977 . ولا تمر سنوات ، إلا ويشهد المجتمع شكلاً آخر من أشكال عنف الجماهير ، فيما عرف بأحداث الأمن المركزي ، عندما حطمت المئات من جنود الأمن المركزي أسوار ما استقر الناس عليه من انه حماة أمن ،

وتحولوا فجأة إلى مهددين للأمن ، ولعب الأعلام دوره في صياغة هذه الأحداث بأنها " أحداث شعب " وشهدت حالة الأمن الجنائي من قبل منذ زمن بداية العقد أيضاً أحداث جساماً تحت ما سمى وقتها بالفتنة الطائفية في مناطق متعددة من إقليم الصعيد ومحافظات الوجه القبلي – والقاهرة .. الخ .

وبرزت على السطح جرائم قتل أخذت من الدين الإسلامي مسماها عندما ارتبطت بما يسمى جماعات العنف الديني (الإسلامي !!) والإسلام برئ منها ، غير أن أكثر ما يلفت الانتباه – بعيداً عن هذه الجرائم ذات المضمون الاجتماعي – السياسي ، انتشار وزيادة معدلات جرائم الاعتداء على الأنفس – على الحريات والحقوق المالية والعينية للناس سواء – طبعت هذه الجرائم بطابع الاعتداء على المال (العام والخاص) بمفهومه الضيق ، أو على الأنفس والحريات ، مستخدمة في ذلك طريقين برزا خلال عقد الثمانينات بصورة واضحة .

فمن ناحية أولى برزت جرائم العنف السلوكي متعددة في صورها وأشكالها من قتل إلى ضرب أفضى إلى موت الضحايا ، وهتك أعراض

واغتصاب وإشعال حرائق عمدية انتقاماً وثاراً وإلحاقاً للضرر بالخصوم ... الخ .

ومن ناحية ثانية ، تزايدت أشكال الجرائم الاعتداء على الأموال والحقوق متمثلة في زيادة جرائم الرشوة والاختلاس والسرقة والتزوير في المحررات والمستندات الرسمية والعرفية ونهب أموال الحكومة والقطاع العام . فضلاً عن أموال أحاد الناس .

ولا يخفي علينا ـ أن هذه الجرائم (العنف السلوكي ـ الاعتداء على الأموال) ليست وليدة اليوم ، لا ـ ولم تغب عن المجتمع المصري على مر السنين ، بل علنا نستطيع القول بلا تزيد ، أن هذه الجرائم أخف وطأة مما كان سائداً من خمسين سنة على سبيل المثال ، سواء من حيث الكم أو الكيف ، وإن ما يشغل البال اليوم هو حجم الجريمة واتساع نطاقها وشمولها وتشابك حلقاتها بصورة تهدد أمن الفرد والجماعة والمجتمع ككل .

ولعل ما لفت نظر الباحث ، أن صورة الجريمة ـ العنيفة سلوكياً ، وما يترتب عليها من إهدار حياة الآخرين أو التعرض لأعراضهم وشرفهم

، أو إهدار لأموالهم وملكياتهم بالسرقة والنهب ، والسعي لتكوين ثروات سريعة بالغش والخداع والنصب والاحتيال ، فضلاً عن نهب المال العام كل ذلك ، قد تزايد كماً وكيفاً خلال عقد الثمانينات .. مرتبطاً في تصورنا بآليات سلبية لسياسات الانفتاح الاقتصادي . ونحن نتفق تماماً مع ما ذهب إليه أحد الباحثين من أن للفساد وآلياته وآثاره الإنتشارية ومضاعفاته التي تؤثر على نسيج المجتمع ، وسلوكيات وقيم الأفراد .. وبالتالي التوصل إلى تفسير ما يمكن أن يكشف عن أسباب زيادة الجريمة ـ بمصطلح " مضاعف الفساد " الذي يعمل فعله في المجتمع ـ تماماً كما يتوقع أن يتولد عن الاستثمار الجيد بمضاعف الاستثمار ، وبالطبع ينتج عن " مضاعفات الفساد " خلل أخلاقي ونفسي واجتماعي يصيب الأفراد والقيم والسلوك ، حيث ينتج في النهاية مفاهيم وآليات محركة نحو السلوك المنحرف ، المبرر دائماً ، وحيث يتولى الأمر في النهاية لأن يفقد النظام هيبته ، ويتهدد الأمن الشخصي للأفراد ـ والأمن العام للمجتمع من كثرة اختزاله ـ وتتعدد أشكال الاختراق ، وما يصاحبه من عجز المجتمع عن المقاومة ـ أو ـ بزور آليات أخرى تدافع عن الفساد والانحراف ،

وتحميه ، خصوصاً إذا ما ارتبط الفساد والانحراف برموز تكون قريبة من مراكز السلطة ودوائر صنع القرار في المجتمع .

من هذا المنطلق ، تبنت هذه الدراسة فكرة محورية أساسها أن فهم حركة الجريمة في المجتمع لا يتم إلا من خلال كشف أبعادها ، والربط بينها وبين تنافر السلوك الإجرامي مع قيم المجتمع وذلك من خلال تحليل صور السلوك المحظورة جنائياً ، وذلك لأنها تتعارض بالدرجة الأولى مع قيم ومصالح الهيئة الاجتماعية ، والتي يحرص المجتمع على حمايتها من خلالا آلياته – القانون والشرطة ، والمؤسسات الاجتماعية الأخرى .

وقد خلصت دراسة الدكتور محروس محمود خليفة في مجال تحليل المادة العلمية المتاحة حول جرائم العنف السلوكي إلى الآتي :

إن العنف السلوكي – هو نمط من أنماط السلوك العنيف الذي يقوم به فرد ، من شأنه أن يحقق له هدفاً يبتغيه ، لم يكن ليتحقق أصلاً بدون استخدام العنف ويغلب في معظم الأحيان ، أن يؤدي ذلك العنف لإيقاع الضرر بالآخرين ، ضرر يصل إلى الإنسان المضرور (الضحية) فيصيبه في بدنه أو نفسه أو عقله ، وقد يكون الضرر بالغاً عندما يصل إلى حد

إحداث الموت في الضحية كما في جرائم القتل والضرب المفضي للموت ،

أو ضرراً آخر متمثلاً في الاعتداء على الأعراض والاغتصاب .

ولا شك أن السلوك العنيف ـ ظرف مشدد للعقوبة في جرائم الاعتداء على أحاد الناس ، لأنه يتضمن في حد ذاته قصداً ، وتوجيهاً لإرادة الفاعل نحو تحقيق إلحاق الأذى بالآخرين ، وإذا كان من شأن المجتمع في كل زمان ، أن يحمي مصالح أفراده فإن الاعتداء على هذه المصالح يعتبر إخلالاً بأهداف المجتمع ووظائفه ، لأن الأصل هو أن يكون الإنسان محلاً لحماية القانون حتى ولو كان على وشك الموت (كما في حالة المرض الميؤوس من شفائه) .

ففي جرائم القتل مثلاً ، يتمثل العنف في إزهاق روح إنسان بفعل إنسان آخر ، ونستطيع أن ندرك أنه فعل إرادي يزهق به المجرم روح إنسان آخر ، ويركن القاتل في سلوكه إلى أدوات وكيفيات في تنفيذ جريمته ، ويمكن أن يحدث القتل بمجرد بأن يهيئ الفاعل ظرفاً ينتج بوفاة الضحية (موتها) وبذلك يكون ناتج الجريمة داوماً إزهاق روح ، الضحية وحدوث حالة الوفاة على أثر النشاط الذي قام به المجرم ـ حتى ولو حدث

ذلك بعد فترة من الزمن ـ طالت أو قصرت ، إلا أن الوفاة تحدث من خلال علاقة سببية بين فعل المجرم ، وما حدث للضحية ، وهي إهدار لحق الإنسان في الحياة إهداراً أدى إلى فقدها على نحو تام . وبالطبع هناك قتل عمد ، وقتل خطأ ـ أي حدوث الموت للضحية فعلاً ـ مع التأكد بعدم قصد الفاعل أحداث حالة الموت لدى الضحية أو تبيت النية لتحقيق ذلك . هنا نقول أن تحديد مسئولية القاتل تبدو من خلال الربط بين وفاة الضحية وفعل الفاعل ـ بمعنى لزوم الفعل الجرمي لتحقيق النتيجة .

جرائم إيذاء البدن والاعتداء على سلامته :

تتعدد جرائم الاعتداء على سلامة البدن في أنواعها كالضرب أو الجرح أو حتى الوصول إلى تسبب الموت ، أو ينتج عنها العاهة المؤقتة أو المستديمة ، المهم فيما جميعا ، أنها صور من صور العنف السلوكي التي نهتم بها في دراستنا ، وهي تشترك كما يقول رجال القانون في أنها ذات ركن مادي واحد هو الفعل الذي يقع من الجاني ، ويترتب عليه المساس بسلامة بدن إنسان . بمعنى آخر تحقق هذه الجريمة آثارها بما

ينتج عنها من الضرب والجرح والتعدي أو الإيذاء أو إعطاء مواد ضارة ، والجرح مثلاً هو أحداث تمزق أنسجة الجسد كالقطوع والرضوض والكسور والتمزقات والكدمات والسجحات والتسلخات والحروق . ونلاحظ هنا أيضاً قيام علاقة السببية بين الفعل والنتيجة أي المساس بسلامة البدن .

وتتحدد المسئولية الجنائية فيها عندما يثبت توفر القصد الجنائي لدى مرتكب الفعل ، أي علمه بأن من شأن فعله المساس بسلامة جسم الضحية ، ومن المسلم به لدى فقهاء القانون أن هذه المسئولية تتسع لتجعل الجاني مسئولاً عن النتائج المحتملة لهذا الفعل حتى ولو لم يكن يقصدها ، فلو حدثت العاهة أو حتى ترتبت للوفاة بعد الضرب فإن المسئولية تقع على الجاني عند حدوث ذلك . ويدخل في مفهوم الإيذاء المؤدي لحدوث عامة كل فعل يقد ينتج عنه فقد الإبصار وبتر اليد أو القدم والشلل وفقد السمع ، وتمزق الطحال ، والإعاقة بمعصم اليد واتساع البُعد بين أسفل عظمتي الساق ، وتقصير الفخذ والفتق الجراحي ، وفقد بعض الأضلاع أو جزء من عظام الجمجمة .

أما في جريمة الضرب المفضي إلى الموت ، فالواضح أنه كل جرح أو ضرب عمدي ، وأفضى الفعل بعد ذلك إلى الموت ، بمعنى أن هذه النتيجة جاءت مباشرة لفعل الضرب . وعلى الرغم من أن النتيجة التي انتهت إليها الجريمة ، هي الوفاة ، إلا أن انصراف قصد المجرم هو المساس بسلامة جسد المجني عليه بفعل الضرب أو الجرح أو التعدي أو الإيذاء البدني ، غير أن الفعل يمكن في هذه الحالة أن يتجاوز قصده إلى نتيجة لم يقصدها .

جريمة الخطف

جريمة الخطف تعتبر جريمة من جرائم الاعتداء على الحرية الشخصية والأمن الشخصي للفرد ، ويُقصد بالأمن الشخصي ، تأمين حق الفرد في الذهاب والإياب والإقامة إلى حيث يريد وبالقدر الذي يريد ، ويتعرض هذا القدر للاعتداء إما من الفرد أو من السلطة العامة . وتقوم جريمة الخطب في القانون بثبوت حدوثها سواء كان محلها حديث الولادة أم صغير السن لم يصل إلى من السادسة عشر ، أو الأنثى التي لم يبلغ عمرها ست عشرة سنة كاملة . وأما عندما يتجاوز السن عمر المخطوف

بحيث يكون ست عشرة سنة كاملة فما بعد ذلك ، فهذه ليست من قبيل جرائم الخطف ، وإنما تتحول إلى جريمة قبض بدون وجه حق . والواضح من مسمى الجريمة الأولى أنها انتزاع للمخطوف من أيدي ذويه الذين لهم حق رعايته وقطع صلته بهم ، بإبعاده عن المكان الذي خطف منه . ووقوع الخطف بالإكراه ، يعني انتزاع المخطوف قسراً بفعل مادي بطال الجسد ، أو حتى بالتحليل عندما يكون المخطوف غير مميز بسبب حداثة السن أو وجود صعوبة تحول دون طلبه النجدة ، أما خطف أنثى فوق سن ست عشرة سنة ، فهي جريمة يُقصد منها في أغلب الأحوال العبث بالمخطوفة سواء تم بالقوة والإكراه أو التحايل ، وفي الحالة الأخيرة يكون القصد الجنائي واضحاً وهو العبث الجنسي بالمخطوفة عنفا.

جريمة هتك العرض والاغتصاب

تقع تلك الجريمة ضمن مجموعة جرائم الاعتداء على الحياء العام والآداب العامة والعرض ، وتستمد القاعدة القانونية تجريم هذه الأفعال من قواعد الدين والأخلاق والمثل العليا السائدة في المجتمع ، فيتدخل

القانون الجنائي في هذه الحالة لحماية الأخلاق وصيانة العرض وحفظ كرامة الفرد والمجتمع .

وتشمل مسألة العرض مجموعة كبيرة ، فهي ليست عرض الأنثى وهو مفهوم فردي يربط العرض بالفرد ذكراً أو أنثى ، وهو مفهوم يرتبط في الأذهان دائماً بالحق الواجب دون تفريط صاحبه فيه ، وغالباً ما يقع الاعتداء على العرض كرهاً ، في الوقت الذي تجب فيه صيانته من كل ممارسة جنسية غير مشروعة .

ويُفهم من هذا أن جريمة هتك العرض لا تقوم إلا إذا حدثت ممارسة جنسية بالإكراه أو بالتحايل ودون رضاء المجني عليه أو أن يكون غير مالك لأهلية الرضا .

وتتحقق جريمة الاغتصاب بشكل محدد في مواقعة أنثى بغير رضاها ، وهنا نجد أنفسنا إزاء فعل إجرامي يتم فيه العدوان على عرض الأنثى ، وإذا لم يتم فعل الاغتصاب (ومؤداه الإبلاج في الأنثى) فنحن نكون إزاء جريمة هتك عرض . وعلى ذلك فكل جريمة اعتداء جنسي بالقوة

والإكراه وعدم الرضا من المعتدي عليه ، تمثل في حد ذاتها جريمة هتك عرض .

الدراسة الثالثة :

أما الدراسة الثالثة التي نعرض لها في مجال التعريف بمعطيات مشروع بحث ظاهرة العنف في المجتمع السكندري فقد كان موضوعها : التطرف والعنف في المجتمع المصري ، وقد خلصت إلى الآتي :)*(

إن " التطرف Extremism " في أبسط معانيه هو الخروج عن القواعد الشفهية (العرف) أو المكتوبة (القانون) والقيم والأطر الفكرية والدستورية التي حددها وارتضاها المجتمع كتحديد لهويته ، وسمح من خلالها بالتحديد والحوار والمناقشة . وموضوع التطرف قد يكون فكرياً أو سلوكياً . ومن ناحية أخرى فالتطرف هو كلا نهايتي مقياس الاعتدال وليس بأحدهما فقط . ويتبع التطرف اتجاها عقلياً وحالة نفسية تسمى " بالتعصب Fanaticism " الجماعة التي ينتمي إليها . وفي حالة غياب

(*) قام بهذه الدراسة الأستاذ الدكتور محمد أحمد بيومي أستاذ ورئيس قسم الاجتماع كلية الآداب – جامعة الإسكندرية .

الحوار واللغة المشتركة فإن الدفاع المتشدد عن المبادئ التي يؤمن بها الفرد أو التي تؤمن بها الفكر أو السلوك " المتطرف " المشحون بصيغة " تعصبية " غالباً ما ينعزل تدريجيا عن الفكر السائد ، خاصة في الحالات التي يشعر أصحاب هذا الفكر أو السلوك يتحدى النظام الاجتماعي لهم أو في الحالات التي يمثلون فيها الأقلية ضد الأغلبية . وقد يصل التطرف إلى نهاية مقياس الاعتدال ــ إما بسبب شطط في الأفكار أو السلوك أو بسبب أساليب قمعية يقوم بها النظام ضد معتنقي هذا الفكر ــ ويتحول المتطرف من فكر أو سلوك مظهري إلى عمل سياسي ، وهنا يلجأ التطرف إلى استخدام وسيلة " العنف " Violence لتحقيق المبادئ التي يؤمن بها الفرد أو جماعته الدينية أو السياسية أو الفئوية . وعندما تستطيع " الجماعة المتطرفة " أن تحقق بعض الانتصارات . أو تمتلك وسائل العنف والقوة فإنها قد تلجأ ــ سواء على المستوى الفردي أو المجتمعي أو الدولي ــ إلى استخدام وسيلة الإرهاب Terrorism الفكري أو النفسي أو المادي ضد كل من يقف عقبة لتحقيق أهدافها .

لقد جاء اهتمام علم الاجتماع بدراسة ظاهرة التطرف انطلاقاً من اهتمامه بمشاكل التغير والثورة . ثم تطور هذا الاتجاه فيما بعد وعولجت ظواهر التطرف والعنف كنوع من " الاعتراض " العنصري ـ وفيما يعد الاقتصادي والسياسي للتمايزات الاجتماعية في " الحياة الاجتماعية " وفي أواخر الستينات ـ وخاصة بعد ثورة الطلاب في فرنسا (1976) بدأت دراسات العنف والتطرف تعالج كجزء من الحركات الاجتماعية وكجزء من ثقافة الشباب " أو ثورة الطلاب . ومما دعم هذا الاتجاه بروز الاتجاه الراديكالي واليساري الجديد بين جمهور الشباب . ويلاحظ قصور علم الاجتماع الديني في التصدي لمعالجة ظاهرة التطرف . فمعظم التحليلات التي يعتمد فيها في هذا المجال مستمدة أساساً من علوم اجتماعية أخرى خاصة علم الاجتماع السياسي ... إلا أننا نؤكد بالحاجة الماسة إلى وجود المزيد من الدراسات الشاملة التي تهتم بهذه الظواهر ، حيث أن الكثير من الحركات الثورية تتبع أساساً من التراث الديني ، وما زال العديد من الحركات الدينية في العالم الثالث يشكل المعارضة الحقيقة للأنظمة القائمة ، ومازالت هذه الحركات تدفع بالعديد من الشباب بأفكار

وموجهات عقائدية جديدة أو مستمدة من التراث ومن ثم تدفعهم تحمل مسؤولية تغير الواقع القائم .

إن ظاهرة التطرف ظاهرة عالمية تشمل العالم بأجمعه ولا تقتصر على قطر دون آخر ، ومن ثم فإن محاولة تشخيصها وعلاجها على أساس من الظروف المحلية فقط يفضي إلى خطأ في التشخيص وخلل في العلاج . ومن ناحية أخرى ، فإن هذه الظاهرة – أعني التطرف – ظاهرة قديمة قدم الإنسانية ذاتها. فما ظهر دين أو مذهب أو نظام وإلا كان من بين أعضاءه أو أنصاره متطرفون ومعتقلون . وتقع الخطورة في التطرف في القاعدة الفكرية والاقتصادية التي ينطلق منها ، كذلك درجة اتساعها ومدى التعاطف والتشجيع الذي يلقاه هؤلاء المتطرفون في بداية نشاطهم باعتبارهم مظهراً حياً من مظاهر الانبعاث الديني أو الصحوة الدينية ، ويصعب في كثير من الأحيان من رؤية مداخل التطرف والشطط ومظاهر العلاج والانحراف في منهج وأفكار وأسلوب بعضهم من الدعوى وأسلوب العمل. وأخيراً ، هذه الظاهرة لها أبعادها الاجتماعية والسياسية والدينية والنفسية . فهي ، إذن ، ظاهرة مركبة ومن ثم لا ينبغي أن يكون

تشخيصها وعلاجها منحصراً في إطار منظور واحد فقط مهما بدت له من أهمية واعتبار .

إن " التطرف " ظاهرة عامة تصيب كل المجتمعات الشرقي منها والغربي . وقد تبين أن ظهور هذه الظاهرة يرجع أساساً لابتعاد " الواقع " عن " المثال " وغياب التحديد الواضح " للهوية الحضارية " هنا بالإضافة إلى التفاوت الاقتصادي والاجتماعي والبحث عن " مخلص " من الأزمة الشخصية والمجتمعية .

ولا يمكن فهم التطرف ــ خاصة ما يعرف بالديني ــ إلا بفهم طبيعة التنظيمات الدينية التي هي " مخاض " لهذا الفكر . فمن خصائص هذه التنظيمات أن تفرض على أعضائها طريقة معينة في الحياة تهدف إلى النقاء الخلقي والروحي ، وفي نفس الوقت الإحساس بالهوية والذاتية والتمايز . وغالباً ما يتقبل الأفراد هذه " الأوامر " بدون مناقشة . أكثر من هذا ، فإن المتطلبات المفروضة من قبل هذه التنظيمات على الأعضاء تؤثر بشكل مباشر على الشخص بأكمله ، فقد يطلب من العضو الذي ينتمي إلى تنظيم ديني أن " يضحى " أو يتنازل عن حريته الشخصية فيما

يتعلق بممتلكاته المادية أو مشاعره أو واجباته الأسرية أو الاستمرار في عمل مستقر أو الامتناع عن بعض المتع الحسية . كذلك قد يطلب من العضو أن يعيد تصوره لعالمه النفسي وتصوراته الفكرية . وفي بعض الأحيان نجد أن هذه الأوامر المفروضة على الفرد قد تبلغ مداها . ولهذا يفرض التنظيم من العضو الانسحاب أو العزلة من الحياة الاجتماعية . وعندما يصطدم هذا التنظيم بالنظام القائم ، من ثم يبرز استخدام العنف لأهداف دينية أو سياسية . والحق أننا لا نجد مثل هذا الالتزام إلا في التنظيمات الدينية أو بعض التنظيمات السياسية خاصة السري منها .

وتمثل القيادة الدينية لهذه التنظيمات عنصراً هاماً وأساسها في تحديد درجة التطرف ومداه . فالملاحظ أن هذه القيادة قائمة على أساس " كر زماني " أي " سلطة ملهمة " . وهذا تكمن الخطورة ، فالقائد الذي يتصف بهذه الصفات الكرزمانية – سواء ادعاها هو بنفسه أو أضفاها الأعضاء والأتباع عليه – يتطلب الطاعة العمياء من اتباعه . وغالباً ما تكون اتجاهات هؤلاء القادة معادية للنظام القائم ، إما لطبيعتهم الثورية ، أو لما يعتنقونه من أفكار وبرامج تتسم بالراديكالية " أو لأن تجربتهم

الشخصية مع النظام القائم قد تميزت بالتحدي والمطاردة والتعذيب . كل هذا جعل هؤلاء القادة في موقف " مواجهة " إن لم يكن " خصومة " و " عداء " من النظام القائم ، ومن ثم يعملون على حث الأتباع إلى " المواجهة " التي غالباً ما تلجأ إلى العنف في مواجهة قوى النظام القائم .

أما عن الأعضاء الذين ينتمون إلى هذه التنظيمات والذين يتصفون فيما بعد " بالتطرف " فأغلبهم من " الشباب الحائر " الذي يبحث عن " بديل " يحقق له ذاتيته ويحقق له الراحة النفسية في مستقبل أفضل . ففي مقابل جموع الشباب الذي وجد " البديل التطرفي " في الانحلال الخلقي والمخدرات والجري وراء الفكر العلماني والتغريب ، نجد جماعات التنظيم الديني تحاول تقويم التراث الديني " كمحدد " للهوية الشخصية " دافعاً " للسيطرة على مقاليد القوة في المجتمع " وناقداً " للوعي الكاذب الذي تفرضه الاتجاهات العلمانية والإلحادية في المجتمع. إن انتماء هؤلاء الأشخاص لهذه التنظيمات يحقق ، إذن ، ما يفتقده أو يبحث عنه هؤلاء الشباب من انتماء وعلاقات بديلة افتقدوها في أسرهم ومجتمعاتهم .

وقد ظهرت الأفكار الدينية ــ والتي وصفت فيما بعد التطرف ــ في المجتمع المصري كنتيجة تلقائية للتطرف العلماني والمظهري الذي أصاب المجتمع المصري في بداية هذا القرن ، وحاولت الجماعة الدينية ــ الإخوان المسلمون ــ تغيير الواقع الاجتماعي نحو المثال الديني . وقد لجأت هذه الجماعة ــ مثلها في ذلك مثل الجماعات السياسية في ذلك الوقت ــ إلى استخدام العنف عندما اصطدمت بالنظام أو عندما أحس النظام بخطورتها. واستمر هذا الاتجاه ــ الارتباط بين الحركة الإصلاحية واستخدام العنف لتحقيق التغير أو المجتمع المنشود ــ حتى يومنا هذا ، وفي الآونة الأخيرة خاصة بعد هزيمة 1967 بدا العامل الديني في الظهور بعد حالة الكمون إلى حالة الشكل المظهري . وقد عملت القيادة السياسية في تلك المرحلة على "استثمار " هذا الدافع الديني لدى الشباب لتصفية التطرف الشيوعي في الجامعات إلا أن هذه التنظيمات الدينية أخذت تنمو بمعدلات سريعة ، وظهر في الساحة المصرية بعض القيادات الدينية للإخوان بعد الإفراج عنهم من المعتقلات ، كذلك بروز بعض التنظيمات الجديدة التي عملت قيادتها على تجديد الشباب من أجل تغير " الواقع الجاهلي " والحكم بما أنزل الله من شرائع . وخرج من هذا المعسكر

تنظيم الفنية العسكرية (1974) وتنظيم الجهاد الذي قضى على رئيس الجمهورية 1981 .

إن المجتمع المصري المعاصر مازال يحمل في طياته نفس الظروف والأسباب التي خلقت هذا الفكر وهذه التنظيمات . أكثر من هذا فإن نتائج الانفتاح الاقتصادي والأزمة الاقتصادية ، وتراجع فرص العمل في الدول النفطية ــ كل هذا جعل من المشكلة الاقتصادية أكثر وضوحاً ــ وهي من العوامل الهامة المعجلة بظهور هذه التنظيمات . كذلك فإنه إلى الآن هناك " تميع " للهوية الحضارية للمجتمع المصري . فالشباب القابل للتشكيل يرى ازدواجية قيمية من حيث التناقض بين ما يأمر به الدين وبين ما يراه من مظاهر النساء في الشارع ووسائل الإعلام . نجد هنا الشباب حائراً وغالباً ينتهي به الأمر إما إلى التطرف المادي ، أو إلى التطرف الديني . إن وسائل الإعلام ورجال الفكر والدين يكتبون عن الشباب المنحرف والمتعب والمتطرف والإرهابي والى الآن لم تبذل أي محاولة جادة لعرض اتجاهات لشباب نحو هذه الظواهر .

الدراسة الرابعة :

وبجانب تلك الدراسات النظرية حول مفهوم العنف والتعريف به ، وبيان أشكاله وأسبابه ، والدراسة التحليلية لتطور أشكال الجريمة في المجتمع المصري في فترة الثمانينات في القرن العشرين ، وبيان أهمية دراسة ظاهرة التطرف والعنف في المجتمع المصري كانت هناك دراسة حول أفلام العنف وسلوك الأطفال دراسة ميدانية على عينة من أطفال ما قبل المدرسة)*(نعرض لها بإيجاز فيما يأتي :

مشكلة البحث وأهميته :

تُعتبر مشكلة العنف واحدة من أخطر المشكلات التي تقف حائلاً في وجه البناء الاجتماعي العام علاوة على أنها تدمر سعادة الفرد والمجتمع .

ويهتم الوالدان والحكومة وعلماء الاجتماع والمربون والسيكولوجيون بالآثار التي يتركها العنف المشاهد في سلوك الأفراد عامة وفي الأطفال بصفة خاصة. ونحن لا يمكننا فهم أسباب وعواقب

)*(قام بإعداد هذا البحث الدكتورة نعمه عبد الكريم احمد – مدرس بقسم علم النفس – كلية الآداب – بنها

السلوك العنيف دون دراسة العوامل التي من شأنها أن تساهم في إبراز وإظهار مثل هذا السلوك ومن هنا كانت الحاجة إلى إجراء مثل هذا البحث لمعرفة الدور الذي تلعبه الأفلام العنيفة في سلوك الأطفال اللاحق .

ويدلل البحث الحديث (تنجناي وفيشباخ Tangny and) Feshbach, 1988- [20] على أن معدل مشاهدة الأطفال للتلفزيون بلغت ما يقر بمن ثلاثين ساعة أسبوعياً ، وأن الكثير مما يشاهده هؤلاء الأطفال يتسم بالعدوانية . ويعرض التلفزيون في كل مكان برامج ثابتة كالوجبات تتراوح بين أفلام الكرتون والمطاردات ، وتحتوي جميعها على صور ومشاهد عنيفة ، وقد برزت احتمالية تأثر الصغار بالعنف الذي يشاهدونه في تقرير المنظمات الدولية للصحة العقلية (هوزمان وبيريل Huesmann and Pearill 1982 [13] وفي نتائج بحوث كل من فريد مان Freidmann وفريدريك – كوفر وهيستون Cofer –Friedrich and Huston 19896 [8] كما لا يوجد خلاف حول نتائج البحث العلمي لكل من جين وتوماس وليبرت وسبرافكن Genn and Thomas, 1986, Liebert and Sprafkin 1982 [10] في البرهنة بوضوح

على أن النماذج العداونية ، الحية أو المصورة في الأفلام ، تنمي السلوك العدواني بين الأطفال والكبار بالإضافة إلى أن معظم الباحثين في هذا المجال قد وجدوا ارتباطاً موجباً بين العروض التلفزيونية العنيفة وظهور العدوان عند الأطفال ، وانتهوا إلى أنه كلما زادت مشاهدة الطفل للبرامج العنيفة كلما أظهر سلوكاً عدوانياً أكبر . لكن هذا الارتباط لا يدلنا على أن رؤية العنف في التلفزيون هي المسببة للسلوك العدواني عند هؤلاء الأطفال . وتكمن أهمية الدراسة الحالية في محاولة إلقاء الضوء على التغيرات التي تحدث في سلوك الأطفال عقب مشاهدة أفلام العنف ، وتستهدف الدراسة إبراز المدى الذي يمكن أن تساهم به الأوساط الناقلة للعنف ، مثل الفيديو ، في تنمية السلوك العدواني عند الطفل ، بالإضافة إلى التأكد من ما يذهب إليه صحاب الاتجاه التحليلي النفسي في توكيد الدور ألتنفيسي الذي يمكن أن تؤديه تلك الأفلام للدوافع العدوانية عند الطفل ، والفائدة التي يمكن أن تعود على هؤلاء الأطفال من مشاهدة هذه الكثرة المعروضة من العنف من خلال الأوساط المختلفة الناقلة للعنف ومن بينها الفيديو ، وتأمل الباحثة أن تحث هذه المشاهدة لذلك الكما لضخم من الوحشية التي يرتكبها البعض في حق الآخرين تحث الأطفال

كي يصيروا أكثر عزماً على تحويل العالم من حولهم إلى عالم سلمي .

والدراسة في محاولتها تحقيق هدفها تسعى إلى التأكد من صحة أو عدم

صحة الفروض التالية :

1- يبدو أثر أفلام العنف في سلوكيات الأطفال اللاحقة للمشاهدة .

2- توقع وجود صلة بين الرغبة في مشاهدة العنف وبين السلوك

العنيف الذي يعقب المشاهدة .

3- وجود فروق بين الجنسين في نسبة العنف لصالح الإناث .

4- عدم وجود فروق في درجة العنف بين الذكور والإناث الأطفال

(داخل الفئة العنيفة) .

5- الميل بصفة عامة إلى تقليد السلوك العنيف على نحو مماثل

للعنف للمشاهدة في الأفلام .

وبإيجاز خلصت الدراسة إلى الآتي :

1) أن أفلام العنف لا تغير في سلوك الأطفال على نحو

جوهري بحيث تجعل من الهادئ عنيفاً أو تدخل غير

العنيف في فئة العنف الشديد ، وإنما يتأثر بها الأطفال

تأثيراً تقليدياً فقط بمعنى أن أثرها يزول بانقضاء الوقت على المشاهدة شأنها شأن أية مواد أخرى يشاهدها الطفل . وأن ازدياد نسبة العنف فور المشاهدة عند الأطفال بصفة عامة لا تعني أن هذه الزيادة لها سعة الثبات والاستمرارية الجوهرية على سلوكهم .

2) زيادة نسبة العنف عند الأطفال العدوانيين من قبل بمعدل مرتفع مع استمرار مدة هذا العنف لفترة تمتد قليلاً بعد المشاهدة ويؤكد هذا أن مشاهدة أفلام العنف لها أثرها على الأطفال لكن هذا الأثر يخص الأطفال المستعدين للعنف أو العنيفين من قبل وبذلك تتحقق صحة الفرض الأول بصدق على فئتي الأطفال العنيفة وشديدة العنف فقط .

3) عدم تأثير الأفلام بصورة فعالة على الأطفال الخالين من العنف والفئة ضعيفة العنف .

4) زيادة نسبة العنف بصورة طفيفة عقب المشاهدة عند

الأطفال معتدلة للعنف وميلها إلى الانخفاض حتى الاختفاء تماماً في اليوم التالي للعرض .

5) ميل الأطفال جميعهم إلى تقليد العنف المشاهد كل بدرجة متفاوتة حسب ميله والفئة التي ينتمي إليها ، بما يؤكد تحقق الفرض الخامس بصورة جوهرية . من ناحية أخرى تؤكد النتيجة وجود أثر لأفلام العنف حتى وإن وصف الأثر باعتباره تقليداً مثيراً أو منشطاً أو عدواناً منطلقاً فإن النتيجة واحدة ، ويعكس هذا وجود أثر بين أفلام العنف والسلوك العنيف عند الأطفال المصنفين في الفئة الثالثة والرغبة والخامسة على نحو لا يخرج الأطفال عن جوهر التصنيف الذي وضعوا فيه . وربما تؤيد هذه النتيجة تجارب (ياندورا) التي برهنت على أن الأطفال الصغار يمكنه تعلم السلوك العدواني بتقليد السلوك العدواني للكبار وبما يتفق أيضاً مع الدراسات الأخرى المطروحة .

6) أوضحت النتائج أن الأطفال في هذه الفترة من العمر يكونون شديد التأثر وسريعي التفكير في كل ما يشاهدونه ، ومن هنا وجب تنظيم مشاهدة الأطفال للعنف على نحو يتفادى ويتجنب إثارتهم بصورة سلبية عنيفة .

7) زيادة نسبة العنف عند الذكور عنها عند الإناث من بداية البحث وحتى نهايته دون تغيير حيث بلغت نسبة عنف الذكور 16.67% مقابل 8.33% للإناث ، و 67% لفئة العنف الشديد من الذكر مقابل 1.67% للإناث ، بما يدعم صحة الفرض الثالث وكما توضحه نسب تقديرات المعلمات في التصنيف حيث يكون ميل الإناث إلى تقليد العنف أقل بكثير منه عند الذكور . كما أن الإناث في مجتمعنا وفي أي مجتمعات تقريباً نادراً ما تتم مكافأتهن على التصرف بعنف ، وحيث أن معظم أدوار العنف في التلفزيون والفيديو هي مذكرة وصادرة من رجال ، فإن احتمالية وجود نماذج للأنثى كي تقلدها تكون احتمالية

ضعيفة وتتفق هذه النتيجة مع معظم الدراسات السابقة .

8) كما أوضحت النتائج أيضاً عدم وجود فروق بين الجنسين في درجة العنف (داخل الفئة العنيفة) من الأطفال . فقد اتضح أن الطفلة العنيفة تسلك بصورة خشنة ومماثلة للطفل الذكر في توجيه ضربات قاسية واعتداءات ولكمات وتركيل واشتباك عنيف مع الأطفال الآخرين ودفعهم إلى الحوائط وعلى الأرض ، إلى جانب البصق وجذب الشعر والعض وتمزيق حاجيات الآخرين مثل الأطفال الذكور تماماً بما يحقق صحة الفرض الخامس .

9) أثبتت الدراسة وجود صلة وثيقة بين الرغبة في مشاهدة العنف والسلوك العنيف عند الأطفال في الفئتين وشديدة العنف عقب المشاهدة . حيث فضل كل أفراد هاتين الفئتين من الأطفال . في محاولة استفسار ، مشاهدة أفلام المصارعة والملاكمة وذلك بما يحقق صحة الفرض الثاني في الدراسة .

10) انخفاض نسبة العنف عند الإناث أسرع من الذكور بمعنى امتداد طول فترة العنف بعد المشاهدة عند الذكور منها عند الإناث بما يؤكد صحة الفرض الرابع .

11)وجدت الدراسة أن كل من الطفل العنيف وشديد العنف يجد ضالته في تنفيس عنفه مع الأطفال الخالية من العنف أو ضعيفة العنف ، في حين يكف عنفه مع من يبادله العنف من أقرانه .

12)من أهم نتائج البحث عدم وجود اختلافات عن تلك الموضحة في الجدول في نسب الفئات بما يؤكد احتفاظ الطفل بنمطه الأصلي وفئته الأولية ، وأن المشاهدة لم يكن لها أثرها الجوهري في تحويل الطفل لفئة أخرى أو تغيير سلوكه الأصلي .

الدراسة الخامسة :

ولقد كان تقصي بروز ظاهرة العنف في الصحافة المصرية موضوع ورقة بحثية كرست لمعرفة حجم واتجاهات وتداعيات الوعي

الثقافي والسياسي بتلك الظاهرة ، وتتلخص معطيات هذه الورقة في الصفحات الآتية : [1]

إن الصحافة المصرية لم تنفصل طوال تاريخها الحديث أو القديم عن قضايا المجتمع ، فلقد قامت بعرض وتحليل المشكلات والأزمات التي تعرض لها المجتمع المصري على اعتبار أن الصحافة هي مرآة المجتمع حكما تعتبر رسالة اجتماعية لها هدف إنساني تسعى لتحقيقه من خلال تعرفها على تلك المشكلات وإبرازها للرأي العام كما هو الحال في عرض قضية العنف في المجتمع المصري التي تمارس الجماعات أو التنظيمات المتطرفة . فالصحافة علم إنساني على اعتبار أن الإنسان هو مركز اهتماما وصانع الأخبار ، فهو يتأثر بما تنقله إليه من أحداث ومن ثم نجد أن التأثير متبادل فيما بينهم . [2]

---

[1] قام بإعداد هذه الورقة بعنوان " ظاهرة العنف في الصحافة الأسرية " الأستاذ عبد الصمد محمود سالم المدرس المساعد بقسم العلوم الاجتماعية – كلية التربية بالعريض – جامعة قناة السويس

[2] نجوى حسين خليل ، القضايا الاجتماعية في الصحافة المصرية منذ انتهاء الحرب العالمية الثانية وحتى قيام ثورة 1952 ، رسالة دكتوراه غير منشورة – كلية الإعلام – قسم الصحافة جامعة القاهرة 1986 ، ص مواضع مختلفة.

ولقد عالجت الصحافة المصرية موضوع العنف بمصداقية كبيرة دون أي تحيز ، أو تحليل غير دقيق لا يستند إلى حقائق علمية ، فإنه بالتحليل والقياس يمكن أن تحدد مصداقية الإعلام القائمة على مجموعة من المقاييس نذكر منها .

1- المقياس اللغوي   2- المقياس الأيديولوجي

3- مقياس عدم المعرفة   4- مقياس التزوير)[3]

ونستطيع أن نؤكد على أن الصحف والمجلات القومية قد استخدمت الوضوح اللغوي دون غموض ، كما استخدمت في لغتها المكتوبة كل الوضوح والصراحة وابتعدت عن الألفاظ الغامضة فعندما عالجه مشكلة العنف استخدمت كل الألفاظ والمصطلحات التي تخدم غرض تحليل المشكلة دون حرج أو مجاملة للحكومة على حساب عرضها في ثوب مغلف ترضي بها الحكومة . ويؤكد هذا الجانب الأيديولوجي فنجد أنها استخدمت المفاهيم المرتبطة بالعنف في ضوء نسق الأفكار

---

[3] محمد سيد محمد ، كيف نقيس المصداقية في الإعلام العربي ، مجلة الدراسات الإعلامية ، العدد 49 نوفمبر 1987 ص 35-41 .

والمعتقدات والمفاهيم المرتبطة بالواقع الاجتماعي من خلال عرض القضية وتحليلها .

كما قامت الصحافة المصرية بطرح مجموعة من الأفكار والتوجهات التي تستند إلى الواقع الاجتماعي وليست في ظل أفكار مضللة لا تتفق مع الواقع الاجتماعي السائد في مصر ، على اعتبار أن التضليل لفكر ورأي أفراد المجتمع يعتبر في ذاته أداة من أدوات القهر فتصبح أي قضية تعالجها تزيد من حجمها وعمقها ، وهذا ما راعته الصحافة المصرية ، فلقد قامت فلسفتها على تفاعل مفكريها مع المجتمع ومشكلاته حتى يتسنى وضع الحلول المناسبة والسليمة لمعالجة مشكلة العنف والإرهاب .

ويشهد للصحافة المصرية المتابعة الفورية الإعلامية لأحداث العنف ، وهذا قد أعطى مصداقية وواقعية لما يحدث حتى لا يحدث أي تضليل إعلامي سواء من الداخل أو الخارج أو تشويه شكلاً ومضموناً على اعتبار أن وسائل الإعلام هي في الواقع امتدادات لحواس الإنسان . وأنها قد أثرت في المجتمع وان تأثيرها في ازدياد مستمر حتى وصل إلى

درجة الخطورة [1] فالإعلام يرتبط ارتباطاً وثيقاً ببناء المجتمع ككل متكامل ويتأثر تأثيراً مباشراً بالأوضاع الثقافية والاجتماعية وبالتنظيمات السياسية والاتساق الأيديولوجية السائدة ف المجتمع . [2] فالاتصال والإعلام قائم على مفهوم إنساني وبالتالي يساعد على تفسير المشكلات التي تناولتها الصحافة من منظور اجتماعي ثقافي ، سياسي ، واقتصادي ، والصحافة هي لغة المجتمع التي تعبر عنه ، كما تساعد على فهم طبيعة هذه المشكلات وهنا يؤكد على قوة العلاقة التي بين المجتمع ووسائل اتصاله فهي علاقة هامة لا تقوم فقط على نشر الثقافة أو التسلية ، بل على النهوض بكافة مجالات الحياة اليومية عن طريق تبني مثل هذه المشكلات أو القضايا التي تتعلق بجوهر المجتمع وأفراده [3] أو يقول آخر أن الصحافة تعمل على إقامة علاقات جديدة وأحداث تغيرات كبيرة في

---

(1) مارشال مالكهان ، كيف تفهم وسائل الاتصال ترجمة خليل صابات والجوهري وآخرون ، دار النهضة العربية، 1975 ، ص 3 .

(2) أحمد أبو زيد ، الإعلام والرأي العام ، مجلة عالم الفكر ، المجلد الرابع عشر ، العدد الرابع ، وزارة الإعلام بالكويت 1984 ص 3 .

(3) Gail, E.Myers and Myers Michcle Nichele tolela, 1980 The dynamics of Human Communication Laboratory Approach, Megraw. Hull Book company, N.y.p.11.

المواقف والاتجاهات والسلوك والأوضاع الاجتماعية بما يخدم الإنسان ومجتمعه .(1)

بعد التعرف على المصداقية التي انتهجتها الصحافة المصرية وكذا متابعتها الفورية لإحداث العنف والإرهاب فلقد استخدمت ما يعرف باسم الانقرائية أو يسر القراءة Readability بشكل مثالي في معالجة قضية العنف والإرهاب ، حيث استخدمت أسلوب الإنقرائية الذي يعتمد على استخدام مادة لغوية بسيطة تناسب كافة مستويات القراءة ، حتى تتمكن من لفت أنظار القراء إلى القضية عن طريق هذه الإنقرائية التي تعتمد على طول الكلمة ، وتكرار ألفاظ العنف والإرهاب ، وزيادة عدد الكلمات والمقاطع والتعجب في عناوين الموضوعات التي تثيرها ، كما اهتمت أيضاً الصحافة المصرية بالانقرانية التيبوغرافية حيث استخدمت التأثير المصري مثل استخدام الأنماط الجديدة من حروف الطباعة كالحروف السميكة والمفرغة والماثلة يميناً أو يساراً في العناوين ، وهو

---

(1) محي الدين عبد الحليم ، وسائل الاتصال وبناء الإنسان في القرية المصرين ، من مجلة الدراسات الإعلامية عدد 57 سبتمبر 1989 ، ص 87 .

الأسلوب المعروف بأسلوب الطبع التحتي Underpriting كما أستخدم
الظلال في الطباعة لإبراز القضايا الهامة .)2(

كما يجب الإشارة إلى أن الكلمة المطبوعة على الرغم مما تتصف
به بنقطة ضعف بارزة ، فهي أيضاً في نفس الوقت نقطة قوة بين وسائل
الإعلام الأخرى وهي خلوها من الصوت البشري إلا أنها على ذلك تعتبر
أداة المساس بالعواطف البشرية وبالتالي تأثيرها على النفس البشرية
فكراً وسلوكياً)3(

وعلى هذا نجد أن إخضاع المادة الإعلامية للدراسة
الأنثروبولوجية أو الاجتماعية ليس أمراً سهلاً وميسوراً . ولما كانت
الصحافة مرآة المجتمع فمن خلالها يمكن لنا التعرف على ما تحويه من
مضامين اجتماعية يمكن من خلالها الكشف والتعرف على ما يعانيه
المجتمع من مشكلات اجتماعية ، سياسية ثقافية واقتصادية ، على اعتبار

---

(2) أحمد حسين الصاوي ، أدوات تفتقر إليها بحوثنا الإعلامية ، مجلة الدراسات
الإعلامية للسكان والتنمية ، العدد 44 سبتمبر 1986 ص 26-27 .
(3) عبد العزيز شرف ، اللغة الإعلامية ، علم اللغة اللغوي ، القاهرة ، 1980 ،
ص 186

أن الصحافة وسيلة من وسائل الإعلام ، ومن ثم فهي تعتبر وسيلة لهم جماعي يخدم المجتمع وأفراده ، فالاتصال يؤثر ويتأثر ابتداء من الحياة الفردية إلى بناء المجتمع كوحدة وأفراده ، فالاتصال يؤثر ويتأثر ابتداء من الحياة الفردية إلى بناء المجتمع كوحدة متكاملة عن طريق مناقشة وتحليل قضايا المجتمع المعاصرة وبخاصة فيما يتعلق بالأحداث اليومية)[1]

إن الدراسة الأنثروبولوجية والاجتماعية قد أكدت على وجود ثقافة العنف والتطرف ـ في كافة المجتمعات الإنسانية . كما أطلق عليها أوسكار لويس – Oscar Lewis – اسم الثقافة المنكسرة Broken culture وقد أشار أوسكار لويس إلى وجود مجموعة السمات لأفراد هذه الثقافة وهي أيضاً ثقافة تتميز بالفقر أي ثقافة فقر ونذكر منها :

1- أنه من النادر ملاحظة السعادة أو راحة البال ويسود الحزن والقلق والانزعاج .

2- من النادر التعبير عن العواطف والشعور وأن وجدت فهي مؤقتة

---

[1] Gross, L.S. 1983, tekecinnynbucatuibs An introduction to Radiom television and developing Media, Wm.C.Brawn Company Publishers pp. 4-5

3- كثيرو الغضب وافتقادهم الإيمان السليم .

4- يكثر بينهم تعاقب الزيجات وعلاقات زوجية غير شرعية والزنا أي أنه بصفة عامة يتسم سلوكهم وعاداتهم بالانحراف . ومن ثم فإن ثقافة العنف والتطرف قد ارتبطت بثقافة الفقر (2)والتحليل الأنثروبولوجي لظاهرة العنف والإرهاب الذي حدث في الفترة الأخيرة بمصر من واقع الأحداث الفعلية ، ومن الواقع الاجتماعي للأفراد الممارسين للعنف نجد تطابق بين سمات الشخصية للأفراد المتطرفين وسمات ثقافة الفقر Culture of Poverty ، كما أوضح التحليل الأنثروبولوجي من خلال محتوى مضمون الصحف المصرية وجود ارتباط بين سلوك هؤلاء المتطرفين وبعض القضايا والمشكلات الاجتماعية وبخاصة .

أولاً – غياب القدرة

---

(2) Oliver La Fargem 1959, Froeword in five families, Mexican case studies in the Culture of Poverty, Lewis 1992/7/28 جريدة الأهرام في ، الإرهاب والتطرف في فكر المثقفين لا داعي لاستخدام شماعة التطرف والفتنة الطائفيةOscar, Basic Books, inc. N.Y.,

ثانياً ـ التنمية الاقتصادية والاجتماعية

ثالثاً ـ تدهور التعليم والتنشئة الاجتماعية والسيكولوجية)*(

رابعاً ـ دور وسائل الإعلام

خامساً ـ دور الأحزاب السياسية

سادساً ـ قانون مكافحة الإرهاب

فتحليل المضمون)**(Content analysis قد أبرز هذه المشكلات وأنه أيضاً بتحليل هذه المشكلات سوف يساعد ف الكشف عن التساؤلات الحائرة لهذه القضايا التي سوف نعرض لها من خلال المعالجة الرصد الصحفي للصحافة المصرية ومن خلال ما تناولته الآراء المختلفة وتناوله المتخصصون كل من في تخصصه .

_____

(*)

)**(منهج تحليل المضمون يعتبر وسيلة أساسية لدراسة موضوعات الإعلام والاتصال وهو يقوم بتحليل مضمون الرسالة الإعلامية في ضوء الاقتراحات العلمية بالبحث ، بمعنى انه محاولة لفهم محتوى الرسالة الإعلامية ، المصدر : محمد علي محمد ، علم الاجتماع والمنهج العلمي ، دار المعرفية الجامعية ،الإسكندرية 1981 ص 742 .

أولاً – غياب القدوة :

لقد عرضت جريدة الجمهورية لهذا النقطة الهامة)[1]. إلا أنها اعتمدت على طرح القضية دون معالجة تحليلية وتوضيحية لأسباب غياب القدوة . ومع هذا نؤكد على أهمية هذا البعد في مشكلة العنف على اعتبار أن القدوة لا شك لها دورها في التوجيه والإرشاد والنصح ، بل أن القدوة في حد ذاتها عندما تتواجد تصبح نوعاً من التنشئة الاجتماعية والثقافية ، ولا شك أيضاً أن القدوة موجودة في كل مكان سواء في الأسرة أو المدرسة ، العمل ، الخ فإنه لا يمكن أن يحدث انحراف أو تطرف في ظل القدوة ، إلا أنه من خلال تحليل المقابلات الصحفية التي نشرت ، وأيضاً من خلال التحقيقات التي نشرت بالصحف المصرية تبين منها أن أفراد جماعات العنف التي ضبطت يعيشون في ظل ظروف اجتماعية صعبة ، وعلى رأس هذه الظروف غياب رب الأسرة وتفككها أيضاً لظروف مختلفة ولكنها متشابكة ، فنجد غياب الأب راجع لسفره للخارج للعمل في إحدى الدول العربية ، وأما لسفره لإحدى المحافظات النائية التي بها بعض

---

[1] جريدة الجمهورية في 1992/7/19 اتفاق وطني على المكافحة .

المشروعات التنموية التي أقمت مؤخراً حيث تتوافر بعض الفرص الوظيفية ، أو لانشغال الأب بفرصة عمل إضافية بعد الظهر من أجل زيادة الدخل . وعلى جانب آخر ربما نجد أن الأب قد انحرف في سلوكه بإدمانه للمخدرات ، فكلها أسباب لها أثارها على شبابنا وقد ظهرت في نمط من أنماط الانحراف الاجتماعي كالتطرف الديني والسياسي ، ومع هذا يعتبر غياب الأب بعداً اجتماعياً يجب دراسته أنثروبولوجياً واجتماعياً وسيكولوجياً هذا البُعد درسه العالم الأنثروبولوجي أوسكار لويس Oscar Lewis حيث وجد أن غياب الأب Absent Father له آثاره الاجتماعية والسيكولوجية حيث تفككت الروابط والعلاقات الاجتماعية في الأسرة المكسيكية ، كما فقدت المشاعر والعواطف بين أفراد الأسرة ، كما أشار إلى غياب الأب راجع إلى مجموعة من الظروف والمتغيرات الاجتماعية والاقتصادية)1(

ثانياً ــ التنمية الاقتصادية والاجتماعية :

---

(1) Lewis Oscar, 1959, five Families, Mexican case Studies in the Culture o Poverty, Basic Books, inc. N.Y.p.18.

وتلك قضية هامة لارتباطها بالكثير من المشكلات الأخرى ،وهذا ما أكدته الصحافة المصرية ، فإن انخفاض معدلات التنمية لا شك أن له أثاراً سلبية على مجالات الحياة ف ي المجتمع حيث تطفو على السطح الكثير من المشكلات وبخاصة الجرائم كالعنف والتطرف بسبب سوء الأحوال الاقتصادية ، وعدم نمو المشروعات الإنتاجية والمنشآت المدمية والبطالة ، فهذه القضايا تعمل على عرقلة لخطوات التنمية كما أنها تلقي بظلال من الشك على مستقبل التنمية الاقتصادية والاجتماعية ، إضافة إلى ما يحدث في بعض المناطق من عنف وإرهاب تدفع برجال الأعمال للهروب بأموالهم من المناطق المتوترة حفاظاً على أموالهم التي قد تتعرض للهجوم والتخريب ، ويعني هذا توقف إقامة أي مشروعات استثمارية في مناطق العنف ، وقلة فرصة العمل للشباب ورفع أسعار بعض السلع والخدمات ، ومعه لا شك سوف يتأثر مستوى الدخل القومي مما يؤثر على مستوى الخدمات وعرقلة خطوات التنمية في إنشاء المزيد من الخدمات المخطط لتنفيذها وفق برامج زمنية محددة مثل الإسكان ، المواصلات ، رصف الطرق ، إنشاء المستشفيات وتطوير القديم منها،افتتاح المدارس ، الصرف الصحي ، مياه الشرب ، مراكز الشباب ...

الخ ، . ومن ثم فإن معالجة العنف والإرهاب يبدأ من العلاج الاقتصادي برفع معدلات التنمية في مناطق العنف وتوفير المرافق والخدمات وحل مشكلات الشباب ، ومع هذا نؤكد على أن الاقتصاد المصري يخطو في السنوات الأخيرة بخطوات ثابتة نحو رفع معدلات التنمية وثباتها بل أن معدلات التنمية الشاملة تفوق الخطة الموضوعة قد شهد بذلك خبراء الاقتصاد في العالم وصندوق النقد الدولي)1(

ثالثاً ــ تدهور التعليم والتنشئة الاجتماعية والسيكولوجية :

المسألة التعليمية مازالت تعتمد على الحشو العلمي والتلقين بدلاً من التفكر مما يجعل طلاب المعرفة يتجهون إلى التحصيل الدراسي دون

---

(1) * جريدة الأهرام في 1992/7/28 نرجع سابق ؛ * جريدة الأهرام الدولي في 1992/7/13 التنمية الشاملة تواجهه سيطرة نزعات العنف . ما هو تأثير العنف على خطط وبرامج التنمية .

* مجلة الأهرام الاقتصادي فوق البنفسجية 1992/7/6 العنف يعالج بالتنمية و * جريدة الأخبار في 1992/7/14 انهم يستهدفون استقرار مصر والمستثمرون يهربون بمشروعاتهم من المناطق المتوترة ، مطلوب مواجهة حاسمة للإرهاب حتى لا تختفي أموال هذه المشروعات . * جريدة الجمهورية في 1992/7/24 الجذور الاقتصادية .

أن ننمي فيهم القدرات التربوية السليمة فيصبح دور المدرسة أو الجامعة على مجرد التحصيل العلمي دون الإرشاد والنصح لما يفيد مجتمعهم ، كما نجد أن الخريج ل ا يجد الوظيفة المناسبة لتخصصه نظرا لأن التعليم غير مربوط ببرامج وخطط التنمية ووفق احتياجات سوق العمالة ، فهذه البطالة لا شك تكلف الدور الكثير على المستويين المادي والمعنوي)1(فالتعليم يعتبر عنصراً هاماً في عملية التنشئة الاجتماعية والثقافية بل يعتر متداخلاً ومترابطاً مع المشاكل الاجتماعية السائدة في المجتمع)2(

ولقد ركزت مجلة صباح الخير على ضرورة الاهتمام بقضايا الشباب في كافة مجالات الحياة ، ومراعاة الاعتبارات الاجتماعية والثقافية والسيكولوجية والاقتصادية التي يمر بها الشباب خلال مرحلة المراهقة وهي مرحلة المراهقة وهي مرحلة تتطلب عناية خاصة يجب أن تتناسب معها وذكرت ثلاثة محاور يجب أن تراعى لدى الشباب وهي :

---

(1) * جريدة الأهرام 1992/7/28 ، الإرهاب والتطرف في فكر المثقفين لا داعي لاستخدام شماعة التطرف والفتنة الطائفية * مجلة صباح الخير 1992/7/30 طعنات في صدر الوطن * جريدة الأهالي في 1992/7/15 قبل تعديل التشريع لمكافحة الإرهاب .

(2) Lewis, Oscar, Op.Cit, P.2

أولاً – الميل الفطري لدى الشباب والمراهقين للعمل السري

ثانياً – التقليد والتمسك بالمثل العليا

ثالثاً – روح التمرد)3(

والتحليل الأنثروبولوجي لهذه الأبعاد الثلاثة مع مراعاة الربط بينهما وبين الواقع الفعلي للتنظيمات الإرهابية ، في ما تُعرف بالدراسات الترابطية ، نجد أن هذه التنظيمات أو الجماعات الإسلامية تقوم في تنظيمها على العمل السري كما نجد أنها تنادي بالتمسك بالمثل العليا ، كما أنها تدعو إلى روح التمرد ، وهذه السمات تناسب سن الشباب وبل تحقق لهم في نظرهم تحقيق الذات فنجد مجموعة من الشباب تنساق ورائهم . وعلى هذا الأساس دارت الكثير من المناقشات في الصحافة المصرية على ضرورة مراعاة هذه المرحلة في حياة الشباب ففي جريدة الأهرام نادت بالاهتمام بالبعد النفسي لقضية العنف والإرهاب التي شبهته بقمة جبل الجليد الذي يشير اله وجود طاقة مدمرة أو قابلة للانفجار ، أو مستعدة للتفجير والهدم ، كما ركزت على مجموعة من الأبعاد النفسية منها تربية

_____

)3(مجلة صباح الخير في 1995/7/30 ، طعنات في صدر الوطن .

وتنشئة الطفل بداية من الحضانة وهي يجب أن تكون تربية قائمة على الحب والتعاون لا العداوة.

البُعد عن إثارة الرغبة في التعبير غير المباشر بمشاهدة العنف والجنس حيث أن التعصب الذي نشاهده في مباريات كرة القدم له آثاره السلبية في عملية التنشئة الاجتماعية ، وكذا الاهتمام بالتربية الدينية السليمة والتي تحولت إلى الاقتراب من نوع من العلاقات الوثنية والتعصب .)1(

وعلى جانب آخر عالجت جريدة الوفد موضوع العنف والتربية من زاوية أخرى حيث ترى من وجهة نظرها أن الجهات الأمنية كان لها دورها في ازدياد ونمو وانتشار هذه الجماعات الإرهابية حيث أنها لم تعالج هذه القضية بالطريقة الملائمة واستندت إلى ذلك إلى سرد تاريخي لقضية التفكير والهجرة وقصة الإرهابي مصطفى شكري وبدايته مع

---

(1) * جريدة الأهرام في 1992/7/20 أسئلة للإرهابيين والمتطرفين
* جريدة الجمهورية في 1992/7/19 اتفاق وطني على المكافحة

التنظيمات الإرهابية لجماعات التكفير والهجرة ورأت أن جهات الأمن قد تركت له الحبل دون أن تعاقبه في بداية ممارسة نشاطه الإرهابي .[2]

وبعد فلقد عالجت الصحافة المصرية قضية التعليم من أكثر من زاوية لما للتعليم من أبعاد وأثار على الإنسان ومجتمعة وأحد هذه الأبعاد موضوع محو الأمية باعتباره أحد معوقات التنمية الاجتماعية والاقتصادية والسياسية في مصر)[3]. والدراسة التحليلية من خلال ما عرض في الصحافة المصرية وجد أن معظم أعضاء هذه التنظيمات والجماعات ممن تعثروا في مراحل تعليمهم المختلفة أو أميين ، كما أوضح التحليل من خلال المقابلات التي أجرتها الصحافة مع أسر هؤلاء المتطرفين أكدوا جميعا على انحراف أبنائهم ورفضهم لتصرفاتهم السلوكية الدينية أو الاجتماعية ، حتى أنهم يستخدمون العنف مع أسرهم .

---

(2) جريدة الوفد في 1992/7/16 تكنولوجيا تربية الإرهاب

* من التحليل الذي نشرته جريدة الوفد نجد أنها أرادت فقط أن تلقي بالتهمة على الجهات الأمنية دون دلائل مادية تستند إليه غير السرد التاريخي لحياة مصطفى شكري قائد جماعة التكفير والهجرة .

(3) جريدة الأهرام في 1992/2/28 الإرهاب والتطرف في فكر المثقفين ، لا داعي لاستخدام شماعة التطرف والفتنة الطائفية

رابعاً ـ دور وسائل الإعلام :

هناك حقيقة لا يمكن إنكارها أن وسائل الإعلام تهدف إلى سعادة الإنسان ورفاهيته في كافة مجالات الحياة التي تتعلق به كالتعليم ، الدعوة ، الدعاية والتسلية .)[1] إلا أن لها أثاراً خطيرة على سلوكه ، فالإعلام مرتبط بالتنشئة الاجتماعية فهو أيضاً يعمل على اتساع آفاق المعرفة الإنسانية من معلومات ومعاني وأفكار ومنها يكتسب الفرد أسلوب حياته وسلوكه ، ومن ثم نجد أن وسائل الإعلام تعمل على تأكيد وحدة المشاعر والتماسك بين أفراد المجتمع .)[2] ومن ثم يجب أن يكون الإعلام واقعياً من أفكار المجتمع وأن يخاطب أفراد مجتمعه في ضوء العادات والتقاليد ، وبالتالي يجب مراقبة برامجه أو مادته الإعلامية قبل النشر أو الطبع وحذف كل ما يخالف قواعد السلوك والأخلاق العامة كما يجب الاهتمام بما يسمى بإعلام الأطفال ومخاطبتهم على السلوك الحميد ومكارم الأخلاق

---

[1] حسين فوزي النجار ، الإعلام المعاصر ، دار المعارف بمصر 1984 ، ص 1- 26 .

[2] Schwartz, T. (ed.) 1976 Socialization Cultural communication Development of Atheme in the work of Margaret Mead. University of California Press .

والبعد عن العنف أو أفلام المغامرات التي لا تهدف إلى أي قيم إنسانية إلا التسلية والمتعة البصرية)3(والعنف الذي ظهر في بعض التصرفات السلوكية لبعض الجماعات لا شك أنه نتيجة صراع حدث بفعل التطور الذي حدث نتيجة انتقال بعض السمات الثقافية والاجتماعية بطريقة غير مباشرة عن طريق الإعلام .)4(

خامساً – دور الأحزاب السياسية :

لا شك في أنه هناك ارتباطاً قوياً بين الظاهرة الحزبية وظاهرة العنف فالظاهرة الحزبية توضح التركيب الاجتماعي ،الاقتصادي ، والسياسي للمجتمع والعلاقات التي بين القوى الاجتماعية والأيديولوجيات السائدة في المجتمع .

وبالتالي ظاهرة العنف تلقي بظلالها على الظاهرة الحزبية بمعنى وجود علاقة التأثير والتأثر)5(وتفسير ذلك بأن العنف ربما يكون مصدره

---

(3) جريدة الأهرام في 1992/7/28 الإرهاب ، والتطرف في فكر المثقفين لا داعي لاستخدام شماعة التطرف والفتنة الطائفية .

(4) Myers, Gail e., and Meyess Michele T., 1980, the dynamics of human communication, op. cit. P. 13.

(5) أسامه الغزالي حرب : الأحزاب السياسية في العالم الثالث عالم المعرفة

أحد الأحزاب أو أن أحد الأحزاب إلى الابتعاد عن الحياة الحزبية والسياسية خوفاً أن يقال بأنه قد اتخذ موقفا معيناً يفهم منه بأن يؤيد هذا أو ذلك أو أن أحد الأحزاب قد يؤيد هذا العنف حتى يستطيع أن يكتسب أرضية جماهيرية ترضي موقفه الحزبي عندما يجد أن هذا العنف له جماهيرية كبيرة تؤديه من أجل أن يحقق نجاحاً سياسياً ، والصحافة المصرية القومية والحزبية قد عارضت موضوع العنف بل طالبت بموقف حاز تجاه العنف وقامت بعرض الأفكار والتصورات والحلول المناسبة لعلاج قضية العنف وإن كان هناك اختلافاً في طرق العلاج بين هذه الأحزاب فإن تبني الآراء التي قادها كل حزب وضح منها رفضه لأعمال العنف التي انتهجتها تلك الجماعات ، ومع هذا يجب الإشارة إلى أن صحف الأحزاب قد أخذت على عاتقها تحميل المسئولية على الحكومة، وقد وضح هذا الموقف من خلال رصد هذه الصحف وتتبعها حزبي وسياسي دون أن يكون موقف لمبدأ أو رأي تجاه قضية هامة تشغل

المجلس الوطني للثقافة والقانون ،الكويت ، العدد 117 ، سبتمبر 1987 ،ـ ص 13-14 .

اهتمام الدولة لوضع الحلول المناسبة لها وأن تشارك هذه الأحزاب بآرائها في موقف ايجابي . (1)

سادساً – قانون مكافحة الإرهاب :

القانون يعتبر من النظم الجوهرية في حياة الإنسان فهو مرتبط بتطور الحياة الاجتماعية والثقافية ، ولقد عالجت الأنثروبولوجيا فكرة القانون ومدى تكييفه مع حاجات المجتمعات ففي كتاب الشاسترا Shastra أكد أن الإنسان بطبعه عاطفي وجشع ، وأنه ما ترك له العنان فإن العالم سوف يتحول إلى ورشة للشيطان ، أما بودان Bodin فيرى أن حالة الإنسان الأصلية هي حالة الفوضى والعنف والقوة ، ووصف هوبز Hobbes حياه الإنسان البدائية بأنها كانت حالة حرب مستمرة ويرى هيوم Hume أن المجتمع البشري لن يكون له وجود بدون القانون

---

(1) * جريدة الأهرام 92/7/6 ، الأحزاب وقضية مواجهة الإرهاب

*جريدة الجمهورية 92/7/18 ، الفكر ضد الإرهاب والكلمة ضد الرصاص من أوراق عمل أمانة الحزب الوطني الديموقراطي – المؤتمر العام السادس .

*جريدة الجمهورية في 92/7/18 ،– الجبهة الوطنية الواسعة ضد الإرهاب الذي يهدد وحدة الشعب .

* جريدة الجمهورية في 92/7/19 ، اتفاق وطني على المكافحة .

والحكومة والقمع . ومن ثم فإن القانون ضرورة طبيعة للإنسان ومع هذا الوصف العنيف للإنسان فقد رأى Ovid في كتابه Metamorphoses التغيرات أن الإنسان لم يعرف الحكم بل العقل السليم وكان بالفطرة ينهج نحو الخير . أما سينكا Seneca فوصف المجتمع الإنساني في بدايته عاش الإنسان مع الآخرين بسلام وسعادة ، وكان النظام على أحسن ما يراه لأن الإنسان اتبع الطبيعة بشكل حتمي ، ومع مرور الزمن ازداد الجشع اختفت البراءة البدائية مما اضطر الإنسان إلى خلق القوانين من أجل سعادة الإنسان ومجتمعه .)2(

ومن هذا المنطلق كانت هناك ضرورة ملحة في أن يضع الإنسان قانوناً يهدف منه ضبط سلوكه في إطار من العادات والتقاليد السائدة في مجتمعه . ويعرف روسكو باوند القانون بأنه الضبط الاجتماعي الذي يمارس التطبيق المنظم لمظهر القوة التي يملكها مجتمع بأنه الضبط الاجتماعي

---

(2) دينيس لويد ، فكرة القانون ، ترجمة سليم الصويص ، مجلة عالم المعرفة المجلد الوطني للثقافة والفنون والآداب ، الكويت العدد 47 ، 1981 ، ص ص 1- 28

الذي يمارس التطبيق المنظم لمظهر القوة التي يملكها مجتمع يتمتع بنوع من التنظيم السياسي وان القاعدة القانونية لا تظهر إلا بقوة سياسية .)[1]

فلقد عرضت الصحافة المصرية كل التحليلات والمناقشات التي دارت حول قانون مكافحة الإرهاب ولقد اتفقت معظم الآراء على ضرورة وجود مثل هذا القانون وأعطت جريدة الأهرام مثالا لبعض الدول التي استخدمت قانوناً خاصاً لمكافحة الإرهاب مثل بريطانيا ،وأسبانيا وايطاليا ، وألمانيا .)[2]

الدراسة السادسة :   التدين المنقوص والاغتراب في الحركات الدينية المستحدثة :)*(

جاء هذا البحث ليلقي الضوء على رافد ـ مثير لكثير من الجدل ـ من روافد ظاهرة العنف في المجتمع المعاصر يتمثل في وضع الاغتراب

---

[1] محمد عبده محجوب : الأنثروبولوجيا السياسية ، مرجع سابق ص 227 .

(2) * جريدة الأهرام في 1992/7/2 الإرهاب المواجهة بالقانون

* جريدة الأهرام في 0992/7/12 ، التدخل التشريعي لمواجهة الإرهاب أصبح ضرورة

(*) قامت بهذه الدراسة الدكتورة منال عبد المنعم جاد الله ـ مدرس الأنثروبولوجيا بمعهد دراسات البحر المتوسط لكلية الآداب ـ جامعة الإسكندرية

الذي تنتهي إليه جماعات تنفصل عن الواقع وتغرف في هوة التخلي عن الإرادة الشخصية لتكون في قبضة الأمير الذي يأمر .

وقد عرض البحث خبرة ميدانية في مجال الانتماء إلى جماعة وبنية معينة وكيف نجح زعيم الجماعة في السيطرة والتحكم في عقول وسلوكيات الاتباع استغلالاً لبعض المبادئ ، وتطويعها معتمدا على خبرته الواسعة في تنشئة المريدين والمريدات على التزام الطاعة ، والتسليم والإيمان بما ينبئ به من غيبيات وخوارق وكرامات ومصارعة للجن والشياطين . والإيمان بكل ذلك إهانة للنفس من منطق ديني سريعاً ما يتحول إلى عقائد راسخة ، والعقيدة كما يقول المحدثون من علماء النفس شأنها أن تستبد بهوى أصحابها وتحملهم على جناحها وتوجههم في تيارها .

ومن الحقائق التي أظهرتها الدراسة أن الشيخ بفراسته وذكائه استطاع أن يهيئ لكل حالة من حالات المريدين والمريدات ما تحتاج إليه في جو مملوء بالحب والاهتمام ، مما دفع هذه الحالات من نساء ورجال نحو الشيخ عاطفياً ونفسياً وروحياً . وساعد على ذلك استغلال بعض

مبادئ "الصوفية" "كالحب في الله" ، ومحاولة تطبيقه على الشيخ أولاً . وتحت شعار الحب والتأثير العاطفي لابد أن يفعل المريد كل ما يأمر به الشيخ ، والأكثر من ذلك أن على المريد الرجوع للشيخ في كل صغيرة وكبيرة للاستخارة والاستئذان والتبرك ، مما أتاح للشيخ الاطلاع على كل أسرار المريدين والمريدات ومنها أمور يخجلون من الحديث عنها مع أقرب الناس إليهم . ومما لاشك فيه أن الاطلاع على الأسرار يقوى المشاعر ويزيل الكلفة وبذلك يصبح الشيخ أقرب للمريد أو للمريدة من نفسه أو نفسها . كما يأمر الشيخ بترك التدبير من منطلق المقولة الشهيرة " إذا أردت أن تختار فاختار أن لا تختار" بل على المريد ترك الأمر كله للشيخ , وبذلك يتسنى له التحكم في المريدين والمريدات من ناحية تفكيرهم وكافة تصرفاتهم بل وأحاسيسهم فالمريد لا يحب ولا يكره إلا من خلال شيخه , ولا يخطو خطوة إلا برضائه . فإذا غضب الشيخ على أحد الأزواج أمكنه بتحكمه في المريدة أن يجعلها لا تتوانى في طلب الطلاق والانفصال تماما عنه , وكذلك الحال إذا غضب على زوجة أحد المريدين فما أن يأمره الشيخ بالطلاق حتى يبادر بالتنفيذ بصرف النظر عن عواقب هذا الأمر الخطير عليه وعلى أبنائه فلا قيمة لأواصر الأسرية مع غضب

الشيخ على الزوج أو الزوجة ، ومن ثم يصبح انتماء المريد وحاجته للشيخ أقوى من أي شئ فمنه يستمد فكره وعقله وثقته بنفسه وراحته وأمنه.. الخ . وهذا بدوره جعل الشيخ يتصرف في المريد كيفما يشاء في نفسه وفكره وماله وعقله ، الأمر الذي أصبح معه المريد أو المريدة في حال حب وتعلق قوي بالشيخ أشبه بتعلق الطفل الرضيع بأمه .

وبالنظر لطبيعة الحالات قيد البحث ومنهج الشيخ في تنشئتهم واهتمامه الفائق بالغيبيات والحديث عن الخوارق والكرامات استطاع التأثير على مريديه باعتقادهم في بركته وبركة زوجته . والواقع أن بركة الشيخ وزوجته تعتمد اعتماداً أساسياً على الإيحاء والخيال وعلى ما يدعي بالكشف .

ونتيجة التأثير في هذه الحالات عاطفياً ونفسياً وروحياً كل ذلك ولد لديهم الآتي :

1- اعتقادً في الشيخ وزوجته امتد لتقديسهما وتقديس كل ما يتصل بهما .

2- أيمان بإمكانية نقل البركة والمدد من الشيخ إلى أفراد المجموعة

عن طريق تقبيل اليد والأكتاف والقدم والاحتضان والتفكير في الشيخ على الدوام ومحبته والتعلق به .

3- انشغال المريدين والمريدات على الدوام بالخوارق والكرامات واستمرارهم في حال ترقب لما يُرى ويُسمع أو يُحس كنمط من أنماط الخوارق التي تدل على الترقي في مراتب النفس .

4- التعامل بحذر مع بعض الحيوانات والحشرات وغيرها من الأشياء المادية اعتقاداً في قدراتها على الأذى مما نتج عنه شعور دائم بالخوف وبالحاجة الماسة للتحصين والحماية بالتقرب من الشيخ وزوجته .

5- خوف المريدين والمريدات من عالم الجن والشياطين والتقرب للشيخ وزوجته للحماية والتحصين والحرص على الحصول على وسائل التحصين العصرية التي يمنحها الشيخ للمقربين الملتزمين بالطاعة والتسليم وهي الخواتم للرجال والسلاسل للنساء , وما يعرف" بحزب الدائرة" و"ورد السلسلة" وغيرها من الورق الذي يكتبه الشيخ ويضعه في الماء للشرب منه والاستحمام به ...

الخ .

ومن الواضح أن منهج الشيخ يعتمد على خبرته الواسعة في تنشئة المريدين والمريدات على التزام الطاعة والتسليم والأيمان بما ينبئ به من غيبيات وخوارق وكرامات ومصارعة للجن والشياطين واتصاله بالرسول (ص) والأيمان بكل ذلك وإظهاره للنفس من منطق ديني سريعاً ما يتحول إلى عقائد راسخة والعقيدة كما يقوم المحدثون من علماء النفس من شأنها أن تستبد بهوى أصحابها وتحملهم على جناحها وتوجههم في تيارها [1]

وهذا ما فعله شيخ هذه الجماعة بل الأخطر من ذلك استغلاله بعض المبادئ الصوفية وتطويعها كيفما يشاء نذكر منها على سبيل المثال :

(1)" الحب في الله وبابه محبة الشيخ " وفي هذا الأمر أدى منهج الشيخ إلى اتجاه نساء الطريقة جميعهن نحو الشيخ بالحب الشديد مما أثار

---

(1) توفيق الطويل : التصرف في مصر إبان العصر العثمانيي ، مكتبة الآداب الجماميز – القاهرة – غير مبين سنة النشر ، ص ص 150-151 .

فيهم الغيرة عليه ، وأدى إلى قلق البعض ، غير أن هذا القلق قوبل من الشيخ بالاستنكار لأن هذا الحب يمثل مشاعر طبيعية في الطريق ,وعلى المريد أو المريدة ترك مشاعرهم وعواطفهم تجاه الشيخ دون قيود ، مما جعل الرابطة الروحية التي عرفت لدى الصوفية لا تقتصر على تخيل وجود الشيخ جالسا بجوار المريد أثناء الورد بل امتدت إلى مشاعر قوية من الحب والهيام في الشيخ والتفكر فيه على الدوام .

(2) التسليم ولاية والاعتراض جناية " وفي هذا الأمر أدى منهج الشيخ إلى ما هو أشبه بغسيل المخ للمريدين والمريدات ليصبح كل في يد الشيخ يفعل فيه ما يشاء لا فكر له ولا عقل ولا مال فمن يأمره بالزواج عليه الطاعة ومن يأمره بالطلاق عليه الطاعة , ومن أمره ببيع عقاره أو أرضه مع توظيف هذه الأموال مع الشيخ عليه الطاعة . فالشيخ ملهم وكل ما يأمر به هو الخير .

(3) التشدق بالسنة في " تعدد الزوجات " فعلى المريد الذي يأمره الشيخ بذلك السعي لتنفيذ هذا الأمر إحياءً للسنّة المحمدية وكذلك أسوة بشيخه الذي سبقه في إحياء هذه السنّة .

(4) من قال لشيخه لمَ لم يفلح أبداً . وتطبيقا لذلك يأمر الشيخ وعلى المريد التنفيذ بطاعة المحب , وإذا استفسر أحد المريدين يقابل هذا الاستفسار بالاستنكار واللوم والتوبيخ ليس من قبل الشيخ فحسب بل ومن قبل المريدين والمريدات القدامى بالطريق .

(5) القول " بالاتصال الروحي بالأولياء كنمط من أنماط والكرامات والخوارق المعترف بها صوفياً " , وفي هذا الأمر اتجه الشيخ نحو إعداد زوجته وبعض المريدات ممن رأى فيهن الشفافية لنوع من الاتصال أطلق عليه اسم " الاستخارة " ويتم بواسطتها الاتصال بالأولياء والأنبياء والرسل عليهم السلام .

وما من شك أن ما نادى به المتصوفة من تأويل قائلين أن من عباد الله من تهب على قلوبهم نفحات إلهية وكرامات وخوارق قد مهد السبيل إلى شعوذة الدجالين وما أكثرهم، فقالوا كل ما خطر لهم ، وفعلوا كل ما اشتهوا وخرجوا من الآيات والأحاديث ما يبرر سلوكهم ، واستغلوا مذهبهم في التأويل والقدرة على معرفة باطن الشريعة في ابتكار آراء ليس للكثير منها أصل من الدين ثم اعتنقوا هذه الآراء وروجوا لها بين

المتصلين بهم)[1](وإن كان هذا ما ساد إبان العصر العثماني فهو ذاته ما وجدناه في دراستنا الحالية عن طرق الهام الشيخ أثناء الدروس من الأنبياء والرسل ، بل والأكثر من ذلك ادعاؤه الصريح باتصاله بالرسول (ص) ورؤيته له والحديث معه في أي وقت يشاء .

وعند الوقوف على المشاعر والأحاسيس التي انتابت الحالات قيد البحث بانتمائها لهذه الجماعة ووقوعها تحت تأثير شيخها بمنهجه وأسلوبه الخاص تبين أن معظمها يعاني من مشاعر متضاربة وأحاسيس غريبة لا يمكن التعبير عنها .. فهي ما بين حيرة شديدة وعدم قدرة على التفكير, وحالة تشبه انعدام الوزن أو ما هو أقرب لحالة " التوهان " عن الواقع الذي يعيشون فيه مع انبعاث عواطف جياشة تجاه الشيخ بصورة خاصة وزوجته وتجاه قلة من المريدين والمريدات هذا من ناحية ، ومن ناحية أخرى انبعاث مشاعر غيره وكراهية بين البعض مما ولّد أحوالا غريبة ليس على المريدين فحسب بل على الطريق الصوفي ، فأصبح الشيخ أقرب إلى المريدات من أزواجهن ، بل وصل الحال إلى رغبة بعض

_____

[1]نفس المرجع السابق

المريدين والمريدات في الانعزال التام عن الأسرة الصغيرة والكبيرة وعن الزوج أو الزوجة بصفة خاصة ، وكذلك عن العمل وكافة الاهتمامات الدينية والدنيوية . ومما زاد هذا الشعور لديهم اعتقاد أفراد هذه الجماعة بالتميز والخصوصية مما جعل كل منهم شخصاً منعزلاً عن كل من حوله لا يستطيع الاندماج مع أسرته ولا جماعته ولا الاختلاط مع زملاء العمل ، فالمشاعر التي تنتابه مشاعر غريبة لا يستطيع التعبير عنها والتحدث مع أحد عن طبيعتهما، فتفكيره مقيد ولسانه ملجم, ودائرة اهتمامه مقتصرة على شيخه .. مما جعل المريد شخصا غير فعال في مجال أسرته ومجتمعه بصرف النظر عن شعوره بالاغتراب في بيته بين أفراد أسرته .

وكما نعلم فالاغتراب ظاهرة إنسانية يمكن تتبعها بشكل أو بآخر في مختلف النظم والثقافات والمجتمعات وحيثما يوجد أفراد يشعرون بتفردهم وتميز شخصيتهم وبالعجز عن التجاوب مع الأوضاع العامة السائدة في المجتمع .)[1]

---

[1]احمد أبو زيد : تمهيد : الاغتراب – عالم الفكر – المجلد العاشر ، العدد الأول ، 1979 ، ص 10

والواقع أن ما انتاب المريدين والمريدات من مشاعر وأحاسيس أقرب إلى الاغتراب وهو في الحقيقة إهدار لقيمة الفرد كإنسان وعضو في المجتمع من منطق عجزه عن المشاركة الإيجابية في اتخاذ القرارات أو مجرد التفكير في حجياته ومستقبله ومصيره , وبذلك يتحول إلى أداة مستخدمة لا قيمة لها في ذاتها .

والذي لا شك فيه أن التطلع إلى أهداف غير قابلة المنال يعني الحكم على النفس بالشقاء ، وهذا ما سعى إليه الشيخ لشغل بال المريدين والمريدات على الدوام بالخوارق والكرامات والاتصال الروحي بالأولياء والأنبياء مما جعلهم دائماً في حال انتظار بلوغ غاية غير واقعية مما يؤدي إلى الشعور بالفشل ومرارة الحرمان ، وكان هذا وراء التدهور النفسي الذي انتاب هذه الحالات ... والاغتراب من وجهة النظر الأنثروبولوجية والاثنوجرافية يعد تدهورا نفسيا لا يرجع لضياع هدف محسوس بل نتيجة لازمة سببها تناقش المعاني والقيم الروحية التي تتجاوز الدافع المادي إلى المجال الرمزي .

فالدين الذي يقيم في كل إنسان رقيباً على نفسه في سلوكه ويخلق الوازع الداخلي للالتزام بالقواعد الأخلاقية الدينية ، والأبعد من ذلك أنه يسهم في عمليات نضج الأفراد وتطور شخصياتهم .)1(هو ذاته يمكن استغلاله من قبل بعض المشايخ ذوي القدرة على إغراء المريدين والتأثير فيهم بالانقياد لهم واستعبادهم استعباداً فادحاً وما يترتب على ذلك من هدم وتدمير شخصياتهم وقتل حيوية الفكر لديهم, مما يجعلهم أفرادا طيعين يمكن توظيفهم في مهام لا ترفض وان كانت مؤدية إلي التهلكة .

خاتمة :

تضمنت مشروعات المرحلة الثالثة في الخطة البحثية بجامعة الإسكندرية للعام الجامعي 1992/91 بحثاً بعنوان : ظاهرة العنف في المجتمع السكندري : أسبابها ومظاهرها ووسائل مواجهتها .

وقد انطلق تنفيذ هذا المشروع من المصادرة بتفشي ظواهر السلوك العنيف في كثير من الممارسات اليومية ، كما تبدو غلظة العلاقات ووسائل التعبير بين الأفراد واضحة في مجالات عديدة ، وتبين المعلومات

---

(1)سلوى علي سليم : والفساد الاجتماعي – مكتبة وهبه – القاهرة ، 1985 ص 177

الأولية المتاحة عن ظهور أنواع من العنف لم تعهدها مجتمعاتنا التقليدية من قبل ، منها العنف السياسي ضد الحكومات وأجهزة الشرطة وأحزاب وأصحاب العقائد الأخرى فيما عُرف بحركات التمرد أو الطرف أو التخارج أو حوادث الشغب ، وقد خلص إلى الآتي

أولاً – ويمكن القول أن ظواهر العنف تتعدد وتتسع في الوقت الراهن لتشمل علاقات العمل والعلاقات الأسرية وبين جموع الطلاب وأبناء الجيرة والجماعات العرقية المختلفة ، وهي ظواهر سلبية لم يعد يقتصر وجودها فقط في البيئات الاجتماعية المتدنية المستوى ، وإنما تعدتها في كثير من الحالات إلى أحياء ومناطق ذات مستوى اجتماع مرتفع .

لقد كانت هناك زيادة في معدلات جرائم الاعتداء النفسي والحريات والحقوق المالية والعينية للناس ، كما برزت جرائم العنف السلوكي متعددة في صورها وأشكالها (قتل – الضرب الذي يؤدي إلى الموت – هتك العرض – الاغتصاب – إشعال الحرائق عمداً , فضلاً عن تزايد أشكال جرائم الاعتداء على الأموال والحقوق (الرشوة – الاختلاس – السرقة –

التزوير في المحررات والمستندات الرسمية والعرفية ـ نهب أموال الحكومة والقطاع العام والأفراد) .

وقد خلص البحث أن فهم حركة الجريمة في المجتمع لا يتم إلا من خلال كشف أبعادها والربط بينها وبين تنافر السلوك الإجرامي مع قيم المجتمع , وذلك من خلال تحليل صور السلوك المحظورة جنائيا لتعارضها مع قيم ومصالح الهيئة الاجتماعية التي يحرص المجتمع على حمايتها من خلال آلياته .. القانون والشرطة والمؤسسات الاجتماعية الأخرى ، حيث أن الجرائم بأنواعها وما تقوم به الدولة من عمليات وتدابير لمواجهتها تعد ـ في لحظة ما ـ انعكاساً لثقافة المجتمع ، وهي ليست منبتة الصلة عن نظمه الاقتصادية والاجتماعية والسياسية وأخلاقياته وحضارته .

ثانياً ـ إن ظاهرة العنف في المجتمع المصري ظاهرة محددة في نطاق بعض الأفراد الذين انساقوا وراء الشعارات الدينية في ظل غياب المؤسسات الدينية والتربوية ودور الأسرة . أو بقول أن انحراف هؤلاء المتطرفين راجع إلى تدهور عمليات التنشئة الاجتماعية

والثقافية .إن هناك علاقة قوية بين ظاهرة العنف من جانب والفقر الثقافي والاجتماعي والاقتصادي من جانب آخر .

ـ كما أن وجود نوع من الفراغ السياسي ناتج عن بعد الأحزاب السياسية المعارضة عن نبض الجماهير ومشكلاتهم ، ونتيجة أيضاً لما تلمسه من مهاترات أو معارضة غير موضوعية مما دفع بعض الشباب إلى الانضمام وراء هذه الجماعات أو التنظيمات الدينية)[1]

ـ إذا كان هناك ارتباط بين ظاهرة العنف ومشكلات التنمية بمجالاتها المختلفة ، إلا أن ظاهرة العنف تزيد من هذه المشكلات وتعوق برامج التنمية الشاملة .

ـ ومما لا شك فه أن هناك حاجة ملحة بتطوير القوانين حتى تواكب مشكلات العصر ، مثل ظاهرة العنف التي دفعت إلى إصدار قانون خاص لمكافحة الإرهاب والتطرف . ومن هنا يجب النظر في كافة القوانين

---

(1) * جريدة الأهرام في 1992/7/29 الإرهاب وجهة نظر أخرى، الإرهاب والفراغ السياسي

• جريدة الجمهورية 1992/7/4 الإرهاب جريمة سياسية منظمة

• جريدة الجمهورية في 1992/7/19 اتفاق وطني على المكافحة

المتعلقة بتنظيم الحياة العامة حتى تتمكن هذه القوانين من مواجهة أي مشكلات مستقبلية. .

ثالثاً ــ أن النماذج العدوانية الحية أو المصورة في الإعلام تنمي السلوك العدواني بين الأطفال والكبار ، وهذا بالإضافة إلي أن معظم الباحثين في هذا المجال قد وجدوا ارتباطاً موجباً بين العروض التلفزيونية العنيفة وظهور العدوان عند الأطفال . وانتهوا إلى انه كلما زادت مشاهدة الطفل للبرامج العنيفة كلما أظهر سلوكاً عدوانياً أكبر .

لكن هذا الارتباط وان كان لا يدلنا على أن رؤية العنف في التلفزيون هي السبب المباشر للسلوك العدواني عند هؤلاء الأطفال فان الدراسة الحالية تهدف إلي محاولة إلقاء الضوء على التغيرات التي تحدث في سلوك الأطفال عقب مشاهد أفلام العنف ، كما تهدف إلي إبراز مدى ما يمكن أن تساهم به الأوساط الناقلة للعنف ، مثل الفيديو في تنمية السلوك العدواني عند الطفل ، بالإضافة على التأكيد من ما يذهب إليه أصحاب

الاتجاه التحليلي النفسي في توكيد الدور النفسي الذي يمكن أن تؤديه تلك ألأفلام ، ومن ثم فان المجتمع خليق بالآتي :

1- وجوب ترشيد السلوك العنيف للأطفال وضرورة توجيهه إلى قنوات يستفيد منها الطفل نفسه ومن حوله .

2- تعويد الطفل وتعليمه التسامح أولاً وتبصيره بطبيعة المواقف التي نجيز له فيما استخدام العنف .

3- استنفاد طاقة الطفل العدوانية في مجالات من شأنها أن تحفظ للطفل أو مكانته وجهوده على نحو يمتدحه عليه الكبار.

4- ضرورة التخلص من فكرة عرض صور وألوان العنف كموضة أو صيحة من الصيحات الحديثة.

5- الحد من إجازة عرض الأفلام والصور العنيفة ف وسائل الإعلام المختلفة وخاصة التلفزيون .

6- توجيه البرامج الإعلامية العنيفة وجهة تحد من الاهتمام الجماهيري بالعنف .

7- تبصير أولياء الأمور والمربين بأهمية التعلم والدور الهام الذي

يلعبه في التأثير على السلوك

8- ضرورة وجود نماذج سلوكية حسنة يتعلم منها الطفل ويقلدها.

9- ضرورة اهتمام البحوث في علم النفس الاجتماعي بدراسة آثار الأوساط المختلفة الناقلة للعنف على السلوك .

10-ضرورة النظر إلى موضوع العنف باعتباره مرضا اجتماعيا ينبغي التصدي له بكافة الطرق.

11- إن مشاهدة أفلام العنف بصفة عامة وان كانت لا تؤدي إلى زيادة العدوانية بصورة جوهرية لكن تقليدها ممكن .

12- ضرورة الاهتمام بأصدقاء الطفل وأقرانه ومن يخالطهم ، والإدراك الواعي لأهمية دور الرفقة في التأثير على الطفل .

13- ضرورة اتباع أساليب تربية واعية ومدركة وسوية في تنشئة الطفل .

14-إبراز أهمية دور الأسرة بصورة أكثر جدية عما هي عليه ومساهمة كل أفراد الأسرة في توجيه طاقات الطفل الوجهة الصحيحة.

15-ضرورة النظر إلى خطورة مرحلة الطفولة المبكرة سريعة التأثر بالمشاهدة المعروضة بما يحتمل أن تنمية من أسلوب حياة متسم بالعنف .

16-ضرورة توجيه أنظار الوالدين والمربين إلى أن المطلوب اليوم ليس تعليم الطفل التسامح المطلق والبعد عن العنف ولا تعليمه أيضاً السلوك العنيف والعدواني لكن ضرورة التركيز على تعليم الطفل بالفعل متى وأين يكون العنف مطلوباً ومتى يكون غير مطلوب.

ولقد عنى البحث بظاهرة التطرف وتضايفها مع ظاهرة العنف في المجتمع المصري المعاصر ، وقد تضمن البحث مقدمة خلصت على كون ظاهرة التطرف عالمية لا تقتصر في قطر دون آخر وان محاولة تشخيصها وعلاجها على أساس من الظروف المحلية ينطوي على خطأ في التشخيص وبالتالي خلل في برامج المواجهة .

وقد رُكز البحث على دراسة معنى التطرف وأسبابه التي تتمثل بوجه خاص فيما يلي :

1- الفهم الخاطئ للدين والتدين

2- الإحباط الذي يتولد عن الافتقار إلى المثل العليا والخطأ في إدراك حقيقتها .

3- الخطأ في تبسيط الحكام وتعميمها

4- شيوع القهر والقمع

5- غياب الحوار المفتوح والمنظم

وبجانب هذا فقط عرض البحث لمظاهر التطرف والتي تتمثل بوجه خاص في التعصب للرأي تعصباً لا يعترف للآخرين برأي ، والتشدد والمغالاة في أداء الواجبات الدينية ، والعنف في التعامل والخشونة في الأسلوب والغلظة في الدعوة ، وسوء الظن بالآخرين ، والنظرة التشاؤمية المطلقة ، ويبلغ التطرف مداه حين يسقط المتطرف عصمة الآخرين ويستبيح دماؤهم وأموالهم والحكم بالتفكير والإلحاد .

وقد عنى البحث ببيان التطور التاريخي لظاهرة التطرف الديني وارتباطها بظاهرة العنف في المجتمع المصري وأسباب ذلك ونتائجه. كما عنى ببيان التطرف الديني ومظاهره الفكرية والسلوكية في المجتمع المصري، والتطرف الديني والعنف وظاهرة تكفير المجتمع.

وحيث من المسلم به أن نسق المعتقدات ـ وبخاصة في صورتها الدينية ـ يكون أعمق مقومات البناء والضبط الاجتماعي عبر تاريخ البشرية لعل من المجدي في مواجهة ما هو مثار بصدد ما يمكن وصفه بالتدين المنقوص أو الاغتراب في الحركات الدينية المستحدثة أن يتم التركيز على الآتي :

1ـ تختلف الأديان السماوية وغير السماوية في رؤيتها للألوهية التي تصادر كلها بوجودها ولكن الأديان تشترك جميعا في الأمر بالمعروف واتخاذ السبل المختلفة لتمكين الخير من الغلبة أو النهي عن المنكر وتقبيحه ومقاومته والعمل على منع وقوعه بالوسائل المختلفة. ويعتبر الدين بوجه عام أهم الملزمات الاجتماعية من الناحية السوسيولوجية البحتة وهو مصدر للنظم الاجتماعية التي ترتكز عليها بنية المجتمع ممثل نظام القرابة والزواج والملكية والميراث وتعمل الأديان جميعا على عدالة توزيع الثروة والتكافل الاجتماعي ولهذا فلا بد من ارتكاز السياسة الاجتماعية على مقومات دينية .

2- أننا نجد الدين قد أوجد ثورات حضارية كبرى فلا يمكن على الإطلاق إغفال البعد الديني في رؤيتنا للحضارة العربية في عصور الازدهار كما لا يمكن أيضاً تجاوز أثر البعد عن جادة الدين في تفسير عصور التدهور والاضمحلال في تلك الحضارة , ولكن التاريخ يبين لنا كما نشاهد في أعلامنا المعاصر أن الكثير من الشرور التي وقعت في العالم قد تسربلت أدواتها بلباس الدين - والتجربة الصهيونية ليست عنا ببعيدة - بجانب المذابح البشرية والحروب الأهلية التي يذبح فيها الآلاف من الفئات الدينية المتصارعة وهي حروب ليست من الدين في شيء " ولكنها تعصب وتحامل مقيت تغذية السياسة اللادينية .

3- لقد جاء الإسلام للناس كافة وكان خاتم النبيين صلى الله عليه وسلم نبياً ورسولاً ورجل دولة لا ينطق عن الهوى وحين جاء من بعده الخلفاء الراشدون لم تتوفر لهم تلك القدرة الفائقة للطبيعة على الجمع بين قيادة الدولة والفتيا القاطعة في فهم النص الديني معاً , وكانت الشورى وكان أهل الحل والعقد

مستشارين لرئيس الدولة الذي لم يذهب إلى الادعاء بأنه خير رجال الأمة والذي يطلب المعونة عند الصواب والتقويم عند الخطأ ويبين لنا التاريخ المعاصر عن مخاطر الزعامات الكاريزمية أو الرئاسات الملهمة التي تقود شعوبها علي هذا النحو .

4- لقد كشفت دراسات اننثروبولوجية حديثة عن تنظيمات دينية قد لعبت دوراً يدعو إلى الاحترام في مجالات اجتماعية متعددة مثل محاولة محاربة الأمية وتوطين البدو والكفاح ضد المستعمر وتعتبر الزوايا السنوسية من الأمثلة البارزة في هذا المجال ، كما تتوفر أيضاً الدراسات الأنثروبولوجية التي تلفت الانتباه إلى أهمية تقيم الدور الذي تلعبه الأديرة القبطية في تعديل السلوكيات ولكننا نجد من ناحية أخرى سلبيات تتمثل فيما يقوم به بعض العامة في "الموالد " وما انزلقت إليه الجماعات الدينية المختلفة المتطرفة من أفعال تهدد الوحدة الوطنية .

5- تبين الأحداث القريبة للتطرف الديني عن قصور في التربية

الدينية أو خواء في المعرفة بالدين أو انحراف عن روحة وسماحته وهي نتائج يجب أن تضعنا جميعا أمام مسئولياتنا حيث يغرس الدين في النفوس في جميع مراحل التنشئة الاجتماعية لأساليب الحياة المعاصرة وان يكون هناك اجتهاد مخلص للقيم والإنسانية بشأن المكتشفات والمخترعات التي تأتي بها العلوم الإنسانية والطبيعية والتطبيقية المعاصرة فأين رأي الدين اليوم في منجزات الهندسة الوراثية والوسائل السمعية البصرية في البحوث الاجتماعية والسيكولوجية ودور المرأة الإنتاجي في الاقتصاد المعاصر وأين هي الدراسات التي تستلهم في الفكر السياسي الإسلامي .. الخ أننا جميعا خليقون بأن ننهض بمسئولياتنا لعلاج ذلك القصور في التربية الدينية وملء ذلك الخواء في المعرفة بالدين وتقويم الانحراف عن روحه وسماحته .

6- من المؤكد أن التبشير بالدين أو تقويم ما يرى خروجاً على قواعده الإيمانية والسلوكية في العالم المعاصر تحيطه صعوبات

ترجع إلى يُسر واتساع مدى الاتصال الثقافي في عالم اليوم وهو عالم التضارب بين الرؤى الفلسفية التي تقرأ في مكتبة واحدة , وبقول آخر أن الداعية اليوم خليق به أن يتمثل كل معارف العصر ليكون مؤهلا للتعامل مع إنسان اليوم الذي يقرأ أو على الأقل يتأثر بوسائل الاتصال والتأثر الثقافي العديدة . وقد ثبت في تجارب معاصرة أنه لا يمكن إقامة ستار حديدي يمنع الاتصال بين الثقافات والآراء كما ثبت عدم كفاية القرار السياسي في فرض الدين , وهنا يجب أن تنهض الدولة وان يلتزم القادة وان يكون الآباء قدوة وأن لا يكون هناك تضارب في وسائل الأعلام في المجتمع الواحد , وان يتعلم رجال الدين كيف يخاطبون الأجيال الجديدة لاحتوائها والاحتفاظ بها في جادة الصواب وان نعمل جميعا على ترجمة المعتقد الديني إلى سلوك اجتماعي إيجابي .

7- من المعروف في الفكر الأنثروبولوجي أن الكبوات الكبيرة أو النكسات التي تواجهها الشعوب العريقة تؤدي إلى وجود نزعات

إحيائية تعود فيها الأمة إلى ذاتها وتستعصم بما هو أصيل فيها، وهي ظاهرة بدت واضحة تماماً في مصر بعد يونيه 1967 وقد ارتبط انتصار أكتوبر 1973 بقوله الله أكبر وكانت تعبيراً تلقائياً عن البعد الديني في الشخصية المصرية .

ومثال ذلك قد شهدت السنوات التالية ظاهرتين الأولى تمثلا في اتساع مدى الاتجاه إلى ما يعرف بالزي الإسلامي وهو اتجاه جاء إعمالا لسنة مشرفة ، وليس إطلاقا استحداثا عن تنظيم ما. أما الثانية فتتمثل في تأسيس ما يعرف بالبنوك الإسلامية التي تكون صور رجال الدين في إدارتها جانبا من الدعاية المنشورة لاجتذاب المودعين .

والقارئ والمشاهد يري ما يأتي في بعض وسائل الإعلام من قول في ما يوصف بالزى الإسلامي كعودة إلى عصر " الحريم " . ويثار في مجالس إدارة بعض تلك البنوك تساؤل حول مدى إمكان الاستقلال تلام مما يطلق عليه " البنوك الربوية " ، وبجانب هذا فمن المعروف أن هناك آراء دينية مؤيدة ومعارضة لتنظيم الأسرة وآراء دينية مؤيدة ومعارضة

لشهادات الاستثمار . وهنا تبرز أهمية التصدي بالفتيا المتفق عليها حتى لا تكون فرصة للغلواء أو الشطط .

وبعد إننا إزاء كل تلك المعطيات لازلنا بحاجة إلى المزيد من التقصي الأنثروبولوجي لظاهرة العنف السياسي والاجتماعي في المجتمعات المعاصرة , وخاصة فيما يتعلق بالعنف كأسلوب حياة في بعض الثقافات الفرعية ، أو المتشظية ، والعنف وثقافة الفقر ، وتخلف الثقافة والتعليم في مجال الفنون والآداب ، والدين المنقوص ، والتفكك الاجتماعي ، ومشكلات الإدمان والتزاحم وتخلف ميكانيزمات الضبط الاجتماعي في المجتمعات التي تعاني الصدمات الحضارية .

إن ظاهرة ومشكلات العنف السياسي والاجتماعي خليقة بأن تكون موضوع مشروع أنثروبولوجي ذي أولوية في مجتمعنا المعاصر ، حيث تتداخل العوامل الاجتماعي والاقتصادية والأسرية ، والتنشئة الاجتماعية والتوافق الاجتماعي والنفسي والمناخ السياسي والفراغ الثقافي ، والتعصب والتحامل الذي يستند إلى أفكار أيديولوجية مختلفة ، وحمى الاستهلاك ووطأة العولمة ، والتخلف السياسي ، وغيرها كثير من العوامل

المؤثرة في اتساع وتطور أشكال العنف . عسى أن يكون بحثناً هذا خطوة في ذلك المشروع.

الفصل السابع

حقوق المرأة في مواد القانون العرفي في قبائل أولاد علي بالصحراء الغربية المصرية

يعني هذا الفصل ببيان حقوق المرأة في مواد القانون العرفي في قبائل أولاد علي بالصحراء الغربية المصرية , والاتجاهات المعاصرة في ترقية وضع المرأة ومنحها المزيد من التمكين في ممارسة حقوقها الاجتماعية والاقتصادية والسياسية- كما تظهر في بعض المدونات المعنية بحقوق المرأة علي النحو اللآتي:

أولا ــ حقوق المرأة في القانون العرفي في قبائل أولاد علي:

تتكون الجماعات القبلية التى تعرف بقبائل أولاد على من عدد من الوحدات القرابية والثأرية المتمايزة، وتسكن هذه الجماعات فى منطقة الساحل الشمالى الغربى من البحر المتوسط وبخاصة فى المنطقة الممتدة من الحدود الغربية لمدينة الإسكندرية إلى أقصى الحدود الإقليمية لمصر فى منطقة السلوم التى تجاور منطقة مساعد على الحدود الليبية، حيث تتمايز قبائل السعادى والمرابطين، والجمعيات.

العوايد" هى ما يطلق عليه أيضاً "الدرايب" .. وهى مجموعة التى تنظم ــالقواعد العرفية أو هى مجموعة قواعد القانون العرفى العلاقات القرابية والاقتصادية والسياسية فى هذا المجتمع. ويرجع أصل هذه العوايد أو تاريخ الاتفاق عليها، والتعهد بالالتزام بها بين تلك إلى يوم معروف ــ التى تعرف بقبائل أولاد على ــالجماعات القبلية عندهم بيوم "الحقفة". والحقفة هى المكان الذى يشبه الكهف فى الأرض الصحراء. ويقول أولاد على أن زعماءهم اجتمعوا فى مؤتمر قبلى ضم كل التى تسكن الصحراء الغربية فى منطقة ــالوحدات القبلية المتمايزة

وهى منطقة الوطن الذى يشغله هذا ـالساحل الشمالى الغربى من مصر لتقنين تلك "العوايد" أو "الدرايب"، إلى جانب الاتفاق على ـالمجتمع بعض المسائل الأخرى مثل تحديد الحدود القبلية الإقليمية لتلك الوحدات السياسية المتمايزة أو تقسيم الوطن.

ونجد فى المادة السابعة والعشرين فى هذه الوثيقة بينة على أن تدوين هذه القواعد قد تم فى تاريخ لاحق لعام 1299 هجرية، ولكن هذا لا يعنى أن تلك القواعد العرفية لم تكن قائمة قبل هذا التاريخ بين تلك الجماعات القبلية. ولكن الأرجح أن تدوين هذه القواعد العرفية قد جاء بعد وبخاصة بسبب الاختلاف حول ـسلسلة من الحروب والمنازعات القبلية تنظيم استغلال المصادر الاقتصادية القليلة فى الوطن. ويدل على هذا أننا نجد إلى وقت قريب جداً أنه حينما تكثر المنازعات بين أعضاء جماعة ثأرية واحدة يجتمع زعماء هذه الجماعة لكى يكتبوا أوراقاً ينصون فيها على احترام بعض هذه القواعد التى تعنى بتنظيم جوانب معينة من حياتهم مثلاً فيما يتعلق باستغلال مياه الآبار أو المناطق الخصبة التى تجود فيها ـزراعة الشعير، أو تحديد طريقة إعمال مبدأ التضامن فى دفع الدية.كما أن

هذا الترجيح يؤيده من ناحية أخرى سيادة بعض هذه القواعد العرفية بين الجماعات القبلية فى الصحراء الليبية مثل قبائل برقة التى تربطها بهذه والتاريخ القبلى لهذه الجماعات -الوحدات القبلية روابط الأصل المشترك يبلغ عمقه بضعة قرون ترجع إلى بداية الفتح الإسلامى فى شمال أفريقيا.

تعنى العوايد بتقنين جوانب متنوعة فى حياة هذا المجتمع فى مجال العلاقات الاقتصادية والقرابية والسياسية تتمثل فيما يلى:

1- الزعامة القبلية ومسئولياتها، والدور الذى تلعبه فى الحياة السياسية والاقتصادية.

2- "عمار الدم" والمسئولية الجنائية الثأرية الممتدة.

3- المسئولية الجنائية للمرأة فى النسق القبلى الانقسامى.

4- "البراوة" أو الانشقاق الثأرى.

5- "النزالة" ولجوء المتهم أو الجانى لحماية طرف ثالث حتى يثبت براءته أو ينال محاكمة عادلة.

6- شهادة الشهود.

7- اليمن والتزكية فى إثبات البراءة وصدق الدعوى.

8- "المراضى" أو القضاة الشرعيون فى عوايد أولاد على:

9- الدية فى القتل العمد والخطأ.

10- "النظارة" فى الجروح والعاهات.

11- "الكبارة" فى رد الاعتبار.

12- الجريمة والعقوبة فى عوايد أولاد على.

– جريمة القتل بدافع السرقة.

– جرح القريب لقريبه.

– جريمة السرقة.

– تبديد الأمانة.

– جريمة إرشاد طلاب الثأر والغزاة.

– الخروج على قواعد النزالة وقتل النزيل.

- الجرائم الجنسية

- قضايا الأراضى والعقارات.

- قضايا الآبار والمصادر المائية.

- قضايا الإبل.

- الأضرار الناجمة عن وضع وتداول السلاح.

- الأضرار الناجمة عن ركوب الخيل.

- الاتفاق الجنائى.

- حقوق الجيرة والاعتداء على الجار.

- المسئولية الجنائية فى تكليف الصبية بمهام خطرة.

- الجزاءات المقررة عن خطأ الصغير فى الكبير.

- المسئولية الجنائية فى الاعتداء على العواقل الذين يحجزون بين الطرفين المتعاركين.

13 - تقنين حقوق ابن العم فى الزواج من ابنة عمه.

وقد تضمنت درايب أولاد علي موادا في تقنين وضع المرأة علي النحو الآتي:

المادة الثامنة والعشرون:

"عوايدهم" إذا دخل رجل بيت آخر فى غيابه. أو دخله ليلاً بغية خيانته فى "حريمه" وضبط عند شروعه فى الفعل فعليه كبارة لصاحب البيت قدرها مائة ريال، أما إذا لم يضبط داخل البيت وأنكر التهمة فعليه أن يحلف ويزكيه أربعة من أقرب الناس إليه.

المادة التاسعة والعشرون:

"عوايدهم" حين يفسد رجل حريم آخر "وخربها عليه" حتى تهجره فعليه مائة ريال كبارة، كما أن عليه أن يدفع للزوج قيمة الصداق الذى دفعه فى زوجته التى هجرته، ويحرم على الجانى الزواج من تلك المرأة حتى لا يتحقق له ما قصد إليه.

المادة الثلاثون:

"عوايدهم" فى الرجل الذى يسمح أو يعلم بالفاحشة بين أهله ويسكت ويرضى بذلك أنه لا كبارة ولا شرف له.

المادة الحادية والثلاثون:

"عوايدهم" فى المراة الثيب التى لا زوج لها إذا أحبت رجلاً ودخلت عليه بدون رضاء أهلها فعلى الرجل أن يدفع "كبارة" لأهل المرأة قدرها عشرة جنيهات بجانب صداقها ويشترط لدفع الكبارة أن يكون أهل المرأة من ذوى الصون والعفاف.

المادة الثانية والثلاثون:

"عوايدهم" فى المرأة "السايبة" التى يصرح لها أهلها بدخول الأسواق والمكوث فيها والتى تكون حياتها بجوار السوق وهو مأوى لكل "صايع وضايع" أنه لا كبارة لها أو لأهلها إذا أدعت على أحد بالاعتداء عليها.

المادة الثالثة والثلاثون:

"عوايدهم" فيمن يعتدى على البنت البكر أن من يعتدى عليها ويزيل بكارتها أن يدفع لأهلها كبارة مقدارها عشرون جنيهاً، وإذا رغب المعتدى فى الزواج منها يكون برضاء أهلها.

المادة الثامنة والثلاثون:

"عوايدهم" حين تصير "عيطة" أى تسمع استغاثة النساء حين تتعرض الجماعة للهجوم من أعدائها، وفزع العرب لنصرة جيرانهم ووجد أحدهم فرساً سائباً وركبها وركض بها فوقعت أو ضاعت فنفقت فلا شئ عليه، لأن فى يوم الهول تكون الفرس "للروكة" أى للحرب والدفاع.

المادة التاسعة والثلاثون:

"عوايدهم" فى الرجل الذى يضرب زوجته وهى "مغتاظة" .. أى تاركه بيتها إلى بيت أحد أقاربها لخلافها مع زوجها، والرجل الذى يضرب ابنته فى بيت رجل جاءته "رامية" أى نزلت عليه ليتوسط فى خلافها مع أبيها .. أن يدفع كبارة قدرها عشرة جنيهات مصرية لصاحب البيت تأديباً له.

المادة الأربعون:

"عوايدهم" فيمن "يعثر" بنتا ــ أى يعتدى عليها وتحمل منه ــ أن عليه "معتبها" أى دفع كبارة لأهلها كما أن عليه صداقها أن تزوجها .. أما إذا رفض الزواج منها فعليه أن ينفق عليها مدة الحمل والرضاعة <u>فقط.</u>

المادة الثامنة والخمسون:

"عوايدهم" فى المرأة التى تنقلب على ولدها وهى نائمة، أو التى تسقيه دواء فيشربه ويؤدى به إلى موته أنه ليس عليها شئ من الدية فى الحالتين إلا إذا ثبت أنها فعلت هذا عن قصد وعمد.

المادة الحادية والستون:

"عوايدهم" فى دية المرأة وفى دية العبد فى القتل الخطأ دون العمد وفى نظارة الجرح أن دية الأنثى تساوى دية الرجل إلى ثلث الدية، ثم تعود فى ما يزيد على الثلث إلى ديتها الشرعية وقدرها النصف من دية

الرجل. أما دية العبد أن قتل وكان معتوقاً وكان القتل عمداً فديته مائتان من الجنيهات. ودية العبد الذى ولد لأبوين من العبيد وقتل متزوجاً قدرها مائة جنيه. أما إذا قتل العبد ولم يكن متزوجاً ولم يعتق فقاتله ملزم بدفع ثمنه الذى دفع فى شرائه.

المادة الثالثة والستون:

"عوايدهم" فى دية الجنين إنه إذا ضربت المرأة الحامل على بطنها، أو تعرضت لفزع شديد ونتج عن ذلك سقوط الجنين فإن ديته إن لم تكن خلقته قد تمت تقدر بعشرين جنيهاً. أما دية الجنين الذى ينزل ميتاً بعد تمام خلقته إن كان ذكراً فهى ثلث دية الذكر، وإن كانت أنثى فديتها ثلث دية المرأة.

المادة الرابعة والستون:

"عوايدهم" فى جناية المرأة منها وعليها أنه إذا جنت المرأة وهى "ضانية" أى أنجبت أولاداً فدية جنايتها تدفع من مالها الخاص أن كان لديها مال، أو من مال أولادها. وبعد تجريدها من مالها ونفاذ مال

أولادها دون الوفاء بالدية يلتزم عمراء دم أولادها بإكمالها، كما أن أولادها مكلفون بالحلف عنها فى حالة انكارها، وإذا تعرضت المرأة لجناية فلأولادها الحق فى أخذ ديتها فى الموت والجروح. وإذا ماتت بسبب جرح تعرضت له فى جناية عليها ولزمت أولادها اليمين بتزكية يجب على عمراء دمهم أن يزكوهم ويأخذوا فى هذه الحالة النصف فى ديتها: ويترك النصف الباقى لأولادها. وإذا جنت المرأة "غير الضانية" جناية فدية جنايتها تدفع من مالها الخاص أولاً، وبعد نفاذ مالها يلتزم أهلها بسداد ما تبقى من التزاماتها، ولأهلها كذلك الحق فى أخذ ديتها أن ماتت بسبب جناية عليها .. فأهلها يأخذون مالها ويدفعون ما عليها، ويحلفون عنها كما يحلفون خصمها إن لزمه اليمين.

المادة السابعة والستون:

"عوايدهم" فى حجز بنت العم أنه لا يجوز لابن عم المرأة أن يحجزها عن الزواج بغيره إلا وهو قادر على دفع صداقها، أما المفلس والفقير فلا يجوز له الاعتراض على زواج بنت عمه من غيره أو المطالبة بحجزها أبداً.

ثانيا ــ مقتطفات من المدونات المنشورة بالعربية حول حقوق المرأة

في المجتمع المصري المعاصر:

أولا- توجد في مصر شبكة الجمعيات العاملة في مجال حقوق المرأة

تدعو إلي قانون أسرة جديد:

شبكة الجمعيات العاملة في مجال حقوق المرأة هي شبكة منظمات غير حكومية ناشطة في مجال المرأة والحقوق الأسرية ' وتتكون حاليا من الجمعيات الآتية :

الجمعية المصرية للتنمية الشاملة – القاهرة

الجمعية المصرية للنهوض بالمشاركة المجتمعية- القاهرة

جمعية ملتقى تنمية المرأة – القاهرة

الهيئة القبطية الانجيلية للخدمات الاجتماعية – القاهرة

مؤسسة مركز قضايا المرأة المصرية – الجيزة

جمعية المرأة والمجتمع ـ الجيزة

المؤسسة المصرية لتنمية الأسرة ـ الجيزة

جمعية المرأة والتنمية – الاسكندرية

جمعية حقوق المرأة السيناوية – العريش

جمعية بدر لتنمية المجتمع المحلي بسوهاج

وقد قامت هذه الشبكة عام 2005 من أجل أن تقيم تعاونا ورؤية مشتركة بين الجمعيات المهتمة بالحقوق الأسرية , واهتمت في المرحلة الأولي بتداعيات الزواج غير الرسمي وتضمنت أنشطتها الدعوة والمساندة والأبحاث وزيادة الوعي وبناء القدرات , أما في المرحلة الحالية فتركز الشبكة علي المساهمة في ضمان إصدار قانون أسرة جديد عادل يعكس احتياجات كل المصريين0

ثانيا ــ انشئ في مصر مركز قضايا المرأة المصرية:

مؤسسة مركز قضايا المرأة المصرية هي مؤسسة أهلية أنشئت عام 1995 بهدف تقديم الدعم والمساندة القانونية للمرأة المصرية ، مرجعيتها في ذلك الدستور والقوانين المصرية والاتفاقيات الدولية. وقد تم إشهار المركز تحت رقم 1829 لسنة 2003 وفقا لقانون الجمعيات الجديد رقم 84 لسنة 2002 تحت عنوان مركز قضايا المرأة المصرية.

أهداف المركز:

العمل على خلق مناخ يكرس مبدأ تساوي الفرص بين الجنسين

استخدام القانون والمواثيق الدولية لمساعدة النساء

تطوير فكرة المساندة القانونية والقضائية ، وإلغاء النصوص التمييزية في القوانين المختلفة إن وجدت.

دعم النساء وتزويدهم بمجموعة من المهارات والمعارف المختلفة لتمكينهم من أداء أدوارهم الاجتماعية المختلفة.

تنظيم مؤتمرات ولقاءات لطرح مشكلات المرأة بين المهتمين القانونين والإعلاميين.

ثالثا ـ وافق مجلس الشعب المصري على مشروع قانون الأحوال الشخصية الجديد الذي يهدف إلى توسيع دائرة الحقوق الممنوحة للمرأة المصرية

وطبقا لمشروع القانون الجديد فإن حصول المرأة على الطلاق سيصبح أكثر سهولة، كما سيسمح لها بالسفر إلى الخارج من دون الحصول على إذن زوجها

ويصعب على المرأة المصرية في الوقت الحالي أن تطلب الطلاق من زوجها، بينما يمتلك الزوج الحق في ذلك

(www.amanjordan.org/a-news/wmview.php?ArtID=7401)

رابعا ـ كتبت هدي رشوان:" أكد الدكتور عمرو هاشم ربيع، خبير النظم السياسية بمركز الأهرام للدراسات السياسية والاستراتيجية أن الدستور المصري ذكوري إلي حد كبير، وربما لم تذكر فيه كلمة النساء علي الإطلاق0 .

وقال ربيع في مؤتمر عقده مركز حقوق المرأة المصرية أمس حول مطالب المرأة في التعديلات الدستورية المطروحة، إن المواد رقم »١، ٥، ١٧٩« »المرتبطة بحقوق المواطنة تعتبر في ذاتها قانون طوارئ دائما وتتعارض مع المادتين »٤١، ٤٥«.

ومن جانبها، أعربت نهاد أبوالقمصان رئيس المركز المصري لحقوق المرأة عن خوفها من التفاؤل بما يدور حول التعديلات لأن عام ٢٠٠٦ شهد حديثا مماثلا من الإصلاحات لكن كانت المحصلة تراجع وضع المرأة، لافتة إلى أن التعديلات الدستورية المطروحة لم توضح كيف ستستفيد منها المرأة .

وأشارت إلى أن المواد »٩، ١١، ٧١« تحدثت عن المرأة بشكل عام لكنها لم تحدد كيف ستتحقق المساواة التي تكفلها المادة »٤٠« من الدستور .

وطالبت أبوالقمصان بأن يكون الدستور أكثر صرامة حتى يستطيع مواجهة الواقع الحالي .

ودعت المحامية مني ذو الفقار عضو المجلس القومي لحقوق الإنسان إلى ضرورة التمييز الإيجابي لإنصاف المرأة من خلال مادة صريحة في الدستور، لافتة إلى أن جميع النظم الديمقراطية بادرت بذلك .

وقالت الدكتورة فرخندة حسن الأمين العام للمجلس القومي للمرأة في أول مشاركة لها بمؤتمر لمنظمة مدنية: إن المجلس سيقوم بمتابعة توصيات المؤتمر بهدف الوصول بالمرأة للمكانة التي تستحقها0

www.amanjordan.org/a-

news/wmview.php?ArtID=7401

خامسا ـ في إطار التعاون بين برنامج الأمم المتحدة الانمائى UNDP وبرنامج الأمم المتحدة لتكنولوجيا المعلومات ICTDAR وبتمويل من الاتحاد الاوربى، تم إنشاء مشروع الحقوق القانونية للمرأة المصرية في صورة إليكترونية وهو مشروع إقليمي يضم كلا من مصر ولبنان وتونس . ويهدف المشروع إلى توفير خدمة استرجاع البيانات إلكترونيا وتوفير قواعد للبيانات من أجل تيسير إجراءات

التقاضي مع العمل على تعريف المرأة بحقوقها القانونية , والرد على استفسارات السيدات الخاصة بالأحوال الشخصية في موضوعات النفقة، الطلاق، الزواج والحضانة بصورة مبسطة تأخذ شكل أسئلة وأجوبة على أقراص مدمجة أو أشرطة فيديو أوعلى شبكة المعلومات (الإنترنت) باللغة العربية 0ويتم توفير هذه الخدمة من خلال مراكز ونوادي المرأة التابعة للوزارات المختلفة والمنتشرة بكافة محافظات مصر . وقد تم عقد دورات تدريبية للسادة العاملين بالاندية النسائية بالمحافظات والأجهزة والوزارات المعنية بشئون المرأة للتدريب علي كيفية استخدام الأقراص المدمجة وموقع الإنترنت.

كما قام المجلس بإعداد تجربة أولية لمجموعة من السيدات حول عرض CD لمشروع الحقوق القانونية للمرأة المصرية بمنطقة شبرامنت.

سادسا ـ توثق هيومن رايتس ووتش الانتهاكات الخطيرة لحقوق الإنسان النابعة من قوانين الأسرة المتحيزة ضد المرأة، والتي أفرزت

نظاماً للطلاق ينطوي على التمييز وعدم التكافؤ في المعاملة بين الرجل والمرأة.

فالرجال في مصر يتمتعون بحق غير مشروط في الطلاق من طرف واحد، وليسوا بحاجة مطلقاً لدخول قاعة المحكمة من أجل إيقاع الطلاق؛ أما النساء فيتعين عليهن اللجوء للمحاكم لتطليقهن من أزواجهن، حيث يواجهن ما لا يعد ولا يحصى من العقبات الاجتماعية، والقانونية، والبيروقراطية. وحينما تسعى المرأة للطلاق من زواجها في مصر، تجد نفسها أمام خيارين: إما التطليق للضرر أو التطليق للخلع؛ وللشروع في إجراءات التطليق للضرر، الذي يحفظ للمرأة كامل حقوقها المالية، يتوجب عليها إثبات الضرر الذي ألحقه بها زوجها أثناء حياتهما الزوجية؛ بل كثيراً ما يتعين عليها حتى الإتيان بشهادة شهود عيان لإثبات وقوع الضرر البدني.

ومنذ عام 2000، أصبح ثمة خيار آخر متاح للمرأة المصرية، وهو التطليق للخلع أي طلب الطلاق من زوجها بسبب بغض الحياة معه، بالتنازل عن جميع حقوقها المالية الشرعية، ورد المهر الذي دفعه

عند عقد القران؛ وقد تم الأخذ بنظام الخلع بغية التعجيل بإجراءات الطلاق، ولكنه لا يزال يوجب على المرأة اللجوء إلى المحكمة لتطليقها من زوجها.

وقالت لاشون جيفرسون، المديرة التنفيذية لقسم المرأة بمنظمة هيومن رايتس ووتش "إن المرأة المصرية التي تسعى للطلاق تجد نفسها بين شرين أحلاهما مر؛ فإذا طلبت تطليقها للضرر، تعين عليها مكابدة الحيرة وعدم اليقين سنوات طويلة ريثما يحسم القضاء دعواها؛ وإذا سعت للحصول على طلاق سريع عن طريق الخلع، وجدت نفسها مضطرة للتنازل عن كافة حقوقها المالية".

hrw.org/arabic/docs/2004/11/29/egypt9743.htm

سابعا ـ المكاسب التشريعية والقانونية للمرأة:

المرأة والرجل في مصر سواء أمام القانون والدستورـ وهما متساويان في الحقوق والواجبات العامة لا تمييز في ذلك بينهما بسبب الجنس أو الأصل أو اللغة أو الدين أو العقيدة. وقد تم تنظيم وضع

المرأة في خمس مجموعات من القوانين)القانون المدني – قانون العقوبات – قوانين العمل – قانون الأحوال الشخصية -القوانين التي تنظم الحقوق السياسية) وقد حصلت المرأة المصرية علي العديد من المكاسب التشريعية والقانونية ومنها :

تولّي المرأة منصب القضاء فتم تعيين الأستاذة تهاني الجبالي أول قاضية في مصر بالمحكمة الدستورية العليا وهي أعلي درجات السلم القضائي ، كما تولت المرأة رئاسة هيئة النيابة الإدارية فترتين متتاليتين وبلغ عدد السيدات في النيابة الإدارية نحو 436 امرأة ، كما اشتركت بعض المستشارات لأول مرة في الإشراف علي اللجان الانتخابية في انتخابات مجلس الشورى ومجلس الشعب الأخيرة0 .

2- صدور قانون تنظيم بعض الأوضاع وإجراءات التقاضي في مسائل الأحوال الشخصية والخاصة بالطلاق والنفقة وإقرار حق الزوجة في الخلع.

3-صدور قانون العمل وما يتضمنه من حماية للمرأة العاملة

1- تعديل قانون اختيار العمد والمشايخ

2- إلغاء نظام الأحكام الغيابية والمعارضة في دعاوي الأحوال الشخصية .

3- 6- إنشاء نظام تأمين للأسرة بإشراف بنك ناصر ، كما بدأ العمل بمحاكم الأسرة من أكتوبر 2004 بهدف حماية حقوق المرأة والأطفال .

4- 7- تعديل قانون الجنسية بالقانون رقم 154 لسنة 2004 وتحقيق المساواة الدستورية بين الأم المصرية والأب المصري في منح الجنسية المصرية لأبناء المصرية المتزوجة من أجنبي .

5- 8- قبول دعوي التطليق في حالة الزواج العرفي إذا كان ثابتاً بالكتابة .

6- 9- مشروع قانون جوازات السفر الجديدة والذي يجيز للزوج اذا أراد ان يمنع زوجته من السفر لسبب مشروع ان يلجأ إلي قاضي الأمور الوقتية بطلب الحكم بذلك.

7- 10- إضافة مادة لقانون التأمينات الاجتماعية يعطي الزوج حق الانتفاع من معاش زوجته طبقاً لبعض الضوابط .

ثامنا ـ شهدت مصر وغيرها من الدول العربية خلال العقد الماضي إصلاحات تشريعية نتجت عنها تعديلات دستورية أعطت المرأة حقوقاً متساوية. على سبيل المثال تستطيع النساء المصريات الآن المتزوجات من رجال غير مصريين إعطاء جنسيتهن لأولادهن. إضافة إلى ذلك، تمكنت المرأة المصرية وللمرة الأولى من الحصول على حق الطلاق، ولا يستطيع الأزواج بعد الآن منع زوجاتهم من السفر إلى الخارج وحدهن. كذلك لا يستطيع مرتكبو الاغتصاب الهروب من العقاب بمجرد زواجهم من النساء اللواتي اغتصبوهن. كما تم إنشاء محاكم أسرية للتوسط بين الأزواج والإسراع في إجراءات الطلاق.

تاسعا – وقد جاء هذا في تواز مع بيان حول حقوق المرأة ومنزلتها في الإسلام علي النحو الآتي:

أولاً : وجوب الحجاب على المرأة ، وتحريم إبدائها لزينتها

ثانياً : وجوب قرار المرأة في بيتها

ثالثاً : وجوب تميز النساء عن الرجال وذلك بعدم الاختلاط في العمل والتعليم والمتنزهات ، وباجتناب كل عمل يؤدي إلى ذلك كالعمل في الإعلام وشركات الطيران والمصانع والمستشفيات ، فإن الاختلاط بين الرجال والنساء في هذه المجالات ونحوها يشتمل على أنواع من المنكرات كالسماع والنظر الحرام والخلوة المحرمة والتبرج والسفور ، وكل هذه أسباب تجرّ إلى الفاحشة ، ولهذا جاءت الشريعة بسد هذه الأبواب.

(http://www.saaid.net/female/bayan.htm)

الفصل الثامن

ورقة عمل نحو وضع استراتيجية لترقية البحث العلمي في الجامعات العربية

مقدمة:

ان القول بأن التعليم هو قاطرة التنمية والتقدم هو قول متفق عليه ، وكذلك الحال في القول بأن سوء التعليم هو سبب للتخلف الاجتماعي والاقتصادي والسياسي أيضا. واذا كان التعليم هو المدخل للغزو الثقافي والسياسي, فهو الباب الملكي للتنوير وتشكيل الوعي والاعتزاز بالذاتية القومية. لقد كانت بداية الاسلام بكلمة:"أقرأ".

ويكون التعليم والبحث العلمي نسقا تقرأ أبعاده من اليمين نحو اليسار أو من اليسار الي اليمين حيث تقدم بعض الموسسات الأكاديمية نفسها علي انها مؤسسات للتعليم والبحث العلمي ، ويعرف البعض الآخر بكونه مؤسسات للبحث العلمي والتعليم. ومن المعروف أن النسق الاجتماعي يتكامل ويتساند مع بقية الأنساق المكونة للبناء

المجتمعي. ومن ثم فان سياسات التعليم العالي لا تكون منبتة مثلا عن النسق الديموجرافي أو الثقافي أو الاقتصادي او السياسي أو الأيديولوجي في المجتمع القومي.

ومع التسليم "بعالمية" الآداب والعلوم الأساسية فان البيئة مثلا تكون جوهرية في المقررات التخصصية ومشروعات البحث العلمي في كلية للزراعة او الطب أو الهندسة أو السياحة. وبالمثل تنعكس الأوضاع الديموجرافية المحلية في مقررات التاريخ والأنثروبولوجيا والسكان ، كما تنعكس الأوضاع الاقتصادية علي مدي الاستيعاب والبنية التحتية للتعليم .

ان الثقافة المحلية تؤثر في مدي الغياب والتسرب في التعليم وبخاصة في المراحل الأساسية، كما انها تنعكس في التفاوت بين اتجاهات المجتمع نحو تعليم الذكور والاناث، كماتنعكس في التوجه نحو الأنواع المختلفة من التعليم : الرسمي الحكومي، المدني والديني، المصري والدولي، التعليم باللغة العربية واللغات الأجنبية.

ومن ثم فان النهوض بالتعليم والبحث العلمي لا يمكن أن يكون بمعزل عن سياق البناء الاجتماعي القومي وأنساقه الايكولوجية والديموجرافية والثقافية والاقتصادية والسياسية.

أهداف هذه الورقة:

تهدف ورقة العمل هذه ـ وهي بالتاكيد لا ندعي انها جامعة مانعة ـ الي عرض مقترحات ـ ناتجة عن الملاحظة بالمشاركة لأحد المشتغلين بالتعليم والبحث العلمي لفترة امتدت لما يزيد عن خمسين عاما (أنظر الملحق الثاني في هذه الورقة) ـ بصدد وضع استراتيجية للتصدي لأوضاع البحث العلمي في الجامعات العربية والنهوض به, تتلخص تلك المقترحات ـ وهي غير مرتبة طبقا لأولويتها ـ علي النحو الآتي:

أولاـ مقدمات ومصادرات متفاوتة الحجم والصورة في البيئات العربية المختلفة:

1. لايضاف جديد في القول بضآلة المشاركات العربية في النشر العلمي في الدوريات المتخصصة ، والمؤتمرات العلمية الدولية ، وبراءات الاختراع النظرية والتكنولوجية.

2. كان الغاء وظيفة "أستاذ الكرسي" في الجامعات المصرية منذ عام 1972 بداية لاضمحلال تمايز المدارس البحثية المتمايزة"المتنافسة"في الجامعة الواحدة والجامعات المختلفة، وكان لذلك أثره في انحسار تعدد الروافد المعرفية وضعف الحاسة النقدية لدي الباحثين الشبان.

3. جاءت برامج تطوير التعليم سواء في المستوي الجامعي أو ما قبل الجامعي محاكية لما رؤي انه أكثر تقدما من بين البرامج الأوربية والأمريكية، وكان ذلك في عديد من الحالات منبتا عن السياق الاقتصادي والاجتماعي المحلي، وقد كانت النتائج السلبية لا ترجع فقط الي عدم التوفيق في الاختيار، ولكن أيضا لعدم كفاءة التطبيق.

4. صار الاتجاه الي التخصص الدقيق في الجامعات العربية الي تفتيت الأقسام العلمية القائمة كما كان ذلك في قسم الدراسات الفلسفية والاجتماعية في جامعة الأسكندرية الذي انقسم الي أقسام للفلسفة،

والاجتماع، وعلم النفس، والأنثروبولوجيا، وكليات للتربية، والسياحة، والاعلام.. وذلك في ذات الوقت الذي ينمو فيه التوجه الي التكامل المعرفي وتزايد الاهتمام بالمباحث البينية.

5. تغلب في انشاء الكليات والبرامج التعليمية الاستجابة للرغبات الشعبية التي كثيرا ما تكون غير متطابقة مع فرص العمل المتاحة أو الاحتياجات القومية (كما هو الحال في دراسات السياحة والحقوق وغيرها),

6. الدرجات العلمية التي تمنحها الجامعات العربية لم تعد كما كانت معتمدة ومعادلة لمثيلاتها في الجامعات الأجنبية. وقد أدي هذا الي انخفاض القدرة التنافسية للخريجين العرب ليس فقط في أسواق العمل الأجنبية ـ بل والمحلية أيضا.

7. في ذات الوقت الذي تزداد الشكوي فيه من البطالة بين الخريجين نجد شكوي سوق العمل من ندرة الكفاءات المطلوبة للعمل في المجالات الحديثة. وهوما يرجع الي الي أكثر من سبب منها عدم كفاءة نظم التوجيه التعليمي، والتوجه الي ما يطلق عليه ''الدراسات

السهلة" من أجل اكتساب "اللقب العلمي" باعتباره من رموز "الطبقة الاجتماعية".

8. اهدار الأموال العامة والموارد البشرية فيما يعرف باعادة التأهيل للخريجين من المتخصصين في مجالات مثل الأداب والتربية في ذات الوقت التي ترتفع فية نسبة الأمية في مصر وغيرها من بلدان عربية.

9. ضألة ما ينفقق من ميزانيات الدول العربية في التعليم والبحث العلمي (أنظر الفقرة أولا في الملحق بهذه الورقة بعنوان" الرؤية التقييمية لواقع البحث العلمي في البلدان العربية")، وقد أدي ذلك الي الآتي علي سبيل المثال وليس الحصر:

- انفاق معظم ميزانيات التعليم والبحث العلمي في دفع أجور الموظفين من المعلمين والباحثين والاداريين،

- ضألة ما يخصص لتغطية نفقات اجراء البحوث العلمية،

- زيادة أعداد الطلاب في الفصول الدراسية والمدرجات الجامعية،

- عدم كفاية الوسائل التعليمية والمختبرات التعليمية،

- خلو البرنامج الدراسي في العديد من المدارس من الأنشطة الفنية والرياضية والاجتماعية،

- عدم كفاية الرعاية الصحية للتلاميذ،

- عدم كفاية برامج تطوير الكفاية المهنية للمعلمين.

10. الاستغراق في تكرار البحوث "النظرية التقليدية"، ونمطية موضوعات البحوث التدريبية التي تجري في الفصول الدراسية، والقصور في متابعة القضايا والمشكلات العلمية المستجدة، مع تدني المعرفة بالخطوات المنهجية والتدرب الكافي علي القيام بالبحث العلمي والتزام آلياته وأخلاقياته.

11. تخلف طرق التدريس والتقويم التي تعتمد علي الالقاء والتحفيظ دون المشاركة الايجابية للطالب في اكتساب المعرفة بالمادة العلمية. وقد ارتبط بذلك تخلف في طرق التقويم التي تقيس درجة القدرة علي استحضار المعلومات والتذكر وليست القدرة علي الابداع وتوظيف المعلومات.

12. التأخر في تعريب ليس فقط العلوم الطبيعية بل والانسانية أيضا وبخاصة من خلال الترجمة الي العربية ، مع ضعف الاحاطة باللغات الأجنبية ، وبالتالي ضآلة النشر للبحوث العربية باللغات الأجنبية ، ومن ثم ضآلة المتابعة والتواصل مع التطور العلمي العالمي.

13. انتشار آفة الاعتماد علي الملخصات المحررة من قبل غير المتخصصين في اغلب الأحوال ، والعزوف الغالب عن قراءة الكتب المقررة والمراجع العلمية.

14. الفساد المتمثل في مراكز بيع البحوث المجهزة في مختلف المراحل والتخصصات، كما يحدث في تجاوزالموضوعية في اختيار الكوادر العلمية والادارية، والتقييم.

15. توجيه جل الاهتمام لما يعرف برعاية المتعثرين علميا ، وبذل الكثير من الجهد في ما يعرف بتطبيق قواعد الرأفة لرفع درجات الطلاب المتعثرين ، وليس العناية والتحفيز للطلاب المبشرين بالتفوق.

16. لقد تم نشر الكثير من الصفحات حول ضآلة اهتمام "المجتمع" برعاية البحث العلمي،حيث يكاد ينعدم تخصيص الاستثمارات للقيام بالبحوث العلمية في المؤسسات الانتاجية والخدمية. وقد يكون ذلك لعدم وضوح الجدوي لدي الادارة، ويخشي أن يكون لعومل ثقافية.

17. تعتبر فوبيا المحاذير العقائدية والسلطوية من المعوقات للبحث العلمي في مناطق متعددة من المجتمعات العربية.

18. بجانب ذلك كله فان الأمية بجوانبها المختلفة لا تزال متفشية ، وقد تساوقت معها الثقافة الشفاهية ، والتفكير الخرافي ، وتدني الكفاية الانتاجية، وعبودية الروتين.. وهي جميعا من معوقات الابداع.

الاجراءات ذات الأولوية المقترحة للنهوض بالتعليم والبحث العلمي في البلدان العربية:

أولا ـ التعبئة الاجتماعية والثقافية وتهيئة المجتمع للمشاركة في المشروع القومي :التوعية برفض الأمية باعتبارها "عارا" في

عالمنا المعاصرلا ينبغي أن توصم به أمة قامت علي "اقرأ" وفيها أخترعت الكتابة.

1. **أن تتعامل الدول العربية مع مشكلة الأمية باعتبارها مشكلة ذات أولوية من مشكلات "الأمن القومي" .**
2. **التصدي للتوعية بفساد المفاهيم والموروثات الثقافية الشفاهية المكرسة للتخلف كما في الأمثال الشعبية السارية: " اسأل مجرب ولا تسأل طبيب" ، " قيراط حظ ولا فدان شطارة" .**
3. **التصدي الثقافي والرسمي لشيوع التفكير الخرافي مثلا في تشخيص الحالات المرضية وعلاجها.**
4. **تنعكس الآوضاع الاقتصادية والاجتماعية في البيئات شبه البدوية والريفية والمناطق الفقيرة والعشوائية في المدن علي القرار الأسري بشأن تعليم الأبناء بوجه عام ، والتفرقة بين فرص التعليم التي تتوفر للذكور والاناث منهم، وهي قضية ينبغي التصدي لها بشكل متكامل في سبيل مواجهة الأمية ، وتنمية الاتجاهات الاجتماعية الايجابية نحو التعليم.**

5. ان أسلوب التنشئة الاجتماعية قد يكون مشجعا علي الابداع ، وقد يكون غير ذلك، فحيث تكون لا يعطي الطفل الفرصة للتعبير عن ذاته ، وتقمع تساؤلاته موصومة "بقلة الأدب أو العيب أو التحريم" ، ويحرم من اشباع هواياته غير الشاذة ، ويكون دائما موضع التقريع والسخرية من اقتراحاته وليس مساعدته علي ترشيدها .. فان هذا لا يؤهله للابداع طبعا.

6. تنعكس طرق استثمار وليس قضاء وقت الفراغ علي خصائص الشخصية. ان الاقتصار والاغراق في قضاء الوقت في الجلوس بالمقاهي ومشاهدة البرامج المذاعة غير المعنية بالقيم الثقافية والجمالية ، بل وأيضا متابعة البرامج الرياضية دون ممارسة احداها ـ وذلك كله دون العناية بتشجيع هوايات الخدمة العامة، والانضمام الي نوادي العلوم، والقراءة الحرة، والنوادي والساحات الشعبية، وممارسة الهوايات الفنية والأعمال اليدوية ـ تنعكس بلا شك في تنمية السلبية أوضعف القدرة علي المبادأة والابداع لدي الشباب.

7. كانت غرفة ـ أو ركن ـ المكتبة جزءا من أثاث ومقتنيات البيوت الحضرية وعند كبار القرية العربية، كما كانت من المقاصد التي

يتوجه اليها المتعلمون في وقت الفراغ ، وذلك فضلا عن كونها المكان الذي يتوجه اليه الطلاب في المدارس والجامعات . صحيح ان المكتبة لم تعد المصدر الوحيد للمعارف ، وقد يسر النشر الالكتروني الوصول الي المادة العلمية دون الحاجة الي الانتقال الي المكتبة.. ولكن ما يلاحظ بأسف هو قلة رواد المكتبات الجامعية والمدرسية، وتفشي "الملخصات" المخلة.

8. ظهرت "نوادي العلوم" في عديد من البلدان العربية منذ عقود من السنوات، ولكنها افتقرت في أكثر من موقع الي الدعم الجاد والاستمرارية ، وليس من حاجة الي بيان الدور الذي يمكن أن تسهم به تلك النوادي في اكتشاف النابغين ومساعدتهم في التعبير عن ذاتهم وتنمية مواهبهم ، واتاحة الفرص لهم للتنافس مع اقرانهم.

9. لعشرات العقود من السنوات كانت برامج محو الأمية تجري في البلدان العربية، ولم يقض للآن حتي علي الأمية الأبجدية، ومن ثم تصبح الحاجة ماسة للعناية بثقافة الأميين .. ليس فقط التعرف علي مرئياتهم الاجتماعية والسياسية ، ولكن أيضا تصميم البرامج الثقافية ـ وتبسيط العلوم ـ الموجهة لهم .. ويمكن استخدام الكمبيوتر في

ذلك... فهم يكونون نسبة كبيرة بين أرباب الأسرالمسئولين عن التنشئة الاجتماعية.

ثانيا ـ مقترحات اجرائية للنهوض بالتعليم والبحث العلمي في المجتمعات العربية:

1. تطوير البرامج الدراسية التقليدية لتكون مواكبة للتطورات العلمية والعملية المستجدة مثل البرامج التطبيقية في أقسام اللغات العربية والأجنبية. وهو ما يتطلب تحديث قائمة المراجع والمصادر التي يعتمد عليها تدريس المقررات الدراسية، وتعدد المراجع التي يكلف بقراءتها الطالب وعدم الاقتصار علي "الكتاب المقرر".

2. ربط المكتبات الجامعية والقومية الكترونيا وتيسيرالتبادل والافادة. مع تدريب الطلاب والباحثين المبتدئين علي الافادة من الكتب والمقالات العلمية المنشورة الكترونيا، وتيسير اقتنائهم للمكتبات الخاصة باسعار مدعمة من المجتمع.

3. انشاء الوحدات ذات الطابع الخاص التي تقدم الخدمات البحثية والاستشارية في المجالات المختلفة(مثل مشروعات انشاءات البنية

الأساسية, الصناعة, التخطيط العمراني, الزراعة وتنمية المجتمعات الصحراوية البدوية ..الخ) في الجامعات لتكون في خدمة المجتمع كما تكسب الباحثين الشبان خبرات عملية تطبيقية من خلال العمل بها.

4. وضع برامج لتكامل المنظومة البحثية , من خلال التنسيق بين الباحثين في المؤسسات الجامعية , والمراكز البحثية , والوحدات الانتاجية والخدمية.. لاتاحة افادة تلك الوحدات من البحوث التطبيقية, واطلاع الباحثين الأكاديميين علي المشكلات التطبيقية في تلك الوحدات الانتاجية والخدمية. مثلا من خلال دعوة الباحثين في مراكز البحوث المتخصصة والشركات - التي توظف البحث العلمي في تطوير انتاجها- للمشاركة في السيمينارات والاشراف علي الرسائل العلمية والتدريبات العملية في الأقسام الجامعية.

ومن جانب آخر دعوة الباحثين الأكادميين للاطلاع علي المشكلات التي تعني بها مؤسسات الانتاج والخدمات ، وذلك ليضعونها بين أولويات المشكلات التي يتوجهون الي دراستها و يرشدون طلابهم الي فحصها.

5. تطوير نظم التعليم والتقويم لتنمية القدرات البحثية لدي الطلاب بدءا من التعليم الأساسي. لا يقتصر علي المحاضرة المملاه علي الطلاب - والكتاب المقرر الذي "تشرح فصوله" ثم يلح الطلاب في السؤال عن الأجزاء المقررة وتلك "المحذوفة" منه، والأسئلة المقالية التي تقيس درجة "الحفظ " - وليس القدرات البحثية للطلاب أو لا تخفذهم "للاعتماد علي الذات" في اكتساب المعرفة والابداع. هناك طرق أخري للتدريس والتقويم وقد يسرتها شبكة الانترنت حيث يوجه الطلاب لجمع المادة العلمية المكونة للمقرر الدراسي ذاتيا ، واداء الامتحانات في المكتبة المتخصصة The open book exams.

6. يكرس الكثير من الوقت والجهد - وقد يكون ذلك لأسباب انسانية وقد تكون أسبابا ادارية أو سياسية- ويتم توجيه القدر الأكبر من الأهتمام لرعاية الطلاب المتعثرين من خلال ما يعرف بتطبيق قواعد الرفع أو الرأفة ، وهو مالا يتوفر لا نقول في أولوية ولكن نقول بنفس القدر لرعاية الطلاب المبشرين بالتفوق والقدرة علي الابداع.

7. انشاء "الحضانات" لرعاية المبتكرين الشبان في اجراء بحوثهم وتسويقها ومساعدتهم في تنفيذ تطبيقاتها.

8. توفير المخصصات المالية لتنفيذ المشروعات البحثية القومية , واعتبار الانفاق القومي في البحث العلمي " استثمارا" ذي أولوية. وبخاصة في دراسة المشكلات الانتاجية والخدمية والقضايا الاجتماعية والسياسية.

9. وضع الاستراتيجيات والخرائط والخطط البحثية الملزمة في الجامعات والمراكز البحثية المتخصصة التي تشارك في تنفيذها الدولة والمجتمع المدني والمؤسسات الصناعية والزراعية والمالية..الخ.

10. اعلاء واعلان حرية البحث العلمي الملتزم ، وتبديد فوبيا المحاذير العقائدية والسياسية المعوقة للابداع.

11. تقنين وصيانة حقوق الملكية الفكرية, وتسجيل واحترام براءات الاختراع. وتقديم الدعم في ذلك وبخاصة للباحثين الشبان.

12. تقنين الالتزام بأخلاقيات البحث العلمي الاجرائية والاجتماعية والقومية. . فيما يتعلق باجراء التجارب العلمية ، ومصادر التمويل ، ونشر وتوظيف النتائج.

13. تنفيذ المشروعات القومية للترجمة الي العربية, وبخاصة في المجالات المعرفية المستجدة، وتبسيط العلوم وأمهات الكتب والمقالات في الآداب والعلوم والفنون .

14. تنفيذ المشروعات القومية لتبسيط العلوم, وبخاصة في المجالات المعرفية المستجدة.

15. تنفيذ المشروعات القومية بالتوازي بين تعريب تدريس العلوم , والارتقاء بمستوي اجادة الباحثين للغات الأجنبية.

16. اعادة طباعة وتحقيق كنوز المصنفات العربية العلمية التنويرية.

17. دعم التبادل العلمي , والبحوث المشتركة بين الجامعات والمراكز البحثية الوطنية وتبادل الرسائل والبحوث المتميزة.

18. دعم التبادل العلمي , والبحوث والمؤتمرات المشتركة بين الجامعات والمراكز البحثية الوطنية والأجنبية المتقدمة.

19. توجيه البحوث الأكاديمية (بحوث الأساتذة والرسائل العلمية) لخدمة القضايا المجتمعية , وبخاصة في مجالات التنمية الاجتماعية والاقتصادية, والصحة , والتعليم.

20. اقامة المؤتمرات المعنية "بتسويق" نتائج البحوث , وتكريم الباحثين, وتشجيع العلماء الشبان.

21. دعم الجمعيات العلمية الوطنية , وتوثيق الروابط مع نظيراتها الدولية.

22 ـ دعم النشر العلمي للبحوث الوطنية في المجلات العلمية المتخصصة المحلية والعربية والأجنبية.

خاتمة:

ان وضع التعليم والبحث العلمي في مجتمع معين انما يعبرعن الأوضاع الاجتماعية والاقتصادية والسياسية في هذا المجتمع ، فهو نتاج لها كما انه أيضا سبب رئيس لها. ومن ثم لم يعد بجديد انه لابد من البداية بالتعليم اذا أريد الاصلاح. بقول آخر ينبغي أن ينظر الي الانفاق في التعليم علي انه استثمار ذي أولوية.. المجتمعات الفقيرة أولي به قبل المجتمعات الغنية.

الملحق الآول

الرؤية التقييمية لواقع البحث العلمي في البلدان العربية

مع التسليم بالتفاوت النسبي في أوضاع البحث العلمي في البلدان العربية ـ وترتيب الأولويات في المقترحات المعنية بالنهوض به ـ فان هناك اتفاقا علي الآتي:

أولا:

ان"الناظرإلى واقع التمويل العربي للبحث العلمي ، يجد أنه يختلف كثيرًا عن المعدل العالمي للإنفاق على البحث العلمي ، يعد القطاع الحكومي الممول الرئيس لنظم البحث العلمي في الدول العربية، حيث يبلغ حوالي 80٪ من مجموع التمويل المخصص للبحوث والتطويرمقارنة بـ3٪ للقطاع الخاص ، و7٪ من مصادرمختلفة. وذلك على عكس الدول المتقدمة وإسرائيل حيث تتراوح حصة القطاع الخاص في تمويل البحث العلمي في اليابان ما بين 70٪ ، و52٪ في إسرائيل والولايات المتحدة الأمريكية .

وتؤكد إحصائيات اليونسكو لعام 1999م ، أن نسبة الإنفاق على البحث العلمي في مصركانت 0.4 ٪ ، وفي الأردن 0.33٪، وفي المغرب 0.2٪ ، وفي كل من سوريا ولبنان وتونس والسعودية 0.1٪ من إجمالي الناتج القومي . أما إحصائيات سنة 2004م ، لنفس المنظمة العالمية تشير إلى أن الدول العربية مجتمعة قد خصصت للبحث العلمي ما يعادل 1.7 ملياردولارفقط ، أي ما نسبته 0.3٪ من الناتج القومي الإجمالي".

وفي المقابل نجد " أن معدل إنفاق الدولة العبرية على البحث العلمي غير العسكري ضعف ما ينفق في العالم العربي ، في عام 1999م بلغ حوالي 9.8 مليارات ، أي ما يوازي 2.6٪ من حجم إجمالي الناتج الوطني ، في عام 2004م ، وقد وصلت نسبة الإنفاق على البحث العلمي في إسرائيل إلى 4.7٪ من ناتجها القومي الإجمالي . في عام 2008، بلغ حوالي 9 مليادولار. علمًا بأن معدل ما تصرفه حكومة إسرائيل على البحث والتطويرالمدني في مؤسسات التعليم العالي ما يوازي 30.6٪ من الموازنة الحكومية المخصصة للتعليم العالي بكامله

، بينما يصرف الباقي على التمويل الخاص بالرواتب ، والمنشآت والصيانة والتجهيزات ، بينما يصرف القطاع الخاص ما نسبته 52٪ من الإنفاق العام على الأبحاث والتطوير، وإذا قورن وضع إسرائيل بالدول المتقدمة الأخرى ، نجد أنها تنافس وتسبق كثيرًا من الدول الغنية والبلدان المتقدمة في هذا الميدان ، حيث تحتل إسرائيل المركز الثالث في العالم في صناعة التكنولوجيا المتقدمة بعد «وادي السيليكون» في كاليفورنيا وبوسطن ، والمركزالخامس عشربين الدول الأولى في العالم المنتجة للأبحاث والاختراعات. أما بالنسبة إلى عدد سكانها قياسًا إلى مساحتها فهي الأولى في العالم على صعيد إنتاج البحوث العلمية."

ttp://www.anntv.tv/new/showsubject.aspx?id=5693)

(

ثانيا: عقدت المئات من المؤتمرات العربية لمناقشة أوضاع البحث العلمي في البلدان العربية, وتقديم "التوصيات" للنهوض به (رصدت دار المظومة في قائمة المؤتمرات المفهرسة 590 مؤتمرا عربيا حول

البحث العلمي والتعليم- www.mandumah.com), ونذكر هنا مثلا لذلك " المؤتمر العربي الثالث للجامعات العربية تحديات وآفاق" المنعقد بمدينة شرم الشيخ في الفترة من 23 / 1/31 14 هـ إلى 25 / 1 /1431 هـ .. وقد خلص الي التوصيات الآتية:

1. مراجعة التشريعات العربية بما يمنح قيمة مضافة للوظيفة المجتمعية للجامعات من خلال التشريع لها، وبما يكفل أن تتضمن القوانين والأنظمة الإسناد القانوني للدور المجتمعي للجامعة في كافة مجالات التأثير الممكنة. والانفتاح الإيجابي على المجتمعات المحلية وأن تثبت الجامعات بأنها مؤسسات تغيير تؤثر في المجتمعات المحلية ولا تتأثر بتعقيدات هذه المجتمعات وأزماتها وأن يرتبط التخطيط العلمي للتعليم الجامعي بخطط التنمية الاقتصادية والاجتماعية لتأهيل الكوادر الجامعية لحل مشكلات التنمية وتطوير الاقتصاد العربي.

2 . إن أهم الاسباب والأسس لربط الجامعة بالمجتمع هو ربط التعليم الجامعي بحاجات المجتمع التنموية وسوق العمل، بمعنى المواءمة

والتطابق أو التلاقي بين ما تقوم به مؤسسات التعليم العالي فعلياً وبين ما يتوقعه ويحتاجه المجتمع من هذه المؤسسات وتحقيق الانسجام بين سياسات التعليم العالي من جهة وسياسات تنمية القوى البشرية الوطنية واحتياجات سوق العمل ومواجهة التحولات السريعة على المستوى الوطني والعالمي والاستجابة لها من جهة أخرى.

3 . ضمان قدر مهم من الاستقلالية للجامعات العربية مما يمكنها من تنفيذ خططها العلمية، وبما يتلاءم وحاجات المجتمع ومتطلبات العصر والتقدم العلمي والتكنولوجي وإصدار التشريعات الضرورية الخاصة بحماية الحرم الجامعي والعلماء واحترام الحرية الفكرية.

4. أمام الجامعات العربية مسؤولية حضارية في إثبات كفاءتها في تقديم حضارة المجتمع العربي وثقافته للأجيال الجديدة ولمجتمعاتها بمبادرات فهم معاصرة تستطيع أن تبني جسور الحوار مع الثقافات الأخرى وتقديم الفهم الحديث للثقافة العربية الإسلامية والمحافظة على التراث العربي الإسلامي وحمايته والاهتمام باللغة العربية مع التأكيد

على أهمية اللغات الحية الأخرى والانفتاح على الجامعات والمؤسسات العلمية المتقدمة في الخارج.

5. منح الأولوية للبحث العلمي التطبيقي المرتبط بحاجات المجتمعات المحلية. وتبدو حاجة الجامعات العربية ماسة لإحداث ثورة حقيقية في إنشاء وتطوير مراكز البحوث والدراسات المرتبطة بالتطوير والتحديث وخلق بيئة محفزة وسط أعضاء الهيئات التدريسية والباحثين توجههم صوب مجتمعاتهم بالبحث والدراسة.

6. تقوية الصلات بين مراكز البحوث العلمية العربية وهيئات البحث العلمي في الوطن العربي والإفادة من تبادل المعلومات وإقامة المشروعات المشتركة لخدمة التقدم العلمي والمساهمة في خطط التنمية.

7. الإفادة من الأقمار الصناعية ووسائل التكنولوجيا الحديثة في نقل المحاضرات والبرامج العلمية من جامعة عربية إلى أخرى، على أن يتم تطبيق التجربة بين جامعات القطر الواحد، ثم تتسع الدائرة على مستوى الوطن العربي لنقل المحاضرات في ميادين العلوم المختلفة،

وإنشاء شبكة عربية تربط الجامعات العربية لتبادل المعلومات والإحصاءات ونتائج البحث العلمي لنقل المعرفة والخبرة العربية بين الجامعات.

8. دعوة الحكومات العربية إلى تسهيل دخول وإقامة أساتذة الجامعات لحضور المؤتمرات العلمية وزمالات البحث العلمي وتوسيع التعاون في مجال تبادل الأساتذة الزائرين بين الجامعات ومراكز البحوث العربية.

9. العمل على الاستفادة من العقول العربية المهاجرة كأساتذة زائرين أو مستشارين للمؤسسات الوطنية العربية.

10. إعادة النظر بالتشريعات الخاصة بتقاعد أساتذة الجامعات وتسهيل الاستفادة من الكفاءات العلمية بغض النظر عن سن التقاعد كما هو معمول به في الدول المتقدمة.

11. دعوة القطاع الخاص في الدول العربية إلى المساهمة في مشاريع البحث العلمي

ودعوة الدول العربية الغنية للمساهمة الفعالة في عملية النهوض بالجامعات العربية

وخاصة في مساعدة حركة التأليف والترجمة.

12. دعوة أجهزة الإعلام العربية للاهتمام بالتقدم العلمي العربي وإبراز الإبداعات والمبادرات العلمية الرائدة في الجامعات العربية.

13. الدعوة لإنشاء صندوق عربي يمول نفقات البحث العلمي الواعد والمتقدم في البلدان العربية وأن تتولى الإشراف على هذا الصندوق هيئة أو منظمة عربية كاتحاد الجامعات العربية وتوضع له آليات محددة تنظم عمليات التمويل والإنفاق.

14. استحداث مؤسسة عربية لضمان الجودة الجامعية تحت مظلة اتحاد الجامعات العربية والمنظمة العربية للتنمية الادارية.

15. نشر ثقافة العمل التشاركي في البحث العلمي باعتماد أسس تقييم جديدة للعمل البحثي وخاصة في الاعتماد للترقيات.

16. توزيع الدعم المالي على الجامعات الحكومية وفق أسس مختلفة تعتمد البحث العلمي وأعداد الخريجين والعلاقة مع المؤسسات والهيئات المجتمعية.

17. التمني على اتحاد الجامعات العربية دراسة ما ينشر من أبحاث علمية متخصصة حول واقع الجامعات العربية وآفاق تطورها ووضع استراتيجيات تنفيذ مناسبة وخطط متابعة حثيثة للتأكد من التطبيق السليم لاستراتيجياتها.

18. تقييم نوعية الخريجين ومتابعتهم جزء هام من أسس اعتماد الجامعات الأجنبية الوافدة للتأكد من قدرة خريجيها على الاندماج والعطاء المحلي.

19. وضع معايير محددة لتكوين عضو هيئة التدريس المطلوب تعيينه تربوياً بما يكفل تطوير قدراته الأدائية في مجال التعليم الجامعي.

20. قيام اتحاد الجامعات العربية باستحداث قناة فضائية خاصة بالتعليم العالي في الوطن العربي.

https://uqu.edu.sa/files2/tiny_mce/plugins/.../jh.doc

الملحق الثاني

- الخبرات الأكاديمية للأستاذ الدكتور محمد عبده محجوب

- تخرج الأستاذ الدكتور محمد عبده محجوب في قسم الدراسات الفلسفية والاجتماعية بمرتبة الشرف عام 1962 , وحصل علي درجة الماجستير في الأنثروبولوجيا من كلية الآداب ـ جامعة الاسكندرية عام 1967, ونال أول درجة دكتوراه الفلسفة من جامعة الكويت عام 1970.

- بدأ عمله الأكاديمي باحثا مساعدا بمركز البحوث الاجتماعية في الجامعة الأمريكية بالقاهرة، ثم معيدا ثم مدرسا فأستاذا مساعدا في كلية الآداب بجامعة الكويت حتي عام 1975. وفي عام 1975 عين مدرسا ثم أستاذا مساعدا في قسم الأنثروبولوجيا بكلية الآداب ـ جامعة الأسكندرية, ورقي لدرجة أستاذ عام 1983.

- قام بعمل رئيس قسم الأنثروبولوجيا عام 1983 ثم رئيسا لمجلس القسم . وفي عام 1987 تولي رئاسة قسم الاجتماع والخدمة الاجتماعية بكلية العلوم الاجتماعية ـ جامعة الامام محمد بن سعود الاسلامية حتي عام . وفي1990عاد لرئاسة قسم الأنثروبولوجيا بكلية الآداب ـ جامعة الأسكندرية, ثم عين وكيلا للكلية للدراسات العليا والبحوث عام 1991 , ثم عميدا للكلية عام 1995 حتي عام 2001.

- بدأ اسهام الأستاذ الدكتور محمد عبده محجوب في المكتبة الأنثروبولوجية بكتاب في الأنثروبولوجيا السياسية عام 1970 , ثم تتالت اصدارات المؤلفات لتؤصل للاتجاه السوسيوأنثروبولوجي في دراسة المجتمع, وأنثروبولوجيا المجتمعات البدوية , والهجرة والتغير البنائي, والأنثروبولوجيا ومشكلات التحضر, وطرق ومناهج البحث

الأنثروبولوجي, وأنثروبولوجيا الزواج والأسرة والقرابة, وأنثروبولوجيا العنف , والشباب والآبداع , والأنثروبولوجيا التطبيقية , وموسوعة القانون العرفي والضبط الاجتماعي في المجتمعات القبلية, والطب الشعبي وضبط الأنثي, وأنثروبولوجيا السلوك الجنسي.

- وقد ألقي بحوثا , , كما أوفد ممثلا لجامعة الاسكندرية وجامعة الكويت, وقام بتنظيم ورئاسة جلسات ومؤتمرات محلية واقليمية ودولية في مصر, والجزائر, وألمانيا,

وتونس, والمملكة العربية السعودية,والكويت, والعراق,وقطر, والمملكة المتحدة,

والسويد, والصين, وروسيا, وأوزبكستان, وكوريا الجنوبية, والمكسيك, وكندا, والمجر, وسويسرا , والهند.

- تولي رئاسة قسم الاجتماع والخدمة الاجتماعية بجامعة الامام محمد بن سعود بالمملكة العربية السعودية، وقام بالتدريس في جامعة الكويت, وجامعة الجزائر, وجامعة رانشى بالهند.

• أشرف وناقش ما يزيد عن مائة وعشرين رسالة دبلوم وماجستير ودكتوراه في جامعة الاسكندرية, وجامعات القاهرة, وحلوان, والمنصورة , وطنطا, وجامعات في ألمانيا والهند.

• كما أشرف علي العديد من مشروعات البحوث المسحية والتقويمية والاجرائية في مجالات التوطين والتنمية المتواصلة, والقانون العرفي والضبط الاجتماعي, والمقومات السياحية, والطب الشعبى , ختان الاناث, وأنثروبولوجيا الجنس, والتدهور البيئي, والتخطيط الاقليمي, والتراث الشعبي.

• الأستاذ الدكتور محمد عبده محجوب ممثل مصر في المجلس الدائم للاتحاد الدولي للعلوم الأنثروبولوجية والاثنولوجية, وهو عضو دائم في جمعية الاثنوجرافيا والثقافة الشعبية في لكنو بالهند , كما هو عضو في العديد من الجمعيات العلمية المصرية والدولية المتخصصة في الاثنوجرافيا والأنثروبولوجيا , والقانون العرفي والتعدد التشريعي, وبحوث الشيخوخة, والكونجرس الأثري العالمي.

• وقد نال جائزتي جامعة الاسكندرية التشجيعية والتقديرية.

وجائزة دولة الكويت

وجائزة المعهد البيوجرافي الدولي بكمبردج بالمملكة المتحدة كواحد من أفضل مائة عالم في عام 2012.

كما تلقي دعوة من ذات المعهد البيوجرافي الدولي بكمبردج بالمملكة المتحدة لقبول الدكتوراه الفخرية في الآداب في العام 2015.

وهو عضو في لجان الترقية بجامعات مصر, والكويت , والأردن, والهند, والعراق' والامارات العربية المتحدة.

www.ingramcontent.com/pod-product-compliance
Lightning Source LLC
Chambersburg PA
CBHW070408290526
45791CB00005B/1682
* 9 7 8 1 5 1 5 3 4 0 9 4 2 *